Olaf Cless

Sozialismusforschung in der Bundesrepublik

Das herrschende DDR-Bild und seine Dogmen

Pahl-Rugenstein

Umschlagsentwurf: Renate Herter und Christian Gellner, Berlin/West
Gesamtherstellung: Fuldaer Verlagsanstalt GmbH, Fulda
ISBN 3-7609-0361-4

Inhalt

Im Mittelpunkt der vorliegenden Studie steht die bundesrepublikanische »DDR-Forschung«. Unter dieser — etwas mißverständlichen — Bezeichnung wird die Gesamtheit aller auf den speziellen Gegenstand DDR bezogenen wissenschaftlichen Disziplinen (insbesondere der gesellschaftswissenschaftlichen) verstanden. Die DDR-Forschung ist so alt wie ihr Gegenstand. Sie hat aber, den geschichtlichen Veränderungen im Verhältnis der beiden deutschen Staaten zueinander entsprechend, erhebliche Wandlungen durchgemacht. Dominierten in den fünfziger Jahren grobe Kampfliteratur sowie Restaurationspläne für den »Tag X«, so kam es im Laufe des nächsten Jahrzehnts allmählich zu einer seriöseren und realistischeren Forschungshaltung. Die DDR-Forschung begann ihren Gegenstand ernst zu nehmen. Vollends in diese Richtung wirkten der Koalitionswechsel 1969 und die Anerkennung der DDR. Seither ist viel die Rede von der gelungenen Versachlichung der DDR-Forschung. Man berücksichtige nunmehr in angemessener Weise die Immanenz des Gegenstands, man enthalte sich vordergründiger Wertungen, man vermische nicht mehr eigene Wünsche und Wirklichkeit, man errichte keine Tabus mehr, wird erklärt.

An diesem Anspruch soll die etablierte DDR-Forschung in dieser Untersuchung gemessen werden. Eine solche Überprüfung erscheint um so notwendiger, als sie von seiten der DDR-Forschung selbst nie ernstlich in Angriff genommen worden ist. Zwar hat es in den letzten zehn Jahren an speziellen wissenschaftlichen Selbstverständnis-Diskussionen nicht gefehlt, doch blieben dabei wesentliche Fragen der Begriffs- und Theoriebildung stets der kritischen Reflexion entzogen. Nach wie vor steht die Aufforderung von C. Burrichter und E. Förtsch aus dem Jahr 1975 im Raum: Es wäre »interessant, auch einmal den Wissenschaftscharakter der DDR-Forschung im engeren Sinne zu untersuchen und dabei etwa nach der Falsifikationsoffenheit der Theorien, der logisch-formalen Hierarchie der Aussagen, dem Verhältnis von Wahrnehmung und Beobachtung oder nach dem Verhältnis von Theorie und Empirie zu fragen. Dies u. a. zu dem Zweck, Scheinobjektivierungen und Immunisierungsstrategien zu problematisieren«.[1]

1 C. Burrichter/E. Förtsch, DDR-Forschung im Systemwettstreit, S. 1035. (Die vollständigen Titelangaben mit Erscheinungsort und -jahr finden sich im Literaturanhang. Nur wenn einzelne von uns herangezogene Veröffentlichungen nicht dem untersuchten Themenbereich im engeren Sinne zugehören, werden sie im laufenden Text vollständig angegeben. Dasselbe gilt für Zeitungsartikel.)

Es bildet nur scheinbar einen Widerspruch zu jenem Desinteresse an einer Hinterfragung der eigenen ideologischen Prämissen, wenn in der einschlägigen Literatur unermüdlich auf das problemreiche Verhältnis von wissenschaftlicher DDR-Forschung und praktischer Politik hingewiesen wird und ständige Mahnungen an den Forscher ergehen, seine politischen Werturteile unter Kontrolle zu halten. Derartiges ist längst zum Gemeinplatz geworden, der ein gutes Gewissen verschafft, von einer wirklich konsequenten Erörterung der gängigen Prämissen, Theorien und Methoden der DDR-Forschung aber eher abhält. Die kritische Selbstkontrolle bleibt vor allem deshalb oberflächlich, weil in der DDR-Forschung die Auffassung vorherrscht, Werturteile, politische Optionen usw. stellten zwar unleugbare, unvermeidliche Randbedingungen jeder (DDR-)Forschung dar, stünden aber jenseits des wissenschaftlichen Forschungs- und Erkenntnisprozesses selbst, hätten »mit Wissenschaft nicht das geringste zu tun«.[2] Durch diese absolute Trennung werden die im Forschungsprozeß wirksamen theoretischen Voraussetzungen schon im Ansatz der ideologiekritischen Kontrolle entzogen. Statt dessen beschränkt man sich auf die vordergründige Frage des »sauberen« Auseinanderhaltens von subjektiven politischen Wünschen und vermeintlich wertneutraler »Faktenermittlung«. Das Problem schrumpft damit auf das der persönlichen Lauterkeit des Forschers zusammen. Sei diese Lauterkeit gegeben, so könne die politische Grundhaltung des Forschers getrost als dessen »Privatsache«[3] betrachtet werden.

Die vorliegende Studie bemüht sich um den Nachweis, daß diese vorgebliche Privatsache eine höchst nachhaltige und problematische Rolle im wissenschaftlichen Formulierungsprozeß der DDR-Forschung spielt. Und dies nicht, weil es die Forscher noch nicht ausreichend verstanden hätten, den »Faktor« ihrer besonderen politisch-ideologischen Grundhaltung aus dem Erkenntnisprozeß zu eliminieren, sondern weil er sich offenbar überhaupt nicht nach Belieben eliminieren läßt. Mit anderen Worten: die ideologisch-politische Grundhaltung ist nicht Privatsache des Wissenschaftlers und kann es nicht sein. Sie hat sich ebenso der »Öffentlichkeit« zu stellen wie alle übrigen Momente des Forschungsprozesses. Und wie sich etwa die jeweils benutzten wissenschaftlichen Begriffe die Frage nach ihrer Sachangemessenheit gefallen lassen müssen, ebenso muß sich, auf einer übergeordneten Stufe der Reflexion, die jeweilige ideologisch-politische Grundposition des DDR-

2 F. Oldenburg, Vom Elend der DDR-Forschung, S. 475.
3 Ebenda, S. 474.

Forschers (bzw. der von ihm vertretenen Strömung) die Frage gefallen lassen, ob sie ihrerseits jener begrifflichen Sachangemessenheit eher dienlich oder abträglich ist, ob sie tendenziell erhellend oder ob sie tendenziell antiwissenschaftlich wirkt.

Beurteilungsmaßstab hierfür ist wiederum der Anspruch der etablierten DDR-Forschung selbst, ist die Frage, inwieweit sie ihre selbstgesteckten wissenschaftlichen Aufgaben erfüllt: »Strukturen und Funktionen von Herrschaft, Gesellschaft und Wirtschaft in der DDR zu beschreiben und zu erklären; die Frage nach dem, was ist, mit den beiden, warum es ist, und warum es in der Immanenz des Systems so ist, wie es ist, miteinander zu verbinden; schließlich die Erklärung hinüberzuführen in die Prognose, in die Frage nach der zukünftigen Entwicklung.«[4] In diesem Sinne lauten unsere Fragen an die DDR-Forschung: Hat sie eine schlüssige, empirisch gesicherte Antwort auf die Frage, was die DDR als Gesellschaftssystem »ist«? Erklärt sie hinreichend, warum dieses System so beschaffen ist, wie es ist? Hat sie folglich auch eine Erklärung dafür, daß es sich so entwickelt, wie es sich entwickelt? Und schließlich: Haben sich die bisherigen Entwicklungsprognosen der DDR-Forschung, soweit zu übersehen, in der Wirklichkeit bestätigt?

Die so gewählte Problemstellung unserer Studie schließt aus, daß wir eine vollwertige Alternativdarstellung des DDR-Systems entwickeln. Der Akzent liegt auf der immanenten Prüfung der Stichhaltigkeit der hierzulande herrschenden Interpretation, darauf, wie sich in dieser Interpretation Beweiskraft und Beweislast verteilen. Diese Kritik schließt freilich immer auch ein gewisses alternatives Konzept mit ein. Dieses Alternativkonzept — konkret: ein materialistischer Sozialismusbegriff — wird von uns jedoch nicht über das Maß hinaus in Anspruch genommen, in welchem ihm im konkreten Gang der Kritik selber Plausibilität zuwächst. Im übrigen aber sei unser Grundanliegen bekräftigt und auf M. Parentis Formel gebracht: »Es wird vom Leser nicht verlangt, daß er meine Vorurteile übernimmt, aber daß er über seine eigenen nachdenkt.«[5]

Zum Schluß noch einige Anmerkungen über Art und Eingrenzung des in dieser Studie herangezogenen Materials.

Erstens haben wir uns nicht beschränkt auf wissenschaftlich-akademische Darlegungen der DDR-Forschung, sondern bewußt auch tagesjournalistische Verlautbarungen mit herangezogen. Das Ergebnis bestätigt die Richtigkeit dieses erweiterten Blickwinkels: Die Grenzen zwischen der einen und der anderen Sphäre erweisen sich in den entschei-

4 P. C. Ludz, Aktuelle oder strukturelle Schwächen der DDR-Forschung, S. 256.
5 M. Parenti, The Anti-Communist Impulse, S. 7.

denden Fragen als außerordentlich fließend; die DDR-Forschung muß daher im übergreifenden Zusammenhang des bundesdeutschen »DDR-Bilds« insgesamt und seiner Erzeugung betrachtet werden.

Zweitens haben wir gelegentlich den Rahmen der speziellen DDR-Forschung überschritten und Beispiele aus der sonstigen bürgerlichen Sozialismusforschung herangezogen. Dies erscheint unproblematisch, da die DDR-Forschung ohnehin nur ein besonderer Anwendungsfall der allgemeinen »Kommunismusforschung« ist und zudem eine deutliche Tendenz in die Richtung geht, daß sich die überkommenen Spezifika der DDR-Forschung im Zuge der politischen Normalisierung im Verhältnis beider deutscher Staaten abschleifen.

Schließlich sei um Nachsicht gebeten für das starke Ausmaß an Zitierungen und Belegungsverweisen. Es ergab sich aus unserem Bemühen, die Kritik möglichst dicht an den Originalaussagen der DDR-Forschung selbst zu entwickeln, um sie damit auch möglichst nachvollziehbar zu machen.

Kapitel 1

Zur Diskussion über Erkenntnis und Interesse in der DDR-Forschung

1. Zwischen Wertfreiheit und Interessengebundenheit:
Der Ansatz von C. Burrichter

Unumstritten ist unter den DDR-Forschern, daß ihre wissenschaftliche Disziplin in unlöslichem Bezug zur Politik steht, ist ihre »genuine... Politik-Orientiertheit und Politik-Verbundenheit«.[6] Diskussionen gibt es allenfalls um pragmatische Fragen nach dem adäquaten Verhältnis von Grundlagenforschung und kurzfristiger, auftragsbezogener Forschung, nach der organisatorischen Gestaltung der Politikberatung, nach den Auswirkungen staatlich-finanzieller Abhängigkeit von Forschungseinrichtungen usw.[7] Zweifellos sind damit wichtige Probleme angesprochen; aber sie betreffen nicht die innere wissenschaftliche Struktur der — in solche äußeren politischen Zusammenhänge eingebetteten — DDR-Forschung selbst; sie zielen, um mit der üblich gewordenen Begrifflichkeit zu sprechen, nur auf den Entstehungs- und Verwertungszusammenhang, nicht auf den Begründungszusammenhang der Forschung.

Die Diskussion über die letztere, recht eigentlich wissenschaftstheoretische Frage — »Schließt die politische Motivation der DDR-Forschung Wissenschaftlichkeit aus?«[8] — ist bisher nie ausführlich in Gang gekommen. Meist betrachtet man diese Frage mit der Mahnung als bewältigt, politische Motive und Bewertungen müßten von der eigentlichen wissenschaftlichen Analyse peinlichst getrennt gehalten werden. Voraussetzung sachlicher Forschung, so schreibt H. Lippmann, ist »die strenge Trennung der DDR-Forschung... von der durchaus legitimen politischen Auseinandersetzung mit dem anderen System«.[9] Für Ludz hat analog »die DDR-Forschung als *Forschung* zunächst keine direkten

---

6 P. C. Ludz, Die Zukunft der DDR-Forschung, S. 492.

7 Kennzeichnend für diese Betrachtungsebene ist etwa Ludz' Erörterung über die wünschenswerte geographische Lage neu zu errichtender DDR-Forschungseinrichtungen: »M. E. sollten Plätze, an denen die Gefahr besteht, daß die Analyse von der Tagespolitik überlagert wird, gemieden werden. Diese Gefahr scheint in Bonn wie in Berlin gegeben zu sein.« (Die Zukunft der DDR-Forschung, S. 493).

8 W. Bergsdorf, Eine dritte Phase der DDR-Forschung?, S. 592.

9 H. Lippmann, Der Grundvertrag und die DDR-Forschung, S. 500.

politischen Aufgaben«.[10] Für J. B. Gradl soll die DDR-Forschung »Sacherkenntnisse und abgewogene Urteile leisten, nicht Propaganda liefern«.[11]

In diesem Verständnis ist die Frage nach der Wissenschaftlichkeit gleichbedeutend mit derjenigen nach »leidenschaftslose(r) Forschung«[12]; d. h., sie reduziert sich hier auf das Problem der persönlichen wissenschaftlichen Unbestechlichkeit des einzelnen Forschers, auf die Forderung, er möge in der Forschung »gefühlsmäßig getönter Verhaltenssteuerung«[13] entsagen. Mit dieser Fixierung auf die individuelle, psychologische Ebene des Problems bleibt freilich die Frage nach möglichen überindividuellen, sich »hinterrücks« durchsetzenden Determinanten parteilicher Erkenntnis unbeantwortet. Man postuliert statt dessen, daß es ohne weiteres möglich sei, eine Sphäre sachlicher Forschung schlechthin zu konstituieren, welche von der Sphäre der Werturteile nicht tangiert würde, wie umgekehrt diese Werturteile »mit Wissenschaft nicht das geringste zu tun«[14] hätten, weshalb von ihnen auch als von »Glaubensfragen«[15] gesprochen wird, die »in den vorwissenschaftlichen Bereich« gehörten und gewissermaßen »Privatsache« des Forschers seien.[16]

Nun führen bereits einige der hier zitierten Darlegungen selbst die Problematik einer schlichten Trennung von »Informationen und Werturteile(n)«[17] deutlich vor Augen. Das gilt besonders für den Artikel von F. Oldenburg. Einerseits erkennt Oldenburg an, daß jeder »wissenschaftlichen Untersuchung... letztlich eine Wertentscheidung zugrunde« liegt; andererseits bildet diese Wertentscheidung für ihn nur eine Art äußeren Anstoßes für die Forschung, sie geht also seiner Ansicht nach »weder in den Objektbereich noch in das Aussagesystem der Wissenschaft« ein.[18] F. Oldenburgs Konkretisierung dessen auf die DDR-Forschung stellt jedoch den behaupteten strikten Dualismus von werthafter Motivation der Forschung und ihrer wertfreien Durchführung selbst in Frage. So führt er den Gedanken von der werthaften Motivation der DDR-Forschung mit folgenden Worten aus: »Eine Wertent-

10 P. C. Ludz, Die Zukunft..., S. 492.
11 J. B. Gradl, DDR-Forschung als eigene Aufgabe, S. 487.
12 F. Oldenburg, Vom Elend der DDR-Forschung, S. 474.
13 Ebenda.
14 Ebenda, S. 475.
15 S. Köhler, Einige Gedanken zur Diskussion über die ›verunsicherte DDR-Forschung‹, S. 476.
16 F. Oldenburg, Vom Elend..., S. 474.
17 Ebenda, S. 475.
18 Ebenda.

scheidung liegt bereits dort vor, wo der Forscher angesichts der existentiellen Nöte der Menschen im anderen Teil Deutschlands, angesichts der tagtäglichen Verletzungen der Menschenwürde im sowjetdeutschen System, dessen Spielregeln analysiert.«[19] Es ist schwer vorstellbar, daß die so geartete politische *Grundhaltung* — F. Oldenburg benutzt übrigens selbst diesen Begriff — tatsächlich nicht mehr als einen unbeteiligten Hintergrund für den wissenschaftlichen Erkenntnisprozeß darstellen soll. Immerhin beinhaltet sie ja bereits ein bestimmtes Bild von der DDR, eine gewisse Vorstellung von der Qualität dessen, was sich dort ereignet. Die Rede von der »Menschenwürde« verweist auf das Vorhandensein ganz bestimmter Kategorien und Maßstäbe der Betrachtung. Mehr noch, F. Oldenburg beansprucht hier allem Anschein nach nicht nur beliebige, sondern durchaus *wesentliche* Sachverhalte der DDR-Gesellschaft hervorzuheben.[20] Ein solches Vorverständnis vom Erkenntnisobjekt aber — wobei wir hier noch gar nicht dieses Vorverständnis kritisieren, sondern den Umstand, daß F. Oldenburg es in seiner erkenntnismäßigen Tragweite nicht wahrhaben möchte — präjudiziert unweigerlich die Art und Weise, Fragen an den Gegenstand zu stellen, Probleme zu formulieren und Hypothesen aufzustellen.

Nun mag man entgegenhalten, daß zwar die vom Vorverständnis beeinflußte Fragestellung sicher nur eine unter vielen möglichen sei, daß aber immerhin das Ergebnis einzig und allein von der (leidenschaftslosen) Erforschung der tatsächlichen Fakten abhänge, nicht von der Fragestellung als solcher. Dabei wird jedoch verkannt, daß wissenschaftliche Forschung nie eine »Faktensammlung« schlechthin ist, da auch »in die begriffliche Fassung der Fakten bereits ein Stück von der Theorie der betreffenden Gesellschaft ein(geht)«[21], ein Stück von demselben Vorverständnis also, welches schon hinter der Formulierung des For-

19 Ebenda, S. 474.
20 So wiederholt Oldenburg z. B. seine Klage über die chronischen »Verletzungen menschlicher Würde« auf S. 475 eigens noch einmal. Er spricht auch mehrfach von den »freien Gesellschaften« des Westens, vom »freie(n) Deutschland« usf., woraus geschlossen werden darf, daß für ihn der Begriff der »Unfreiheit« eine wichtige Rolle im Verständnis der sozialistischen Gesellschaften spielt. Daß wir es hier mit wesentlichen Momenten seines Bildes vom Gegenstand zu tun haben, erhellt auch daraus, daß er D. Herrmanns Auffassung von der »Amoralität und Pathologie jener Gesellschaftsform«, nämlich der sozialistischen, für mindestens »diskutierbar« hält (S. 473, Anm. 4), wohlgemerkt: der *Gesellschaftsform* selbst. Vgl. dazu die schon über anderthalb Jahrzehnte alte Kritik von P. C. Ludz an der Totalitarismustheorie: »Die... These Friedrichs, daß der Totalitarismus nur... Perversion der Demokratie sei, ... verhindert schon im Ansatz eine Konzeption bolschewistischer Herrschafts- und Gesellschaftssysteme als historisch-politische Realitäten... mit eigenen sozialen und historischen Gesetzmäßigkeiten...« (Offene Fragen in der Totalitarismus-Forschung, S. 328).
21 U. Koch, Bürgerliche und sozialistische Forschungsmethoden?, S. 53.

schungsproblems stand. Ferner zielt Forschung immer auf eine *Synthese* der sog. Fakten, auf Erklärung durch Aufzeigen ihres Zusammenhangs — andernfalls bliebe sie »eine Sammlung toter Fakta«, wie es in der »Deutschen Ideologie« heißt[22]; dazu aber ist Theorie erst recht notwendig. Diese Unverzichtbarkeit von Theorie im Forschungsprozeß kommt auch in F. Oldenburgs Ausführungen zum Ausdruck, und zwar wenn er von den »hermeneutischen Leerstellen«[23] spricht, die durch bloß empirische Forschung nicht gefüllt werden könnten. Oldenburgs Lösung dieses Problems ist allerdings ebenso schlicht wie theoretisch vage: »*Hier wird man ohne Intuition nicht auskommen,* die allerdings besonders die eigenen traumatischen Erfahrungen aufarbeiten muß«[24] Näheres über die wissenschaftliche Substanz dieser Intuition führt F. Oldenburg nicht aus, was aber wohl dem Wesen von »Intuition« ohnehin entspricht. Jedenfalls ist festzuhalten: Die Vermittlung der »Fakten« zu einem Gesamtbild geschieht in F. Oldenburgs wissenschaftstheoretischem Modell u. a. über sog. „Intuition". (Von einer eigentlichen, den Forschungsprozeß unterstützenden *Theorie* ist hingegen im gesamten Aufsatz nicht die Rede.) Damit drängt sich aber der Schluß auf, daß Oldenburgs »Intuition« eben der Punkt ist, an dem die vermeintlich im »vorwissenschaftlichen Raum« verbliebenen Prämissen nun doch hineingelangen in den vermeintlich wertfreien Forschungsprozeß, so wie es an Max Webers Wissenschaftskonzept demonstriert worden ist: »Bei einer solchen auf Wertfreiheit pochenden Wissenschaft... kommen die am Hauptportal abgewiesenen Wertungen durch die Hintertür herein.«[25] F. Oldenburg scheint sich des »Schönheitsfehlers« seiner Konzeption bewußt zu sein, wenn er gleichsam entschuldigend schreibt: »Ohne sinnverstehende Methoden wird es bedauerlicherweise nicht gehen.«[26] Was ist daran bedauerlich? Doch nur die Tatsache, daß hier Oldenburgs Konzept der wertfreien Wissenschaft seine Brüchigkeit erweist.

Einen konsequenteren Ansatz vertritt C. Burrichter in einem schon 1969 erschienenen Aufsatz.[27] Er versucht nicht wie F. Oldenburg, die

22 K. Marx/F. Engels, Die Deutsche Ideologie, MEW Bd. 3, S. 27.

23 F. Oldenburg, Vom Elend..., S. 475.

24 Ebenda (Hervorhebung: O. C.).

25 R. Sorg, Ideologietheorien. Zum Verhältnis von gesellschaftlichem Bewußtsein und sozialer Realität, S. 74. Vgl. das Urteil von C. J. Friedrich, daß ungeachtet aller Wertfreiheits-Beteuerungen Max Webers und anderer Vertreter seiner Richtung ihr Werk »klar und eindeutig von ihrem liberalistischen Wertsystem positiv, von ihrem antisozialistischen Wertsystem negativ bestimmt« sei. (C. J. Friedrich, Die politische Wissenschaft, S. 12.).

26 F. Oldenburg, Vom Elend..., S. 475.

27 C. Burrichter, Fragen zu einer soziologischen Theorie der DDR-Gesellschaft.

Wertentscheidungen des Forschers strikt und mechanisch aus dem »reinen« Forschungsprozeß zu verbannen, sondern gesteht ihnen von vornherein eine den Erkenntnisprozeß mitprägende Rolle — nämlich in Gestalt von »theoretischen Präliminarien der Analyse«[28] — zu. Burrichter geht dabei aus von dem politischen und gesellschaftlichen Bedingungsrahmen, in welchem die DDR-Forschung steht: von der »*intergesellschaftliche(n) Konfliktsituation* zwischen beiden Systemen«, die noch ergänzt wird durch eine »*Konkurrenzsituation*«.[29] »Der in der Bundesrepublik angesiedelte DDR-Forscher kann sich dieser Tatsache nicht entziehen. Er wird... als Mitglied der einen am Konflikt beteiligten Gesellschaft davon auch in seiner wissenschaftlichen Arbeit tangiert.«[30] Mit dieser Interpretation setzt sich Burrichter deutlich ab von einem autonomistischen Wissenschaftsbegriff.[31]

Allerdings fällt auf, daß Burrichter zwar immer wieder nachdrücklich von jener objektiv bedingten »subjektive(n) Betroffenheit« des DDR-Forschers, von seinem hieraus resultierenden besonderen »erkenntnisleitende(n) Interesse«, seiner »Ausgangsentscheidung« usw. spricht[32], daß man aber ausgesprochen wenig ausgeführt findet über den konkreten *Inhalt* solcher »Betroffenheit«, solchen »Interesses« und solcher »Ausgangsentscheidung«. Immerhin läßt sich dies aus verschiedenen Andeutungen bei Burrichter präzisieren. So stellt Burrichter die von ihm gemeinte »Ausgangsentscheidung« oder Erkenntnishaltung unzweideutig einer denkbaren anderen gegenüber, nämlich einer Haltung, die »sich mit den Zielen des anderen Systems«, d. h. mit sozialistischen Zielen, identifiziert; er bezeichnet diese, alternativ zu der von ihm vertretenen stehende Haltung auch als »*wohlwollende* Einstellung zu den gesellschaftspolitischen Realitäten . . . dieses Systems«.[33] Daraus kann gefolgert werden, daß Burrichters eigene Ausgangsentscheidung die Identifizierung mit dem bundesdeutschen Gesellschaftstyp und die grundsätzliche Ablehnung der Gesellschaftsordnung der DDR beinhaltet. In der Tat schreibt Burrichter einige Abschnitte weiter: »Auch der Wissen-

28 Ebenda, S. 700.
29 Ebenda, S. 701.
30 Ebenda, S. 704.
31 Vgl. aus jüngerer Zeit seine pointierte Kritik: »Wenn Politiker der Auffassung sind, daß ›der Nutzen, den die Politik aus der Wissenschaft ziehen kann, dann am größten ist, wenn die Wissenschaft ganz sie selbst ist...‹ (Zit. Egon Franke, O. C.), dann ist zu vermuten, daß das Verhältnis zwischen Politik und Wissenschaft von einem Wissenschaftsbegriff her verstanden wird, der heute aufgrund des in ihm verabsolutierten Autonomieprinzips allenthalben ad absurdum geführt ist.« (C. Burrichter/E. Förtsch, DDR-Forschung im Systemwettstreit, S. 1038 f.).
32 C. Burrichter, Fragen..., S. 701.
33 Ebenda, S. 701 (Hervorhebung: O. C.).

schaftler muß sich mit politischen Zielen mehr oder weniger identifizieren...«[34], ihm muß »ein irgendwie geartetes politisches Engagement (Wollen) unterstellt werden«.[35] Daß die politische Identifikation und das politische Engagement, welches Burrichter für seine eigene und für die gängige DDR-Forschung in der Bundesrepublik in Anschlag bringt, tatsächlich Identifikation mit dem »Westen« ist und Engagement für ihn, wird auch dadurch bekräftigt, daß Burrichter beispielsweise von »unsere(m) ordnungspolitischen Selbstverständnis«[36] spricht, dem er die bundesdeutsche Nutzanwendung positiver DDR-Erfahrungen prinzipiell unterordnen möchte; oder daß er erklärt, durch die »Entwicklung des Staatswesens DDR« — und die dort stattfindenden »gesellschaftspolitische(n) Großexperimente« — seien »wir in unserer eigenen gesellschaftlichen Existenz tangiert«.[37] Burrichter bezieht also, auch wenn er dies in solcher Direktheit selbst nie sagt, den Standpunkt der prinzipiellen Verteidigung des in der Bundesrepublik herrschenden Systems; die Ziele der anderen Ordnung lehnt er ab, er betrachtet sie als »Herausforderung«[38] im Sinne von Bedrohung. Seine »*Anerkennung des Postulats nach ›Nützlichkeit‹* wissenschaftlicher Ergebnisse«[39], mit welcher Formulierung die Frage offen gelassen wird, wer, welche gesellschaftlichen Interessen den Nutzen haben sollen, wird man ganz im obigen Sinne zu verstehen haben — als Vereidigung der Wissenschaft, hier der DDR-Forschung, auf die herrschenden Werte und Zwecke der BRD-Gesellschaft.

Nun wird wahrscheinlich Burrichter selbst dieser Verdeutlichung seines Standpunkts noch zustimmen. Hat er sich doch auch in jüngster Zeit unmißverständlich zu der Auffassung bekannt, »daß die eigene wissenschaftliche Arbeit Bestandteil der umfassenden Auseinandersetzung der Systeme in Ost und West ist«.[40] In Anbetracht dieser Offenheit seines Wissenschaftsbekenntnisses gilt es darum weniger, die Tatsache herauszuarbeiten, daß er auf einer bürgerlichen Ausgangsposition steht (dies ist oben geschehen), als vielmehr zu verfolgen, welche Konsequenzen diese Position konkret im Forschungsansatz hat. Wir können dabei von Burrichters eigener Einsicht ausgehen, daß in der Tat »der analytische Ansatz unabdingbar schon von hier (nämlich von der Ausgangspo-

34 Ebenda, S. 703 (Hervorhebung: O. C.).

35 Ebenda, S. 704.

36 Ebenda.

37 Ebenda, S. 710, S. 704.

38 Ebenda, S. 701.

39 Ebenda, S. 702.

40 C. Burrichter/E. Förtsch, DDR-Forschung im Systemwettstreit, S. 1040 (zit. W. von Bredow).

sition und dem entsprechend geprägten Erkenntnisinteresse, O. C.) mit
determiniert wird«.[41] Und da Burrichter in dem hier zugrunde gelegten
Aufsatz auch unmittelbar auf die Frage nach der wissenschaftlichen
Analyse der DDR-Gesellschaft eingeht, können wir einigermaßen konkret untersuchen, wie dieser Prozeß der Umsetzung von Interesse in Erkenntnis, von Wertmotiven in theoretische Prämissen bei Burrichter ab-
läuft.

Sein Gedankengang läßt sich auf folgenden Nenner bringen: Die
DDR ist nicht irgendein beliebiges Forschungsobjekt, sondern auch,
wie schon skizziert, eine politisch-gesellschaftliche Herausforderung
für die Bundesrepublik und damit auch für die bundesdeutsche DDR-
Forschung, die angesichts dessen nicht in »absolute(r) Neutralität«[42]
verharren kann. Aus dieser »politischen Geladenheit«[43] der Situation
entspringt das dringende Interesse bzw. »die Notwendigkeit einer Beschäftigung mit der immanenten Situation der DDR-Gesellschaft«[44],
einschließlich selbstverständlich ihrer »immanenten Entwicklung«[45] —
eine noch sehr allgemeine Feststellung. Ferner verlangt Burrichter von
dieser wissenschaftlichen Beschäftigung Erkenntnisse, die tatsächlich
relevanter Natur sind, die eine realistische Einschätzung der Entwicklungstendenzen in der DDR und eine entsprechende realistische Orientierung der bundesdeutschen Politik gestatten — gleichfalls eine unan-
fechtbare, weil allgemeine Forderung. Konkret wendet sich Burrichter
damit gegen einen Typ von DDR-Forschung, der infolge seines überzo-
genen Abstraktionsgrades die wirkliche konkrete »Qualität des Systems«[46] übergeht und verkennt. In diesem Sinne kritisiert er an der in
der DDR-Forschung angewandten Konflikt-Theorie, daß sie »bisher im
wesentlichen im Hinblick auf ›*westliche Gesellschaften*‹ konzipiert
wurde und zugleich noch ein Abstraktionsniveau hat, das bei der Übernahme zur Analyse totalitär verfaßter Gesellschaften einer spezifischen
Konkretisierung bedarf«.[47] Und wie die »pure Feststellung sozialer
Konflikte« in den zu untersuchenden Gesellschaften eine »Banalität«
bleibe, solange nicht die zugrunde liegenden sozialen »Inhalte und Intentionen«[48] miteinbezogen würden, so sei auch die pure Feststellung eines (industriegesellschaftlichen) sozialen Wandels, ohne dessen konkre-

41 Fragen zu einer soziologischen Theorie . . ., S. 701.
42 Ebenda, S. 700.
43 Ebenda.
44 Ebenda, S. 702.
45 Ebenda, S. 710.
46 Ebenda, S. 707.
47 Ebenda, S. 706.
48 Ebenda.

te Qualifizierung, ohne wirkliche Aussagekraft; »sozialer Wandel ist in modernen Gesellschaften kein hervorragendes Phänomen . . ., auf das allein und an sich wissenschaftliches Interesse sich bereits richten kann«.[49]

Gegen all dies ist wenig einzuwenden, stellt es doch einfach die Forderung nach *Konkretheit und Immanenz* der DDR-Forschung dar. Aber wie sieht nun Burrichters eigene Einlösung dieser Forderung aus? Nun, für ihn läuft alles direkt *darauf hinaus, daß der totalitarismustheoretische Ansatz nicht preisgegeben werden dürfe.* Dieser unvermittelte Sprung von der Ebene allgemeiner erkenntnistheoretischer Reflexion in ein bestimmtes, sehr dezidiertes gesellschaftstheoretisches Konzept stellt sich nicht etwa nur in unserer Nachzeichnung als so unvermittelt dar, sondern ist es auch im Original.[50] Wie begründet Burrichter die Bedeutsamkeit des totalitarismustheoretischen Ansatzes? — In erster Linie *indirekt,* indem er, wie schon gestreift, auf Schwächen einer nur-industriegesellschaftstheoretischen, von Herrschafts- und Machtfragen abgehobenen, formal-sozialwissenschaftlichen Herangehensweise hinweist. Ein solcher Ansatz entspricht seiner Ansicht nach nicht dem besonderen, durch die Systemkonkurrenz bedingten Erkenntnisinteresse bzw. generell dem herrschenden Interesse in der Bundesrepublik, weil er tendenziell eine Verkennung der »harten« herrschaftsmäßigen Realitäten in der DDR und illusionäre Hoffnungen auf einen sich sachzwanghaft durchsetzenden Wandel im Grundgefüge dieser Gesellschaft mit sich bringt.[51]

Eine *direkte* Begründung dafür, daß nun gerade der totalitarismustheoretische Ansatz die erforderte adäquate Bestimmung der »Qualität des Systems«, seiner »Inhalte und Intentionen«[52] zu leisten vermöge, daß gerade er der entscheidende Beitrag zu jener «Herrschaftstheorie« sei, die zu entwickeln für Burrichter »doch wohl die Aufgabe der DDR-Forschung«[53] darstellt, eine solche direkte Begründung findet sich nicht. Vielmehr erscheint die Totalitarismustheorie von vornherein als einzig denkmögliche Alternative zu den kritisierten abstrakten Ansät-

49 Ebenda, S. 699.

50 Einen direkten Zusammenhang zwischen seinen Ausführungen über Erkenntnis und Interesse der DDR-Forschung einerseits und über den (wesentlich totalitarismustheoretischen) Analyseansatz andererseits stellt Burrichter nirgends her. Letzterer bewegt sich nur irgendwie »auf dem Hintergrund« (S. 704) von ersterem. Symptomatisch scheint auch, daß der Begriff »totalitär« im ganzen ersten Teil des Aufsatzes nicht vorkommt, um so häufiger aber im zweiten Teil (S. 704 ff.).

51 Vgl. bes. S. 706 f.

52 Ebenda, S. 707, 706.

53 Ebenda, S. 705.

zen. Deren Unhaltbarkeit fällt dadurch geradewegs zusammen mit der »Rehabilitierung« der Totalitarismustheorie. Burrichter prüft nicht kritisch, wie denn die Totalitarismustheorie »Inhalte(n) und Intentionen« der sozialistischen Gesellschaft gerecht werden kann, wenn doch die »fundamentalen und existentiellen Kriterien« ihrer Gesellschaftsanalyse gerade *nicht* auf Inhaltliches abstellen, sondern ausgesprochen formale Abstraktionen darstellen: »Absolute Ausschließlichkeit des Herrschaftsanspruches« sowie »grundsätzliche gesellschaftliche Unbegrenztheit des Herrschaftsbereiches«[54] sind Bestimmungen, die keinerlei Auskunft geben über Subjekt und Objekt, Inhalt und Ziel solcher Herrschaft. Burrichter fragt nicht kritisch, wie denn die Totalitarismustheorie zu einer angemessenen Würdigung jener »gesellschaftspolitische(n) Großexperimente«[55] in der DDR, von welchen sich Burrichter so herausgefordert fühlt, gelangen kann, wenn sie den Blick doch weitgehend auf die »machtpolitische Dimension«[56] ihres Objekts fixiert hält und ihr Hauptbemühen immer von neuem darauf richtet aufzuzeigen, daß — was ja prinzipiell niemand bestreitet — der »Primat der Partei« noch immer herrscht, noch immer »ihr gesellschaftspolitisches Ziel fixiert ist«, noch immer keine »qualitative Änderung des Systems« stattgefunden hat.[57] Generell bleibt bei Burrichter das Verhältnis von Sozialem und Politischem in der Analyse ungeklärt; auffallend ist der Widerspruch zwischen dem schon im Titel gesteckten Ziel »einer soziologischen (! O. C.) Theorie der DDR-Gesellschaft« und der Option für den totalitarismustheoretischen Ansatz mit seiner — vielfach kritisierten[58] — einseitigen Ausrichtung auf politische Phänomene. (Dieser Widerspruch wird auch nicht dadurch beseitigt, daß Burrichter zum einen seinen Begriff von totalitärer Gesellschaft nicht lediglich auf die »augenfälligen und provozierenden Herrschaftsmethoden und -techniken«[59] gründen will und daß er zum andern für die Hinzuziehung von Konflikttheorie und strukturell-funktionaler Betrachtung plädiert; ersteres läuft nur darauf hinaus, den Totalitarismus-Begriff von Kriterien wie »Terror« zu befreien und ihn statt dessen auf die oben genannten Lieberschen abstrakt-politischen »Fundamentalkriterien« zu gründen, und

---

54 Ebenda, S. 707 (in Anlehnung an H.-J. Lieber, Ideologie und Wissenschaft im totalitären System, in: W. Hofer (Hrsg.), Wissenschaft im totalen Staat, München 1964, S. 11 ff.).
55 Fragen zu einer soziologischen Theorie . . ., S. 704.
56 Ebenda, S. 707.
57 Ebenda, S. 711, 707, 708.
58 Siehe wiederum besonders die Aufsätze von P. C. Ludz aus der ersten Hälfte der 60er Jahre zur Kritik und Modifikation der Totalitarismustheorie. Ausführlich zu diesem Problem Kapitel 2 unserer Arbeit.
59 Fragen zu einer soziologischen Theorie . . ., S. 705.

letzeres — die Anleihen bei Konflikt- und struktural-funktionaler Theorie — beläßt der totalitarismustheoretischen Interpretation ihren dominierenden Rang innerhalb des Gesamtkonzepts, insofern als es Burrichter nur um die *Integration* dieser sozialwissenschaftlichen Konzepte in die Totalitarismustheorie geht: »Der Konflikt . . . ist . . . auch dem herkömmlichen Totalitarismus-Modell nicht fremd«, lautet einer der Kernsätze, und analog versteht Burrichter die strukturell-funktionale Theorie auch nur »als theoretisches Appendix zur Theorie des Totalitarismus«.)[60]

Somit erweist sich Burrichters Entscheidung für den totalitarismustheoretischen Ansatz zwar zweifellos als Ausfluß seiner vorwissenschaftlichen, politischen Grundhaltung, seines (von prinzipieller Identifizierung mit dem BRD- und prinzipieller Verurteilung des DDR-Systems geprägten) Erkenntnisinteresses, aber dieser theoretische Ansatz selbst wird kritisch-wissenschaftlich kaum mehr geprüft. Burrichter praktiziert seinen Satz von der interessenbedingten Prägung des theoretischen Bezugsrahmens in dem Sinne, *daß durch die Offenlegung des Interesses im Grunde auch schon der theoretische Ansatz wissenschaftlich gerechtfertigt sei.* Er spricht sich für die Beibehaltung der Totalitarismustheorie primär deshalb aus, weil sie von ihrer besonderen Betrachtungsweise her gute Dienste im Sinne des vorgegebenen politischen Interessenstandpunktes leistet: vor allem indem sie durch ihre pointierte Betonung der Andersartigkeit der sozialistischen Länder im Gegensatz zu »westlichen« einer — politisch unerwünschten — »Verharmlosung« sowie voreiligen Spekulationen etwa auf eine Konvergenz vorbeugt. Ob aber diese Theorie damit auch schon das Wesen ihres Gegenstands trifft, ob sie tatsächlich »bis zu den ursächlichen Bereichen des Erkenntnisgegenstandes«[61] vordringt, wie es Burrichters Anspruch ist, wird nicht ernsthaft mehr gefragt. Burrichter thematisiert zwar auf allgemeiner Ebene den Zusammenhang von Interesse und Erkenntnis in der DDR-Forschung, er thematisiert aber nicht dessen konkrete wissenschaftliche/unwissenschaftliche Qualität. Da ohnehin »der analytische Ansatz unabdingbar . . . mitdeterminiert«[62] wird vom jeweiligen Interesse, so erscheint die Logik seines Vorgehens, *handelt es sich nur noch darum, den analytischen Ansatz optimal dem gegebenen Interesse anzupassen.* Da es ohnehin unvermeidlich ist, daß die Forschung einem bestimmten Prinzip von »Nützlichkeit«[63] gehorcht, handelt es sich nur noch darum,

60 Ebenda, S. 706, 708.
61 Ebenda, S. 706.
62 Ebenda, S. 701.
63 Ebenda, S. 701, 702.

dieser Nützlichkeit besonders bewußt und konsequent durch die Wahl des entsprechenden theoretischen Ansatzes nachzukommen. Genau in diesem Sinne lautet ja Burrichters Vorwurf gegen allzu abstrakt-industriegesellschaftliche Ansätze, daß sie keine angemessene Konsequenz zögen aus der — objektiv bedingten — »politischen Geladenheit«[64] der Forschungssituation, genauer gesagt: aus der bürgerlich gerichteten Interessengeladenheit, wie sie Burrichter konkret voraussetzt. Unter »konsequente(r) Reflexion der erkenntnistheoretischen Präliminarien«[65] versteht er, das beweist sein ganzer Aufsatz, nicht mehr als eben jene Kontrolle darüber, daß die interessenmäßigen Präliminarien, die bürgerlichen Intentionen im Forschungsansatz nicht etwa abhanden kommen. Eine ebenso konsequente Reflexion über die Auswirkungen der Interessen auf den wissenschaftlichen Wert der Erkenntnis unterbleibt. Offenbar wähnt sich Burrichter hier a priori im Einklang mit den Geboten der Wissenschaftlichkeit. Er beruhigt sich bei dem Gedanken von R. Mayntz, daß das Bemühen um Wissenschaftlichkeit, das »Bemühen um Begriffe mit klarem empirischem Bezug . . . viel eher von einer implizierten (aber unbewußten) als von einer bewußten Wertung verhindert«[66] werde; einem Gedanken, der zweifellos seine Berechtigung hat[67], der aber nicht klärt, ob denn nun die Bewußtheit eines Wertstandpunkts bereits hinreichende Garantie für die Wissenschaftlichkeit der Analyse ist und ob überhaupt das grundlegende wissenschafts- bzw. *ideologietheoretische* Problem durch die bloße Tatsache subjektiver Bewußtheit über den eigenen Wertstandpunkt erledigt werden kann.[68]

Die Verkürzung der Probleme von Erkenntnis und Interesse in der DDR-Forschung besteht bei Burrichter darin, daß er das, was er Erkenntnisinteresse oder Ausgangsentscheidung oder Wertidee nennt, nicht in seiner inneren Struktur und seiner erkenntnisdeterminierenden Tragweite voll erfaßt. Erkenntnisinteresse bedeutet bei ihm nämlich im

64 Ebenda, S. 700.
65 Ebenda, S. 702.
66 Zit. ebenda, S. 701.
67 Über die Implikationen von Wertverleugnung in der Wissenschaft vgl. W. Hofmann, Vom Werturteil in der Gesellschaftslehre, bes. S. 69 f.; damit befürwortet Hofmann jedoch keinen Wertrelativismus, wonach jeder »für *sich* stets recht« habe (ebenda, S. 77, Anm. 9).

68 Diese Auffassung, der es lediglich um eine gewisse *Offenheit* des Wertstandpunkts *an sich* geht, vertritt besonders deutlich F. Ronneberger: Der Forscher kann welches Interesse auch immer verfolgen oder »zu überwinden trachten« — »Hauptsache, er definiert dieses Interesse und macht es somit für jeden offenbar«. (Vergleichbarkeit östlicher und westlicher politischer Systeme, S. 19) Freilich zeigt sich dann auch, daß Ronneberger »Erkenntnisinteresse« eher auf der Oberfläche disparater *Fragestellungen* faßt.

Grunde nicht mehr als die politisch-gesellschaftlich motivierte Entscheidung für einen Standpunkt, von dem aus sich bestimmte *Fragestellungen* bezüglich des Forschungsobjektes ergeben, die an sich nicht mehr berechtigt oder weniger berechtigt und sinnvoll sind als denkbare andere Fragestellungen. Unterschiede zwischen verschiedenen Interessenstandpunkten laufen demzufolge nur auf unterschiedliche Fragestellungen hinaus; das Problem verkehrter Erkenntnis infolge einer bestimmten Erkenntnisdetermination taucht damit gar nicht auf — ähnlich wie in der Konzeption Max Webers.[69]

Besonders deutlich wird Burrichters Reduzierung des Problems der Erkenntnisinteressen in seinem zusammen mit E. Förtsch verfaßten Aufsatz von 1975, in dem er nochmals an die 1969 erörterte Problematik anknüpft. Hier erscheint die interessenbestimmte Prägung der DDR-Forschung schlicht als der Vorgang »des Transfers von Problemen aus Politik und Gesellschaft in DDR-Forschung«[70]; »die *Problemstellungen* — als Input für die DDR-Forschung — (stehen) im Zentrum der Überlegungen«.[71] Davon, daß sich Gesellschaftliches und Politisches auch über »die theoretischen Präliminarien der Analyse«[72] durchsetzt, wie Burrichter seinerzeit wenigstens in allgemeiner Form zu verstehen gegeben hatte, ist nun nicht mehr die Rede. Dieses Problem verschwindet hinter der wenig aussagekräftigen Formel von der »relative(n) Autonomie bzw. Eigengesetzlichkeit«[73] der DDR-Forschung. Burrichters Antwort auf die Grundfrage: »Schließt die politische Motivation der DDR-Forschung Wissenschaftlichkeit aus?«[74] läuft nur darauf hinaus, daß es in erster Linie darauf ankomme, Klarheit über die relevanten Problemstellungen zu erlangen, die sich heute aus dem Stand des Verhältnisses zwischen BRD und DDR ergäben. Die Frage der Theorie wird einmal mehr vertagt.[75] Dabei drängt sie sich um so unabweisbarer auf, wenn man den 1969er und den 1975er Aufsatz nebeneinanderhält: Von der im ersteren so nachdrücklich betonten analytischen Bedeutung der

69 Vgl. R. Sorg, Ideologietheorien, S. 71 f.
70 C. Burrichter/E. Förtsch, DDR-Forschung im Systemwettstreit, S. 1037.
71 Ebenda, S. 1036 (Hervorhebung: O. C.).
72 C. Burrichter, Fragen zu einer soziologischen Theorie . . ., S. 700.
73 DDR-Forschung im Systemwettstreit, S. 1036 (ähnlich S. 1041).
74 Ebenda, S. 1038 (Zit. W. Bergsdorf; vgl. oben, Anm. 3).
75 Indem er wieder bei der äußerlichen Gegenüberstellung von »externer . . . Inanspruchnahme« der DDR-Forschung und »notwendige(r) Autonomie kognitiver Prozesse« (ebenda, S. 1041) anlangt, stellt der Aufsatz von 1975 einen Rückschritt gegenüber den erkenntnistheoretischen Überlegungen von 1969 dar. Immerhin werden aber entsprechende Probleme noch gesehen, indem sie erklärtermaßen von vornherein ausgeklammert werden (vgl. S. 1035).

Totalitarismustheorie ist im letzteren so gut wie nichts mehr zu bemerken; entsprechende Begriffe tauchen nirgends mehr auf. Offensichtlich liegt also hier, beim Übergang vom Problemverständnis in die gesellschaftstheoretische Konzeption, der dunkle Punkt in Burrichters Konzept.

Nun zeigt sich an Burrichters Ausführungen selbst, daß es zu kurz greift, wenn man als einzigen Ausfluß der politischen Motivation bzw. des Erkenntnisinteresses die Problemstellung betrachtet. Die »politische Geladenheit« der Forschung geht tiefer. Sie betrifft außer der Problemstellung auch das theoretische Material, das in die wissenschaftliche Beantwortung derselben eingeht. Burrichter sagt selbst: Der Forscher bringt immer schon ein bestimmtes »politisch bedingte(s) *Vorverständnis* vom Erkenntnisgegenstand«[76] mit. Er ist diesem Gegenstand nicht nur äußerlich-politisch, sondern auch »*weltanschaulich* konfrontiert«[77]; was nichts anderes heißt, als daß in sein Vorverständnis bestimmte weltanschauliche Prämissen eingehen, die, fast überflüssig zu sagen, natürlich auch die Art und Weise der Gesellschaftsbetrachtung tangieren. Bei Burrichter lassen sich Momente eines solchen Vorverständnisses unschwer finden: Da sieht er die Ursache für die Konfrontation der beiden deutschen Systeme wesentlich im (klassenkämpferischen) »*Selbstverständnis* ... der politischen Führungsgruppe in der DDR«[78] — eine höchst bedeutsame gesellschaftstheoretische Prämisse (welche denn auch im totalitarismustheoretischen Ansatz mit seiner Schwäche für selbstgenügsame politische Kategorien durchaus ihre Konkretisierung erhält). Da setzt er ein ganz bestimmtes Verständnis von Freiheit in seiner gesellschaftstheoretischen Interpretation voraus.[79] Da mißt er die Gesellschaft der DDR am Maßstab des herrschenden bundesdeutschen »ordnungspolitischen Selbstverständnisses«[80], an einem bestimmten Begriff von »emanzipatorische(r) Entwicklung«[81], usw. Man sieht, der politische, interessenmäßige Standort Burrichters bedingt nicht nur abstrakt die Wahl bestimmter Problemstellungen, sondern hat auch einen Inhalt: Die von Burrichter apostrophierte politische Geladenheit der DDR-Forschung ist gleichzeitig und untrennbar auch *ideologische Geladenheit*. Erst durch die Ergänzung des Begriffs des Erkenntnisinteresses durch den der Ideologie — ver-

76 Fragen zu einer soziologischen Theorie . . ., S. 705 (Hervorhebung: O. C.).
77 DDR-Forschung im Systemwettstreit, S. 1036 (Hervorhebung: O. C.).
78 Fragen . . ., S. 701 (Hervorhebung: O. C.).
79 Vgl. ebenda, S. 706 f.
80 Ebenda, S. 704.
81 Ebenda, S. 706.

standen als mehr oder weniger strukturierter konzentrierter Ausdruck bestimmter gesellschaftlicher Interessen[82] — wird der Vermittlungszusammenhang zwischen Interesse und Erkenntnis deutlich. Erst über den Begriff der Ideologie bekommt Burrichters sehr allgemein bleibende Feststellung, daß »bei einer . . . Analyse dieser Gesellschaft der notwendige theoretische Bezugsrahmen aus den Implikationen des erkenntnisleitenden Interesses der DDR-Forschung gespeist«[83] werde, einen konkreteren Inhalt; das, was vage als Implikationen des erkenntnisleitenden Interesses umschrieben wird, ist eben die Ideologie; eben sie ist der Inhalt jener »subjektiven Erkenntnisdetermination«, von der Burrichter nach eigenem Eingeständnis »nur die Konturen«[84] angedeutet hatte.

Nun scheint jedoch Burrichter die grundsätzliche ideologische Fundierung von DDR-Forschung, wiewohl sich dies in sein eigenes erkenntnistheoretisches Konzept, wie gezeigt, zwanglos eingefügt, zu bestreiten. Ideologische Bedürfnisse hätten nur der DDR-Forschung einer vergangenen Phase, nämlich im Kalten Krieg, zugrunde gelegen; im Zeichen friedlicher Systemkonkurrenz und Kooperation wichen sie Motiven, die gewissermaßen der Sphäre ideologischen Haders enthoben seien. Mit Burrichters Worten: »Das Wesen dieser Probleme (von denen die DDR-Forschung bewegt wird, O. C.) hat sich gewandelt: Waren es früher beispielsweise die Wiedervereinigungserwartungen, die Immunisierung der eigenen Ordnung durch ein Gegenbild oder auch nur die Bewältigung der tiefgreifenden Verunsicherung, die die Etablierung eines anderen Gesellschaftsmodells mittels Klassenkampf hierzulande hervorrufen mußte, so sind sie heute im Bereich des Systemwettstreits, d. h. der positiven Bewältigung der intergesellschaftlichen Konflikt-, Konkurrenz- und Kooperationslage angesiedelt.«[85] An anderer Stelle heißt es: »Der mit der WTR für alle hochindustrialisierten Gesellschaften gegebenen Herausforderung ist nicht mehr mit dem Raster vorhandener ordnungspolitischer Prämissen angemessen zu begegnen.«[86]

Dieser Darstellung der Dinge genügt es im Grunde eine andere Feststellung von Burrichter selbst entgegenzuhalten: daß nämlich bei allem Bedeutungszuwachs »übernationale(r) Problemsituationen«[87], bei aller

---

82 Vgl. E. Hahn, Ideologie; R. Sorg, Ideologietheorien.

83 C. Burrichter, Fragen . . ., S. 702.

84 Ebenda, S. 702. Zur Abstraktheit des »Erkenntnisinteresses« bei J. Habermas vgl. E. Hahn, Historischer Materialismus und marxistische Soziologie, S. 53 f.

85 C. Burrichter/E. Förtsch, DDR-Forschung . . ., S. 1036.

86 C. Burrichter/E. Förtsch/H.-J. Müller, Die wissenschaftlich-technische Revolution — Kriterien und Konsequenzen, S. 525.

87 DDR-Forschung . . ., S. 1038.

Notwendigkeit und Möglichkeit intersystemarer Kooperation *die »Auseinandersetzung der Systeme . . . allerdings . . . nicht aufgehoben«*[88] wird. Damit erweisen sich aber alle von Burrichter so sehr herausgestellten Wandlungen der Ost-West-Situation — und daraus abgeleitet der besonderen Herangehensweise der DDR-Forschung — als *relativ*. Burrichters (und E. Förtschs) Aufsatz zerstreut denn auch selber auf Schritt und Tritt die Vermutung, es könnte den Autoren gelungen sein, aus ihrer grundsätzlichen Parteinahme gleichsam »auszusteigen« und, jeglichen »ordnungspolitischen Prämissen« entsagend, über den (obsoleten) ideologischen Lagern zu schweben. Erklären sie zunächst ein solches Motiv wie das der ideologischen »Bewältigung der tiefgreifenden Verunsicherung« durch das andere Gesellschaftssystem für überholt und überwunden — wir zitierten oben die Passage —, so taucht es wenige Seiten später an durchaus zentraler Stelle, wenn auch wortreich umschrieben, als höchst aktuelles Gebot der Stunde wieder auf.[89] Auch daß das ideologische Bedürfnis nach »Immunisierung der eigenen Ordnung durch ein Gegenbild« — ebenfalls als Relikt einer vergangenen Phase des Systemkonflikts dargestellt — in der DDR-Forschung von C. Burrichter seine Wirksamkeit verloren hätte, läßt sich schwerlich bestätigen, wenn man etwa den erwähnten Aufsatz über die Konsequenzen der wissenschaftlich-technischen Revolution betrachtet, der mit einer solchen Entschiedenheit und Ausschließlichkeit einen Gegensatz zwischen WTR und *sozialistischen* Produktions- und Machtverhältnisses postuliert, daß sich nur der Eindruck aufdrängen kann, hier würde mit Hilfe eines »Gegenbildes« die kapitalistische Ordnung entlastet von der allenthalben aufbrechenden Kritik an ihrer eigenen Problemlösungsschwäche und somit gewissermaßen »immunisiert«.[90] Schließlich ordnen Burrichter und Förtsch die DDR-Forschung nachdrücklich der Aufgabe unter, »neue Strategien« gegenüber dem sozialistischen System zu kreiern, »langfristige Konzeptionen zu entwickeln« mit dem Ziel, daß das sozialistische System »sich qualitativen Wandlungen unterzieht — und dies nicht nur im Bereich des wissenschaftlich-technischen und ökonomischen Fortschritts, sondern auch im System der gesellschaftlichen Leitung und im Bereich normativer Grundprämissen«.[91] Wer aber eine Strategie hat, der hat auch seine eigenen »normativen Grundprämissen«; erst diese veranlassen ihn überhaupt zu strategischen Überlegungen. Wer die Grundprämissen des Sozialismus in

---

88 Ebenda, S. 1037 (Hervorhebung: O. C.).
89 Vgl. ebenda, S. 1040.
90 Vgl. Die WTR . . ., bes. S. 525 f.
91 DDR-Forschung . . ., S. 1037, 1039; Die WTR . . ., S. 525.

Frage stellt, tut dies von eigenen Grundprämissen aus. Daran ändert auch die Tatsache nichts, daß diese Infragestellung sich auf vermeintlich reine Sachzwänge der wissenschaftlich-technischen Revolution beruft, daß sie den intendierten Wandel des Sozialismus als »Verwissenschaftlichung der Gesellschaft«[92] schlechthin ausgibt. Auch diese Interpretation entspringt einer ganz bestimmten Sichtweise des Verhältnisses von Gesellschaft und Wissenschaft, einer ganz bestimmten Bewertung der Rolle der Wissenschaft, die sich selbst nicht als ideologieenthoben behaupten kann. Im übrigen wußte es C. Burrichter sechs Jahre früher selbst besser, als er nicht nur betonte, »daß auch moderne Industriegesellschaften bei zunehmender Rationalisierung des politischen Entscheidungsbereiches weiterhin und wesentliche (! O. C.) Elemente der reinen Dezision aufweisen«, sondern sogar von einer allgemeinen Tendenz der »zunehmenden Politisierung weiter Lebensbereiche« in allen heutigen Gesellschaftssystemen sprach.[93] Wie kann er da heute auch nur den Begriff einer abstrakten »Verwissenschaftlichung der Gesellschaft« aufstellen? Um es mit Burrichter 1969 zu sagen: »Es hat den Anschein, als wenn hier zu stark technokratische Überlegungen in das Grundmodell eingegangen sind.«[94]

Um zum Kern des Problems zurückzukehren: Auch Burrichter kann also nicht glaubhaft machen, daß die DDR-Forschung infolge gewandelter Ost-West-Bedingungen eine »Entideologisierung« erfahren habe. Sie bleibt vielmehr hineingestellt in die »umfassende Auseinandersetzung der Systeme« (v. Bredow), ihre Theoreme bleiben den weltanschaulichen und politischen Grundprämissen und strategischen Optionen der einen Partei in dieser Auseinandersetzung verbunden. Was sich infolge der neuen Phase der Systemauseinandersetzung teilweise gewandelt hat, sind, wie Burrichter/Förtsch im Grunde ja präzise sagen, die konkreteren »*Problemstellungen*«, der situationsgemäße Aufgaben- bzw. »*Funktionskatalog*« der DDR-Forschung im einzelnen.[95] Hier gilt es neuen Momenten Rechnung zu tragen, etwa den Kooperationsmöglichkeiten, aber etwa auch dem Verlust der »ungetrübte(n) Selbstsicherheit«[96] der bundesdeutschen Gesellschaft im Systemwettstreit. Daß jedoch infolge solcher neuer Momente die DDR-Forschung sich auch ihrer politisch-ideologischen Grundpositionen entschlagen würde, ist nicht plausibel zu machen. Etwas anderes ist es, daß die eigene

92 Die WTR . . ., S. 529.
93 Fragen . . ., S. 708.
94 Ebenda, S. 707.
95 DDR-Forschung . . ., S. 1036, 1040 (Hervorhebung: O. C.).
96 Ebenda, S. 1040.

Position heute nicht mehr in solch unkomplizierter, frontaler Art und Weise geltend gemacht werden kann wie vormals zu Zeiten des Kalten Krieges. »Die Verabsolutierung des jeweils eigenen Standpunktes ... (ist) keine Basis mehr für strategisch-politisches Denken.«[97] Mit dieser Formulierung fassen Burrichter/Förtsch im Grunde treffend die Dialektik von prinzipieller Parteilichkeit und aktueller Flexibilität zusammen. Denn deutlich wird ausgedrückt: Es geht in der Tat um eine politische Strategie, es geht um den eigenen Standpunkt; nur läßt sich der Standpunkt, läßt sich die Strategie nicht nach dem Prinzip des »Alles oder Nichts« in die Tat umsetzen. Und entsprechend ist, was die Forschung selbst betrifft, die DDR nicht mehr ausreichend »mit den Kategorien der 50er Jahre zu bemessen«.[98]

Burrichter siedelt also einerseits die DDR-Forschung durchaus in der Realität der umfassenden Auseinandersetzung der Systeme an, ordnet ihr auch bewußt die Aufgabe zu, das »strategisch-politische Denken« und Handeln der herrschenden Politiker der Bundesrepublik zu befruchten, lehnt es aber andererseits letztlich ab, die inhaltliche Parteilichkeit, die Ideologiehaftigkeit anzuerkennen, die sich über theoretische Prämissen der Analyse und sonstige innerwissenschaftliche Mechanismen Geltung verschafft. (»Letztlich« deshalb, weil es bei Burrichter zwar Ansätze gibt, wo er das Problem dieser immanenten Determination berücksichtigt, weil er aber, besonders in jüngerer Zeit, doch wiederum einer Art »Entideologisierung« der DDR-Forschung das Wort redet.) Der Charakterisierung seines Forschungsansatzes etwa als konstitutiv prokapitalistisch bzw. antikommunistisch würde Burrichter demgemäß entschieden widersprechen.

97 Ebenda, S. 1037.
98 Ebenda, S. 1039. Burrichter/Förtsch geben zu, daß in ihren Überlegungen »funktionale Erfordernisse (der DDR-Forschung, O. C.) ... und *normative Desiderate* noch nicht immer säuberlich getrennt sind«. (Ebenda, S. 1037; Hervorhebung: O. C.) Wir haben uns um den Nachweis bemüht, daß solche »säuberliche Trennung« überhaupt ein irreales Unternehmen ist.

2. »Heuristischer Antikommunismus«: D. Herrmann

Ganz anders hingegen die Auffassung eines Theoretikers, der sich vor jüngerer Zeit in die Debatte der DDR-Forscher eingeschaltet hat und durch seine pointierten Thesen zu einer gewissen Belebung des »Werturteilsstreits« in dieser Disziplin beigetragen hat: Detlef Herrmann. Er plädiert für eine offen parteiliche Forschung: »Nach wie vor ist ... ein essentieller und wohlverstandener Antikommunismus die beste Grundlage einer Analyse der Gegenseite.«[99] Die DDR-Forschung solle sich der DDR-Wirklichkeit und deren »selbstgefälligen Selbstdarstellungen« prinzipiell vom Standpunkt eines »antikommunistischen Vorurteils« nähern, zu dessen Elementen, wie D. Herrmann selber schreibt, Alltags-Leitsätze gehören wie: »Die Kommunisten hauen doch die Leute nur übers Ohr«.[100] (Wenn Herrmann solche Vorurteile auch »in differenzierter Form« angewandt wissen will.)[101] Von dieser parteilich-antikommunistischen Herangehensweise verspricht er sich »erhebliche heuristische Bedeutung für die wissenschaftliche Analyse des Kommunismus«.[102] Dies versucht er an einem konkreten Beispiel zu demonstrieren: Es geht um die Frage, warum das SED-Zentralkomitee den Entwurf eines neuen Parteiprogramms nicht schon gegen Ende 1975, gleichzeitig mit den stattfindenden Parteiwahlen, sondern erst Mitte Januar 1976 (!) veröffentlichte und zur Diskussion stellte. D. Herrmanns kraft seines »heuristischen Antikommunismus« gewonnene Erklärung hierfür — mit welcher er sich gegen eine unscheinbarere Interpretation von F. Oldenburg wendet — lautet: Es handele sich um eine »präzise ... Verzögerung« der öffentlichen Aussprache über die Entwürfe, zurückzuführen auf die in der SED-Führung grassierende »Furcht vor Basisdemokratie«; erst einmal mußten SED-intern »sämtliche Basis-Wahlen (Gruppen und Abteilungsparteiorganisationen)... abgeschlossen« sein (Januar 1976). »Damit schien die Gefahr des Entgleitens der ›Volksaussprache‹ in die Spontaneität gebannt.«[103] Worauf stützt sich diese These? — Nun, unmittelbar nur auf ein Honecker-Zitat aus dem »Neuen Deutschland« von Mitte Februar 1976, welches zwar zur Frage der angeblichen oder wirklichen »Verzögerung« der Volksaussprache überhaupt nichts aussagt, aus dem D. Herrmann — der »DDR-Forscher

---

99 D. Herrmann, »Verunsicherte« DDR-Forschung, Bemerkungen zu einem Aufsatz von C. Burrichter und E. Förtsch, S. 28. — D. Herrmann lebte bis 1974 in der DDR.

100 D. Herrmann, Vom Nutzen des Antikommunismus, S. 372.

101 Ebenda; inwiefern »differenzierter«, wird nicht gesagt.

102 Ebenda.

103 Ebenda, S. 373.

in der Bundesrepublik muß ... ein gewiefter Zwischen-den-Zeilen-Leser sein«[104] — aber Verdachtsmomente herausliest. Honecker erklärt dort, die Volksaussprache dürfe nicht dem Selbstlauf überlassen, sondern müsse durch SED-Kreisleitungen und Grundorganisationen auf Schwerpunkte konzentriert werden. D. Herrmann hebt im Zitat auf suggestive Weise durch Unterstreichung die Worte »... zielstrebiger organisiert werden...«, »... nicht dem *Selbstlauf* überlassen...«, »...*festzulegen,* welche Fragen...«[105] hervor, welche dunklen Andeutungen ihm sodann — im Sinne des »gewieften Zwischen-den-Zeilen-Lesens« — bereits genügen, um zu schlußfolgern: »Dies ist nichts weniger als das offene Eingeständnis der Furcht vor Basisdemokratie. Selbst die mit präziser Verzögerung eingeleitete ›Volksaussprache‹ drohte der SED-Führung noch über den Kopf zu wachsen.«[106]

Wenn auch das konkrete in Frage stehende Problem recht belanglos ist — geht es doch zunächst bloß um die Frage, warum die Programm- und Statutenentwürfe nicht etwa einen Monat früher erschienen als sie erschienen[107] —, bietet es doch eine gute Gelegenheit, Wert oder Unwert von Herrmanns »heuristischem Antikommunismus« im Detail nachzuprüfen.

Gegen seine apodiktisch vorgetragene, keinerlei Möglichkeit eines Zweifels einräumende Deutung[108] stehen mindestens folgende Überlegungen und Widersprüche: Erstens widerlegt Herrmann nicht die völlig simple und reale Möglichkeit (sondern schiebt sie beiseite), daß das ZK-Plenum Ende November 1975 eben tatsächlich, wie dies auch F. Oldenburg annimmt, eine letzte Umarbeitung der Entwürfe beschloß, womit dann der Veröffentlichungszeitpunkt zwanglos und plausibel erklärt wäre.[109] Zweitens ignoriert D. Herrmann einen weiteren möglichen Grund, obwohl dieser ebenfalls sehr plausibel wäre (den erstgenannten auch nicht ausschlösse) und obendrein bei Herrmann selbst schon genannt ist: Die Parteiwahlen und die breite Volksaussprache über die

104 Ebenda.
105 Ebenda.
106 Ebenda.
107 Ende November wurden die Entwürfe vom 16. ZK-Plenum »behandelt«, Mitte Januar veröffentlicht. F. Oldenburg hatte daraus gefolgert, daß das ZK noch einige Überarbeitungen beschlossen hätte (vgl. DA 2/1976, S. 113 ff.). 14 Tage muß man ohnehin noch für die Herstellung zubilligen.
108 Herrmann beschließt seinen Aufsatz mit der erhaben-selbstgewissen Formel: »Quod erat demonstrandum — Was zu beweisen war.« (Vom Nutzen . . ., S. 373).
109 Etwas anderes ist es, wenn F. Oldenburg aus der nochmaligen Überarbeitung der Entwürfe sogleich auf regelrechte Meinungsgruppierungen im ZK schließt. Eine solche Mutmaßung ist in diesem Zusammenhang völlig entbehrlich.

Dokumenten-Entwürfe, so stellt er fest, seien jeweils Kampagnen, »die jede für sich schon fast die gesamte Kraft der Organisation beansprucht«.[110] Wenn dem so ist, dann hätte es aber weiter nichts Ominöses an sich, wenn die Partei diese beiden Schwerpunktaufgaben nicht gleichzeitig, sondern eher nacheinander anginge, zumal die eine eindeutig innerparteilichen, die andere dagegen mehr massenpolitischen Charakter hat. Herrmann fände doch sicher auch nichts Verfängliches daran, wenn eine bürgerliche Partei eines kapitalistischen Landes ihre internen Wahlen nicht gerade in der heißen Phase eines Wahlkampfes stattfinden ließe. Drittens leuchtet auch Herrmanns eigene Erklärung — erst mußten die neuen SED-Gruppenleitungen gewählt sein, um nicht »die Gefahr des Entgleitens der ›Volksaussprache‹ in die Spontaneität« aufkommen zu lassen — nicht sonderlich ein. Hätten denn die Parteigruppen unter ihren alten Leitungen dieser »Gefahr« weniger zuverlässig gegensteuern können als unter den neugewählten? Oder meint Herrmann eben nur, daß die Parteigruppen, solange sie von der Vorbereitung und Durchführung ihrer internen Wahlen absorbiert waren, selbst nicht in die öffentliche Diskussion hätten eingreifen können? Wenn er nur dies meint, dann heißt das, daß er unter einer »spontanen« Diskussion in der DDR nur eine solche versteht, *an der die SED nicht teilnimmt!* Welchen Sinn sollte es aber haben, daß die SED einen Entwurf zur Diskussion stellt, ohne selbst Diskussionspartner zu sein? Beweist es »Furcht vor Basisdemokratie«, wenn die SED der Diskussion ihres eigenen Programm-Entwurfs nicht unbeteiligt zuschauen möchte? Viertens wäre Herrmanns Interpretation noch nicht einmal dann in sich befriedigend, wenn man tatsächlich von jener »Furcht vor Basisdemokratie« ausginge. Denn unter dieser Voraussetzung taucht viel eher die grundsätzliche Frage auf, weshalb die SED, wenn sie doch von »Furcht vor Basisdemokratie« geschüttelt wird, sich *überhaupt einer solchen Prozedur wie der breiten Volksaussprache unterzieht*; wieso sie sich vorsätzlich auf Unternehmungen einläßt, die ihr dann doch nur »über den Kopf zu wachsen«[111] drohen. Umgekehrt fragt sich folglich, wie reell denn tatsächlich Herrmanns Diagnose der »Furcht vor Basisdemokratie« ist, ja, was er darunter überhaupt exakt versteht.

Damit werden wir nochmals auf D. Herrmanns bevorzugte Methode verwiesen, »mit äußerster Skepsis und mit Eigeninterpretation« zwischen den Zeilen zu lesen.[112] Wenn er Honeckers Mahnung, die Volksaussprache »nicht dem Selbstlauf (zu) überlassen«, bereits als »nichts

110 Vom Nutzen . . ., S. 373.
111 Vom Nutzen . . ., S. 373.
112 Ebenda.

weniger als das offene Eingeständnis der Furcht vor Basisdemokratie« einstuft, so zeigt das lediglich, daß in Herrmanns heuristisch-ideologischem »Vor-Urteil«[113] »Basisdemokratie« bzw. »Demokratie« überhaupt *definiert* ist als all das, was sich ohne oder gegen die SED im »Selbstlauf« abspielt, wie für ihn umgekehrt alles planmäßige Agieren der SED per definitionem als im Gegensatz zur (»Basis«-)Demokratie stehend zu be(vor)urteilen ist. Darin erschöpft sich der ganze Mechanismus seiner Interpretationsmethode. Es ist nicht so, als »bestätigte Honecker selbst« im fraglichen Zitat »sämtliche antikommunistischen Vorurteile« Herrmanns.[114] Vielmehr ist dessen Interpretationsmethode so beschaffen, daß sie sich in derartigen Zitaten (und beliebigen anderen auch) immer wieder mühelos die eigenen Vorurteile *selbstbestätigt*. Daran ändert auch nichts die Berufung Herrmanns darauf, daß diese antikommunistischen Vorurteile sozusagen in langen Jahren geronnene Erfahrungstatsachen seien (»Dies ist so, seit es Kommunisten gibt...«[115]), die »nicht täglich neu« bewiesen werden müßten und »bis zum Erweis des Gegenteils«[116] getrost die Forschung leiten könnten. Eine solche Berufung ist nur die Berufung auf die tausendmal mit Hilfe eben jener aprioristischen Interpretation selbst gewonnenen »Ergebnisse«; denn schließlich existiert auch diese Interpretationsmethode schon, »seit es Kommunisten gibt«. Auf den »Erweis des Gegenteils« zu warten, ist unter solchen Umständen völlig risikolos: das »antikommunistische heuristische Vorurteil« eines D. Herrmann verhindert per se derartige Gegenerweise und immunisiert die Wissenschaft gegen sie.

Ebenso wie D. Herrmann schon mit seinem Detailbeispiel ungewollt die wissenschaftlich unfruchtbare und fehlleitende Wirkung seines »heuristischen Antikommunismus« demonstriert, der ihn nicht über eine suggestive Selbstbestätigung der eigenen vorgefaßten Ideen hinausgelangen läßt, ebenso und erst recht so muß sich dieses Herangehen da erkenntnishemmend auswirken, wo es um grundlegende Fragen geht, wo das Problem der Gesellschaftsanalyse im großen und ganzen aufgeworfen ist. Zwar liegt uns keine ausführliche wissenschaftliche Erörterung Herrmanns in dieser Problemdimension vor, anhand derer man sozusagen seine antikommunistische Parteilichkeit in konkreter Aktion erleben und untersuchen könnte, doch läßt auch schon diese parteiliche Grundposition selbst, wie sie Herrmann formuliert, einige Schlußfolgerungen zu. Erstens erklärt Herrmann, er betrachte »das westliche Sy-

113 Ebenda, S. 372.
114 Ebenda, S. 373.
115 Ebenda, S. 372.
116 Ebenda, S. 373.

stem« als den »Normalzustand einer hochindustrialisierten Gesellschaft, wie sie sich geschichtlich organisch entwickelt hat«.[117] Zweitens ist für ihn die Gesellschaftsform des Sozialismus zutiefst abnorm: »an Amoralität und Pathologie jener Gesellschaftsform (hat sich) kein Deut geändert«.[118] Mit diesen Setzungen, die nur dogmatisch genannt werden können, da sie nirgends näher begründet werden, möchte Herrmann der DDR-Forschung die Marschrichtung vorschreiben: Jeder Forschungsansatz, der seinem Gegenstand, dem Sozialismus, Normalität und Existenzberechtigung zugesteht, und sei es nicht einmal aus einer kapitalismuskritischen Sicht, soll bereits als Brunnenvergiftung des »Westens« geächtet sein. Umgekehrt entsprechend: Schon die leisesten Zweifel an der dekretierten Gesundheit des kapitalistischen Systems werden als Verrat gebrandmarkt. Mit Herrmanns Worten: »internes Abschlaffen bei uns wird in der erbitterten West-Ost-Auseinandersetzung *objektiv* zu einem Bonus für die Gegenseite.«[119] Auch Burrichter und Förtsch geraten in diesen Verdacht des »internen Abschlaffens«, weil sie gewagt hatten, an gewisse Probleme der Bundesrepublik zu rühren: »Wenn Burrichter/Förtsch schreiben: ›Die ungetrübte Selbstsicherheit früherer Jahre ist durch die konfliktreiche Entwicklung unserer eigenen Gesellschaft erheblich abgebaut worden‹, so ist diese Einschätzung zutiefst im individuellen Gefüge der Betroffenen selbst begründet. Es ist ihr spezielles Problem, nicht ein objektives … Die Betreffenden haben offensichtlich Identitätsschwierigkeiten mit der Bundesrepublik …«[120] Aus dem Axiom, die Bundesrepublik verkörpere schlechthin den »Normalzustand« von Gesellschaft — weshalb es folglich normal sei, als Wissenschaftler »einem klaren Wertstandpunkt …, der zuförderst eine Entscheidung *für* das westliche System bedeutet«[121], zu huldigen — geht also für D. Herrmann konsequenterweise hervor, daß derjenige, der irgendwie an dieser Doktrin vom Normalzustand rüttelt, selber innerlich, in seinem »individuellen Gefüge«, nicht ganz normal sei.

Um auf die Frage der DDR-Forschung zurückzukommen: Herrmanns Grundhaltung, kein »internes Abschlaffen« des »westlichen« Lagers zu dulden, führt ihrer eigenen Logik gemäß zur Verwerfung all solcher Forschungsansätze, die von ihren Prämissen oder auch nur Ergebnissen her nicht in das Konzept der moralischen Aufrüstung à la Herrmann passen. Alle Kategorien und Befunde sollen unterbunden

117 D. Herrmann, »Verunsicherte« DDR-Forschung, S. 30.
118 Ebenda, S. 28.
119 Ebenda, S. 29.
120 Ebenda, S. 30.
121 Ebenda.

werden, mit denen ein »Bonus für die Gegenseite« (s. o.) verbunden sein könnte. So beanstandet D. Herrmann selbst Aussagen des sicherlich besonderer Sympathien zur DDR unverdächtigen Herrmann Weber wie etwa, die DDR habe »schon heute bewiesen, daß in einer hochindustrialisierten Gesellschaft auch andere als kapitalistische Wirtschaftsformen möglich und erfolgreich« sein könnten, oder dessen Bemerkung: »viele in der DDR durchgeführte Reformen entsprechen durchaus dem Geist unseres Jahrhunderts«, usw. [122] Und wenn nach D. Herrmanns Maßstäben bereits solche harmlosen Allgemeinbewertungen unter das Verdikt »etwas krampfige(r) Wertfreiheit« fallen, durch die die »Herrschaft der Kommunisten in der DDR... ungewollt verharmlost und quasi sanktioniert« [123] werde, dann läßt sich ausmalen, mit welchen Vorwürfen gar eine mit materialistischen Kategorien arbeitende DDR-Forschung zu rechnen hat, spiegelt diese doch vollends »Identitätsschwierigkeiten« mit der kapitalistischen Gesellschaft wider, ja mehr noch, teilt sie direkt ihre theoretischen Prinzipien (oder Teile davon) mit der »Gegenseite«. Nach allem, was D. Herrmann ausführt, dürfte für ihn eine materialistische DDR-Forschung sozusagen nichts als einen theoretischen Dolchstoß in den Rücken des »freien Westens« darstellen, mit dem eine wissenschaftliche Auseinandersetzung zu führen sich von daher erübrigt.

Die Frage, auf welchen *theoretischen Grundlagen* denn nun seine eigene DDR-Forschung fußt, bildet bei D. Herrmann keinen Gegenstand der Erörterung. Bei ihm hat es den Anschein, als erledige sich das Problem einer »möglichst adäquate(n) Darstellung des Gegenstandes« [124], um das es auch ihm zu tun ist, schon durch das Bekenntnis zur antikommunistischen Parteilichkeit schlechthin. Offenbar braucht sich der Forscher nur von solchen Leitprämissen wie der Einsicht in die »Amoralität und Pathologie« der zu untersuchenden Gesellschaft leiten zu lassen, um eine adäquate Analyse zu bewerkstelligen. Wir konnten dieses — gelinde ausgedrückt — unkomplizierte gesellschaftswissenschaftliche Verständnis oben bereits beobachten, wo es um den konkreten Fall der SED-Dokumenten-Entwürfe von 1976 ging; dort genügte Herrmann für »eine adäquate DDR-Sicht« bereits die Anwendung gewisser gewohnheitsmäßiger Vorurteile auf ein Zitat aus dem »Neuen Deutschland«. Aber wenn auch bei D. Herrmann die Frage nach seinem gesellschaftstheoretischen Konzept im präzisen Sinne des Wortes nicht an die Oberfläche tritt, sondern überspielt wird durch Empfehlungen von der

---

122 Vgl. D. Herrmann, Mit der Stange im Nebel. Eine wertneutrale Betrachtung erfaßt die Wirklichkeit nicht.
123 Ebenda.
124 »Verunsicherte« DDR-Forschung, S. 27.

Art, man müsse »kommunistischer Selbstdarstellung... mit äußerster Skepsis und mit Eigeninterpretation aus Kenntnis kommunistischer Prinzipien... begegnen«[125], so ändert das freilich nichts an der Tatsache, daß auch er nicht ohne ein solches, einigermaßen klar zu umreißendes, gesellschaftstheoretisches Konzept auskommt. »Man mag noch so viel Geringschätzung hegen für alles theoretisches Denken, so kann man doch nicht zwei Naturtatsachen in Zusammenhang bringen oder ihren bestehenden Zusammenhang einsehn ohne theoretisches Denken«, schreibt F. Engels.[126] Herrmann spricht ja auch selbst von notwendiger »Eigeninterpretation« — die Frage ist eben »nur«, von welchen gesellschaftsanalytischen Grundlagen aus diese »Eigeninterpretation« erfolgt.

Hier nun bleibt angesichts von Herrmanns Ausführungen kein Raum außer wiederum für die Diagnose, daß sich seine Forschung im theoretischen Bannkreis der Totalitarismustheorie bewegt. Dabei kann im einzelnen jedoch kaum eindeutig gesagt werden, ob es sich bei einer bestimmten These um ein Moment der Totalitarismustheorie oder einfach um die Formulierung des parteilichen »Wertstandpunktes«, der »weltanschaulichen und politischen Position«[127] als solcher handelt. So ist z. B. Herrmanns Prämisse, daß Kapitalismus der gesellschaftliche »Normalzustand« sei, nicht nur Ausgangsentscheidung, die dem eigentlichen Forschungsprozeß vorausgeschickt wird, sondern im Grunde auch schon Bestandteil totalitarismustheoretischer Betrachtungsweise.[128] Herrmann macht selbst deutlich, daß für ihn Wertung (d. h. Wertung nach Maßgabe des »antikommunistischen Vor-Urteils«) und wissenschaftliche Analyse in der DDR-Forschung weitgehend zusammenfallen; denn die Wirklichkeit der DDR sei zutiefst durch Ideologie geprägt, von Ideologie durchdrungen; deshalb nötige die Konfrontation mit dieser Wirklichkeit dem Forscher zwangsläufig »eine prinzipielle Stellungnahme und Kritik« ab: »das Ideologische kann nur wertend geknackt werden«.[129] Richtig hieran dürfte soviel sein, daß jede wissenschaftliche Beschäftigung mit dem Gegenstand DDR letztlich unweigerlich in eine Wertung, eine Stellungnahme übergeht (auch wenn der Forscher sie unmittelbar nicht formuliert); Herrmann übergeht jedoch ganz und gar die Frage, wie die Forschung überhaupt zu einem adäquaten Abbild der Wirklichkeit gelangen soll, welches ihr dann »eine prinzipiel-

125 Vom Nutzen des Antikommunismus, S. 373.
126 MEW Bd. 20, Berlin 1962, S. 346.
127 »Verunsicherte« DDR-Forschung, S. 30.
128 Siehe unten, Kapitel 2.4.
129 Mit der Stange im Nebel...

le Stellungnahme und Kritik« abverlangt. Nach welchen Gesetzen die Gesellschaft der DDR funktioniert, hat man ja noch nicht damit ergründet, daß man stets die eigene »prinzipielle« Gegnerschaft dieser Gesellschaft gegenüber herausstreicht. Und bei aller Bedeutung, die die marxistisch-leninistische Ideologie im Leben der DDR-Gesellschaft hat, sind doch ideologische Sphäre einerseits und materielle gesellschaftliche Verhältnisse andererseits ohne weiteres auseinanderzuhalten. Die sozial- und politikwissenschaftliche Analyse der letzteren fällt auch von daher nicht, wie man bei D. Herrmann leicht glauben könnte, schlechthin zusammen mit ideologisch-politischer Auseinandersetzung.

3. Zur Substanz der Repliken auf D. Herrmann

Interessanter im Grunde als das Herrmannsche Konzept der offen pro-
klamierten antikommunistischen Parteilichkeit, mit dem dieser, zumindest in solcher Prononciertheit, ziemlich allein dasteht, sind die Reak-
tionen, die Herrmann mit seinem Vorstoß bei etablierten Vertretern der
DDR-Forschung hervorgerufen hat. Das Spektrum der Erwiderungen
reicht von einer Kritik, die vom Selbstverständnis des »demokratischen
Sozialismus« motiviert wird, über Positionen, die an sich mit D. Herrmanns politisch-ideologischer Option mehr oder weniger übereinstim-
men und ihn nur aufgrund seiner Leugnung des Wertfreiheits-Prinzips
kritisieren, bis hin zu unmittelbarer Zustimmung. Betrachten wir das
Spektrum der Positionen in dieser Reihenfolge.

Die relativ entschiedenste Ablehnung erfährt Herrmann durch J.
Straßburger und H. Zimmermann.[130] Sie widersetzen sich der von Herrmann geforderten pauschalen und blinden »Option für *den* Westen
(gibt es den?)«.[131] Stattdessen verstehen sie sich, auch als DDR-
Forscher, zu einer differenzierteren Position im Rahmen dieser Gesellschaft: Ihr Ziel ist es, »die demokratischen Grundrechte und -freiheiten
als strukturierende Grundprinzipien unseres Systems zu erhalten und allen Gesellschaftsmitgliedern zugute kommen zu lassen«.[132] Entsprechend dieser Haltung gegenüber der Wirklichkeit der Bundesrepublik
— sie bezeichnen dies als »demokratischen Sozialismus«[133] — gelangen
sie gegenüber der DDR als ihrem Forschungsgegenstand zu einer Haltung, die nicht sogleich deren sozialistischen Eigenanspruch verwirft
und ignoriert (wie etwa bei D. Herrmann der Fall), sondern ihm zumindest mit einer gewissen analytischen Aufgeschlossenheit gegenübersteht; was nicht heißt, daß die DDR bei ihnen sonderlich gut abschnitte:
Sie sprechen von »der DDR als einer — und das mag die Analyse ergeben
— verfehlten sozialistischen Entwicklung«.[134] Immerhin ist das Attribut des Sozialistischen nicht gänzlich aus der Bestimmung des Gegenstandes getilgt; die DDR repräsentiert eine »verfehlte sozialistische Entwicklung«, nicht eine »verfehlte Entwicklung« schlechthin wie bei D.
Herrmann, für den sie gleichsam systemgewordene »Amoralität« darstellt. Straßburger/Zimmermann sind entsprechend diesem ihrem Vor-

---

130 J. Straßburger/H. Zimmermann, Parteilichkeit in der DDR-Forschung? Zu einem
polemischen Beitrag von Detlef Herrmann.

131 Ebenda, S. 153.

132 H. Zimmermann, Zu einigen innenpolitischen Aspekten der DDR-Forschung, S. 714.

133 J. Straßburger/H. Zimmermann, Parteilichkeit..., S. 254.

134 Ebenda, S. 255.

verständnis bestrebt, die DDR »nur aus ihren eigenen Bedingungen zu analysieren«, um erst auf dieser Basis eine »kritische Bewertung« folgen zu lassen[135] — anders als D. Herrmann, der die DDR-Wirklichkeit sogleich »wertend knacken«[136] zu müssen meint. Allerdings führen sie nichts aus über die besonderen theoretischen Voraussetzungen solcher »systemimmanente(r) Analysen«.[137] Ähnlich wie bei anderen bürgerlichen DDR-Forschern wird eine Sphäre von Wissenschaftlichkeit schlechthin postuliert, welche nichts zu tun habe mit der Sphäre der Wertungen: Straßburger/Zimmermann fordern, letztere »nicht in die *eigentliche Analyse* einzubringen«.[138] Demgemäß lehnen sie jegliches Prinzip von Parteilichkeit der DDR-Forschung ab.[139] Es muß aber betont werden, daß ihnen diese Ablehnung der Parteilichkeit, dieses Beharren auf dem Prinzip der Wertfreiheit der Analyse dazu dient, den bisher erreichten Fortschritt an Sachlichkeit in der DDR-Forschung zu verteidigen gegen den Versuch von D. Herrmann, sie wieder in einen »Büttel der Politik«[140] nach Art der 50er Jahre zurückzuverwandeln. Hier wiederholt sich in der DDR-Forschung, wenn auch unter neuen Vorzeichen, die Konstellation des Werturteilsstreits zu Beginn des Jahrhunderts: Auch Max Weber vertrat hier, indem er sich für strikte Trennung zwischen Analyse und Stellungnahme, zwischen Sachurteil und Werturteil und für die Unabhängigkeit der wissenschaftlichen Forschung von äußeren Ansprüchen etwa der staatlichen Politik aussprach, »gegenüber seinen konservativeren Kontrahenten (z. B. Schmoller) historisch eine fortgeschrittenere Position«.[141]

Bereits etwas anders gewichtet und motiviert erscheint die Replik von Burrichter und Förtsch.[142] Zum einen werfen sie Herrmann vor, die DDR-Forschung auf das Niveau einer theorielosen, schlicht beschreibenden »Feind-Aufklärung«[143] herunterzubringen. Diese Kritik hat zweifellos insofern Berechtigung, als Herrmann die Bedeutung »präziser Vor-Ort-Kenntnis«[144] — womit er besonders seine eigene meint —

135 J. Straßburger/H. Zimmermann, Auf welche Weise und in welcher Absicht? Bemerkungen zu Jean-Paul Picaper, S. 943.

136 D. Herrmann, Mit der Stange im Nebel...

137 J. Straßburger/H. Zimmermann, Auf welche Weise..., S. 943.

138 Parteilichkeit..., S. 253 (Hervorhebung: O. C.).

139 Vgl. J. Straßburger/H. Zimmermann, Auf welche Weise..., S. 942.

140 Vgl. G. Neugebauer, DDR-Forschung nur Büttel der Politik? (G. Neugebauer arbeitet wie Zimmermann und bis vor kurzem Straßburger am Zentralinstitut für sozialwissenschaftliche Forschung (ZI 6) der FU Westberlin).

141 R. Sorg, Ideologietheorien, S. 69.

142 C. Burrichter/E. Förtsch, Orientierungshilfen für Detlef Herrmann.

143 Ebenda, S. 259.

144 D. Herrmann, Vom Nutzen..., S. 373.

für die wissenschaftliche Analyse hypostasiert. Sie geht jedoch insofern am Kern des Problems vorbei, als Herrmanns Ansatz ja durchaus nicht schlechterdings theorielos ist; vielmehr basiert sein sog. »heuristischer Antikommunismus« gerade auf theoretischen, nämlich totalitarismus-theoretischen Voraussetzungen. Herrmann könnte also Burrichter schlicht entgegenhalten, er stehe lediglich auf demjenigen theoretischen Boden, den Burrichter selbst 1969 explizit verteidigt hat. Und in der Tat: indem Burrichter gegenüber Herrmann lediglich den Vorwurf erhebt, ihm gerate die DDR bloß »zum Objekt der Beschreibung, nicht aber zum Objekt der Forschung«[145], demonstriert er, daß ihm das Problem von Herrmanns totalitarismustheoretischen Prämissen überhaupt nicht zum Problem wird — erkennt er doch damit Herrmanns Beschreibung zumindest als Beschreibung als stichhaltig an, ohne zu bemerken, daß diese vermeintliche Beschreibung durchaus von kräftiger »Eigeninterpretation«[146] durchdrungen ist, mithin von »Theorie« — unabhängig, auf welchem Niveau sich diese befindet. Zwar äußern Burrichter/Förtsch den Verdacht, daß die DDR-Wirklichkeit in Herrmanns Beschreibung »durch Affekte ›gebrochen‹ wird«[147], aber sie führen dies nur auf Herrmanns Hypostasierung des individuellen Erfahrungswissens und der damit angeblich einhergehenden Theorieabstinenz zurück.

Der Eindruck, daß die Replik von Burrichter/Förtsch auf D. Herrmann eine nur oberflächliche Distanzierung von dessen Konzept der antikommunistischen Parteilichkeit enthält, verstärkt sich noch, wo Burrichter/Förtsch auf ihr Verhältnis als DDR-Forscher zu den »normativen Grundelemente(n) unseres Gemeinwesens«[148] zu sprechen kommen. Alles was sie in dieser Beziehung Herrmann vorzuwerfen haben, ist die »arrogante Selbstsicherheit«[149], mit der er auf jene Grundnormen pocht. Nicht bezüglich der prinzipiellen Anerkennung dieser Grundnormen besteht die Differenz, sondern bezüglich der Frage, ob man bereit und flexibel genug ist, die »Grundnormen vor dem Hintergrund historischer Veränderungen zu diskutieren (*nicht sie gleich auf- oder abzulösen; diesen wichtigen Unterschied vermag Herrmann offensichtlich nicht zu erkennen*)«.[150] So weisen denn auch Burrich-

---

145 C. Burrichter/E. Förtsch, Orientierungshilfen..., S. 258.

146 D. Herrmann, Vom Nutzen..., S. 373.

147 C. Burrichter/E. Förtsch, Orientierungshilfen..., S. 258.

148 Ebenda.

149 Ebenda, S. 259.

150 Ebenda, (Hervorhebung: O. C.) Noch deutlicher brachten P. C. Ludz/J. Kuppe die Scheinhaftigkeit solcher selbstkritischer Offenheit auf den Begriff, indem sie einen Autor für dessen Tugend lobten, »den eigenen Standpunkt immer wieder kritisch zu analysieren, ohne ihn deshalb aufzugeben«. (Literatur zum politischen und gesellschaftlichen System der DDR, S. 343).

ter/Förtsch Herrmanns Vorwurf, ihre Entscheidung für die »westliche« Position sei verunsichert und gebrochen, weit von sich.[151] T. Ammer nimmt sie ebenfalls in diesem Punkt gegen Herrmann in Schutz: »Den Hintergrund der... Thesen von Burrichter/Förtsch bilden mit Sicherheit nicht ›Gebrochenheit der eigenen Entscheidung für die Grundwerte des Westens und der Bundesrepublik...«[152] Den tatsächlichen Hintergrund haben wir weiter oben skizziert: Es sind vor allem a) die neuen Momente im Verhältnis der antagonistischen Systeme (woran sich »neue Strategien«[153] knüpfen, etwa das Konzept des Brückenschlags durch wissenschaftlich-technische Kooperation) sowie b) die komplizierter gewordene Lage innerhalb der kapitalistischen Gesellschaftssysteme selbst (aufgrund derer die DDR-Forschung nicht mehr umhinkommt, auch über »Probleme und Konflikte des eigenen Gesellschaftssystems«[154] zu diskutieren). Und vor diesem Hintergrund erweist sich eben Herrmanns Konzeption als zu unflexibel: *weder* genügt sein »schlichtes Freund-Feind-Denken«[155] als theoretische Basis zur Entwicklung zeitgemäßer, »langfristige(r) Konzeptionen«[156] der antisozialistischen Strategie, *noch* stellt seine Rückkehr »zur bloßen Affirmation«[157] der kapitalistischen Gesellschaftsordnung einen gangbaren Weg dar, um deren »Grundnormen« zu verteidigen; nur wer hier eine gewisse Diskussionsbereitschaft an den Tag legt, wird die Chance haben, sich zu behaupten. Alles in allem: Burrichter und Förtsch beziehen gegenüber Herrmann weder in theoretischer Hinsicht noch bezüglich der grundsätzlichen politischen Stoßrichtung eine klar antithetische Position. Wie ihre Kritik im Theoretischen peripher bleibt, so bleibt sie im Politisch-Ideologischen nur-taktisch. In Herrmanns spezieller Konzeption von antikommunistisch-parteilicher DDR-Forschung wird nach Ansicht von Burrichter/Förtsch »der wissenschaftliche Gegenstand« denn auch nicht etwa verfälscht; er wird lediglich »versimpelt«.[158]

Ausführlicher als die eben untersuchte Erwiderung auf Herrmann ist die von F. Oldenburg.[159] Aber sie macht die bestehende grundsätzliche

151 Vgl. C. Burrichter/E. Förtsch, Orientierungshilfen..., S. 258.
152 T. Ammer, Zu den Bemerkungen »›Verunsicherte‹ DDR-Forschung« von Detlef Herrmann, S. 255.
153 C. Burrichter/E. Förtsch, DDR-Forschung im Systemwettstreit, S. 1037.
154 Ebenda, S. 1040.
155 C. Burrichter/E. Förtsch, Orientierungshilfen..., S. 259.
156 C. Burrichter/E. Förtsch, DDR-Forschung im Systemwettstreit, S. 1039.
157 C. Burrichter/E. Förtsch, Orientierungshilfen..., S. 259.
158 Ebenda.
159 F. Oldenburg, Vom Elend der DDR-Forschung.

theoretisch-ideologische Verwandschaft mit Herrmanns Position — aller Abgrenzungsversuche zum Trotz — nur noch offensichtlicher. Beginnen wir bei dem von Herrmann zum Prüfstein adäquater Interpretation erhobenen Einzelbeispiel, der oben geschilderten Frage der SED-Dokumentenentwürfe und ihres Veröffentlichungstermins. Oldenburgs Entgegnung beschränkt sich zum einen auf die Klarstellung, auch er wisse durchaus um die Demokratiefeindlichkeit der SED — Herrmann habe lediglich eine ironisch gemeinte Formulierung falsch aufgefaßt —, zum anderen auf die Feststellung, er (Oldenburg) habe das von Herrmann angeführte Honecker-Zitat schließlich nicht kennen können, weil der Redaktionsschluß seines Artikels drei Wochen früher lag.[160] Einspruch gegen Herrmanns im Zeichen des »heuristischen Antikommunismus« stehende Interpretationstechnik dagegen erhebt er nicht, sondern setzt ihr — ironisch? — im Gegenteil noch die Spitze auf.[161]

Und die Übereinstimmung ist nicht zufällig: Sie wurzelt in der gemeinsamen politischen Grundhaltung. Sieht Herrmann im Sozialismus/Kommunismus Freiheit und Würde des Individuums »offen verhöhnt«[162], so fühlt sich Oldenburg durch die »tagtäglichen Verletzungen der Menschenwürde im sowjetdeutschen System«[163] provoziert. Herrmanns Verdikt, »Amoralität und Pathologie«[164] seien die unveränderten Qualitätsmerkmale sozialistischer Gesellschaftsform, hält Oldenburg für eine »durchaus diskutierbare Auffassung«.[165] Sein Aufsatz bietet keinen Anhaltspunkt, der es verböte zu verdeutlichen: Oldenburg *teilt* diese Auffassung. Er stimmt auch mit Herrmanns Bekenntnis zum »westliche(n) System... als dem Normalzustand einer hochindustrialisierten Gesellschaft«[166] grundsätzlich überein; denn weder erhebt er an irgendeiner Stelle Einspruch gegen dieses Dogma, noch ist sein ubiquitärer Gebrauch des Wortes »frei« im Zusammenhang mit dem »westlichen« Gesellschaftssystem dazu angetan, Zweifel daran aufkommen zu lassen, daß seine Identifikation mit diesem System die von Herrmann geforderte Hundertprozentigkeit erreicht.

160 Ebenda, S. 473.
161 Auf Herrmanns These von Honeckers »Furcht vor Basisdemokratie« erwidert Oldenburg: »Wie kann aber der ostdeutsche Parteichef etwas fürchten, was es doch nach Lenins und damit seinem Parteikonzept überhaupt nicht geben dürfte. Man sollte vielleicht auch die Artikulationsmöglichkeiten der Genossen an der Basis nicht überschätzen.« (Ebenda.) Das Ganze wirkt weniger wie ein Streit über Nutzen und Verwerflichkeit des »heuristischen Antikommunismus« als eher wie ein Wetteifern um dessen besonders zielstrebigen Einsatz.
162 »Verunsicherte« DDR-Forschung, S. 28.
163 Vom Elend..., S. 474.
164 »Verunsicherte« DDR-Forschung..., S. 28.
165 Vom Elend..., S. 473, Anm. 4.
166 »Verunsicherte«..., S. 28.

Was hat Oldenburg unter solchen Umständen Herrmann noch vorzuwerfen? — Nun, er kritisiert, bei Herrmann würden Forschungsansatz und politische Grundhaltung, Wissenschaft und Politik, »*Erkenntnis und Wertung bewußt vermischt.*« »So geraten normativ-emotionale Begriffe bereits in die Analyse, die doch vordringlich Information und Beobachtung bieten sollte.«[167] Mit dieser Kritik jedoch macht es sich Oldenburg zu leicht. Denn Herrmann behauptet ja gerade, daß man zu adäquater »Information und Beobachtung« überhaupt nur *gelangt,* wenn man die DDR-Selbstdarstellungen »durch das Prisma eines skeptischen Vor-Urteils«[168], des »heuristischen Antikommunismus«, bricht. Der Vorwurf der »Vermischung« von Erkenntnis und Wertung verfehlt Herrmanns Anliegen, dem es gerade darum geht, zu zeigen, daß letztere eine Bedingung ersterer sei. Zudem kann Herrmann nicht schlechterdings vorgeworfen werden, er »vermische« beides in der Weise, daß der Analyse notwendig die Gefühle durchgingen, was unweigerlich zu subjektiver Selektion der Fakten, zur »Blindheit vor den Tendenzen der Realität«[169] führe. Oldenburg versteht seine Kritik in genau diesem Sinn, wenn er meint, bei Herrmann verschwinde die »Differenz von Information und *gefühlsmäßig getönter Verhaltenssteuerung*«.[170] Herrmann könnte hier völlig zu Recht darauf verweisen, daß sein Verständnis von Parteilichkeit durchaus nicht so platt und irrational sei wie unterstellt. Immerhin legt er doch besonderen Wert auf »präzise Vor-Ort-Kenntnis«, und immerhin — was besonders wichtig ist — steht sein »antikommunistisches Vor-Urteil« im Zusammenhang mit gewissen gesellschaftstheoretischen Überlegungen, als deren Kern die Totalitarismuskonzeption zu betrachten ist. (Man könnte sogar hinzufügen, daß Herrmann von dieser theoretischen Warte aus bestimmte reale Schwächen der anderen, stärker soziologisch orientierten Strömung der bürgerlichen Kommunismusforschung aufdeckt, dieser also partiell überlegen ist.)[171]

Wenn also Oldenburg Herrmanns Parteilichkeitskonzeption schlicht als wissenschaftlich unstatthafte Gefühlsorientiertheit abtun will, so wird er dem Wesen dieser Konzeption mitnichten gerecht. Herrmann kann sich durchaus darauf berufen, auch bei ihm stünde »die kognitive

---

167 Vom Elend..., S. 474.
168 Vom Nutzen des Antikommunismus, S. 372.
169 Vom Elend..., S. 474.
170 Ebenda. (Hervorhebung: O. C.).
171 So etwa, wenn er sich gegen das einfache Überstülpen »westlicher« soziologischer Kategorien über die DDR-Wirklichkeit wendet (vgl. D. Herrmann, Mit der Stange im Nebel). Nicht anders hatte C. Burrichter 1969 argumentiert (s. o.).

Absicht im Vordergrund«.[172] Und was das entscheidendere ist: *Olden-burgs eigener Ansatz kann — umgekehrt — nicht ernstlich beanspru-chen, jener Parteilichkeit enthoben zu sein, wie sie bei Herrmann offen vorliegt.* Denn auch Oldenburg kann die von ihm zum Kriterium der Un-parteilichkeit erhobene Trennung von Erkenntnis und Wertung nicht durchhalten. Auch bei ihm »geraten normativ-emotionale Begriffe... in die Analyse«.[173] Oldenburg räumt dies im Grunde selbst ein; zwar be-tont er gegenüber Herrmann immer wieder den Aspekt, daß man auf der Ebene der Aneignung der empirischen »Daten« nur durch »leiden-schaftslose Forschung« zu einem unverzerrten Bild gelange, doch weiß er auch, daß die Analyse sich nicht in unvermittelter Empirie erschöpfen kann, sondern verallgemeinernde Interpretation einschließt. »Hier«, meint nun Oldenburg, »wird man ohne Intuition nicht auskommen, die allerdings besonders die eigenen traumatischen Erfahrungen aufarbei-ten muß.«[174] Was Oldenburg Intuition nennt, das nennt Herrmann Ei-geninterpretation. Es deutet absolut nichts darauf hin, daß Oldenburgs Interpretation ihre Prämissen, Leitvorstellungen und Maßstäbe etwa aus einer anderen Quelle bezöge als eben seiner politischen Grundhal-tung, die, wie festgestellt, dieselbe ist wie bei Herrmann. *Es deutet mit-hin nichts darauf hin, daß Oldenburgs DDR-Forschung nicht auf dem-selben antikommunistischen »Vor-Urteil« basiert.* Und Oldenburg wird auch schwerlich den Nachweis führen können, er habe die eigenen Trau-mata besser aufgearbeitet als Herrmann — er, der sich vor der »Macht der Waffen des kommunistischen Lagers« »zutiefst fürchtet«.[175]

Oldenburgs Versuch, sich von Herrmanns Konzept der Parteilichkeit abzusetzen, scheitert, weil der Versuch, »Informationen und Werturtei-le... ersichtlich zu trennen«[176], in seiner Absolutheit scheitern muß. Nicht daß diese Unterscheidung schlechthin irreal wäre; aber sie ist eben *relativ.*[177] Selbst die »Materialien zum Bericht zur Lage der Nation

172 F. Oldenburg, Vom Elend..., S. 475.
173 Ebenda, S. 474.
174 Ebenda, S. 475.
175 Ebenda, S. 473.
176 Ebenda, S. 473.
177 »Ohne Zweifel gibt es zwischen Urteilen über Fakten und Werturteilen einen be-stimmten Unterschied, wenn vorausgesetzt wird, daß der Akzent in ersteren auf die Feststel-lung der Tatsachen der Wirklichkeit gelegt wird, in letzteren jedoch auf die Bewertung dieser Tatsachen oder auf die Einstellung, die das erkennende Subjekt ihnen gegenüber bezieht. In dieser Hinsicht trägt die Abgrenzung beider voneinander zum besseren Verständnis des Gan-ges der soziologischen Untersuchung bei und vermag zu verhindern, daß die konkrete Unter-suchung der Realität durch subjektive Bewertungen, das Wirkliche durch das Erwünschte usw. ersetzt wird. Außer Zweifel steht jedoch auch, daß man zwischen diesen Urteilen keine unüberbrückbare Kluft aufreißen darf, daß man sie nicht als unvereinbare Gegensätze anse-

1972« stellen dies, zumindest für ihr spezielles Thema, fest: »eine strikte Trennung von Wertung und Beschreibung (ist) bei der Darstellung und Interpretation des positiven Rechts nicht möglich. Dies liegt am Charakter des Rechts selbst, dessen Normen wertbezogen sind...«[178] Was jedoch hier die »Materialien« für ein Spezifikum des Rechts als eines Teilbereichs der gesellschaftlichen Beziehungen ausgeben, das gilt durchaus für die anderen Sphären der sozialen Wirklichkeit auch: Auch sie sind »wertbezogen«, manifestiert sich in ihnen doch immer auch ein bestimmter politischer und gesellschaftlicher *Wille,* ein bestimmtes Interesse. Gerade dies betonen bürgerliche DDR-Forscher — freilich in anderem Zusammenhang, nicht wenn es um die Frage der »Wertfreiheit« geht — durchaus mit Nachdruck: Sei es, daß die DDR als »eine ausgesprochen politisch verfaßte Gesellschaft«[179] bezeichnet wird, sei es, daß gesagt wird: »Die einzelnen Subsysteme der DDR-Gesellschaft sind funktional nicht allein und isoliert auf die höchstmögliche Effektivität des Systems zugeordnet, sondern auch auf angebbare ideologische Zielstellungen...«[180] Es ließen sich zahllose derartige Äußerungen anführen, die alle zeigten, daß Herrmann mit seiner Kernaussage, wonach das »Ideologische« nicht Beiwerk, sondern real »in Institutionen und zwischenmenschlichen Beziehungen geronnen und bestimmend geworden«[181] sei, ganz und gar nicht allein steht. Erst vor Herrmanns hieraus an sich sehr konsequent gezogenem *Schluß,* daß die DDR-Forschung eine solche objektiv »werthafte« gesellschaftliche Realität gar nicht anders als selbst wiederum *wertend analysieren* kann — Herrmann: »Um eine prinzipielle Stellungnahme... kommt man dabei nicht herum«[182] —, erst vor dieser Schlußfolgerung schreckt die Mehrzahl der DDR-Forscher zurück, bedacht auf die Erhaltung des Nimbus der Wertfreiheit. »Der Forschungsprozeß selbst... hat so weit wie möglich nach den Regeln des kritischen Rationalismus zu erfolgen«[183], schreibt Oldenburg und meint, damit wären weltanschauliche Urteile auch schon aus der Forschung eliminiert. Die Formulierung »so weit wie möglich« aber verrät einmal mehr die innere Widersprüchlichkeit des Konzepts — ganz

hen darf.« (L. N. Moskwitschew, »Entideologisierung« — Illusion und Wirklichkeit, S. 119) — Auch etwa W. Hofmanns Aufsatz »Vom Werturteil in der Gesellschaftslehre« zielt auf den Zusammenhang und die Übergänge zwischen Werturteilen und Sachurteilen: »Wertmeinungen entstehen nicht unabhängig von Sacheinsichten; sie sind von ihnen deriviert.« (S. 74).

178 Materialien zum Bericht zur Lage der Nation 1972, S. 18.
179 H. Weber, Die DDR-Forschung nach dem Grundvertrag, S. 18.
180 C. Burrichter, Fragen zu einer soziologischen Theorie..., S. 710.
181 D. Herrmann, Mit der Stange im Nebel.
182 Ebenda.
183 F. Oldenburg, Vom Elend der DDR-Forschung, S. 475.

abgesehen davon, wie sich hier der »kritische Rationalismus« eigenmächtig für identisch erklärt mit Wissenschaftlichkeit schlechthin.[184] Dieses »so weit wie möglich« markiert die Grauzone, in der die uneingestandene Parteilichkeit letztlich doch zum Zuge kommt. Die objektive »Wertbezogenheit« der zu untersuchenden gesellschaftlichen Realität, die von den bürgerlichen Forschern bemerkenswerterweise als solche durchaus gesehen wird, bedeutet für das erkennende (Klassen-)Individuum unweigerlich eine »*Herausforderung*« (Burrichter) dieser oder jener Art, auf die es ebenso unweigerlich wertend reagiert, angefangen von der Festlegung des Problems über die Formulierung der Begriffe bis hin zu wesentlichen verallgemeinernden Aussagen. Gerade bei letzteren wird diese nicht zu eliminierende Werthaftigkeit resp. Parteilichkeit besonders greifbar: »Verallgemeinernde Formulierungen (über die Gesetze der gesellschaftlichen Entwicklung, ihre Tendenzen, Probleme, der sich für die Klassen und für die Menschheit insgesamt ergeben) *sind überhaupt unmöglich, ohne daß das Subjekt eine wertende Einstellung zu ihnen bezieht.*«[185] Oder anders gesagt: »Wenn jemand auf dieser Stufe der Forschung bestimmten Werturteilen ausweichen will, so führt das dazu, daß andere Werturteile an ihre Stelle treten.«[186] Dieser von marxistischer Seite vertretenen Auffassung kommt, wie wir sahen, Burrichter in seinem Aufsatz von 1969 sehr nahe, wo er feststellt, daß sich das erkennende Subjekt »nur scheinbar dem Spannungsfeld zwischen Subjekt und Objekt und seiner Einwirkungen auf das erkennende Subjekt« entziehen könne.[187] Und an anderer Stelle rühren Burrichter u. a. sogar explizit an das Tabu der Parteilichkeit, indem sie eine Passage von N. Lobkowitz wiedergeben — wobei aus dem Gesamtzusammenhang, in welchem das Zitat bei ihnen steht, eindeutig hervorgeht, daß sie seinem Inhalt eher noch dezidierter zustimmen, als er bei Lobkowitz formuliert ist: »Westliche Gelehrte halten die Vorstellung von der Parteilichkeit in

184 Vgl. dazu M. v. Brentano, Wissenschaftspluralismus. Zur Funktion, Genese und Kritik eines Kampfbegriffs, in: Das Argument 66, Oktober 1971, S. 476 ff.
185 L. N. Moskwitschew, »Entideologisierung« — Illusion und Wirklichkeit, S. 120 (Hervorhebung: O. C.). P. C. Ludz plädiert zwar auch für ein striktes Auseinanderhalten von vermeintlich wertfreier politik- und sozialwissenschaftlicher Analyse einerseits und Philosophie (»weltanschaulichen Hintergrundkonzeptionen«) andererseits. Aber er muß die Philosophie dann doch zu ihrem Recht kommen lassen, nämlich »wenn es sich um globale und/oder allgemein vergleichende Deutungen geistiger und politischer Situationen, unterschiedlicher Herrschaftssysteme usw. handelt...« (Parteielite im Wandel. Funktionsaufbau, Sozialstruktur und Ideologie der SED-Führung, S. 17, 18). Solches aber sind gerade die wesentlichen, letztendlich entscheidenden Fragestellungen.
186 L. N. Moskwitschew, »Entideologisierung«..., S. 118.
187 C. Burrichter, Fragen zu einer soziologischen Theorie..., S. 700.

der Philosophie (aber auch in den übrigen Wissenschaften, d. Verf.) gewöhnlich für falsch; der marxistisch-leninistischen Konzeption von einer politisch engagierten Wissenschaft stellt man eine Wissenschaft entgegen, die die Wahrheit sucht und nur die Wahrheit und in keiner Weise an ein politisches Glaubensbekenntnis oder eine politische Bewegung gebunden ist. Westliche Gelehrte machen sich nur äußerst selten klar, wie fragwürdig ihre Position ist und wie schwierig es ist, sie gegen die kommunistische Anschuldigung zu verteidigen, *daß nämlich diese angeblich losgelöste Objektivität nur eine eigenartige und besonders eigensinnige Form der bürgerlichen Parteilichkeit ist.*«[188] Dem braucht nichts hinzugefügt zu werden.[189]

Der einzige wesentliche Unterschied zwischen den ideologisch-theoretischen Standpunkten eines — die Mehrzahl der DDR-Forscher repräsentierenden — F. Oldenburg und eines — relativ exponiert dastehenden — D. Herrmann liegt folglich in Verdecktheit bzw. Offenheit der Parteilichkeit. Herrmanns Standpunkt der kompromißlosen Offenheit erklärt sich dabei wohl nicht zuletzt aus der Eigentümlichkeit seines persönlichen Werdegangs: Aufgewachsen inmitten des offen-parteilichen Wissenschaftsverständnisses des Marxismus in der DDR, erscheint ihm nach seiner politischen Kehrtwendung und Übersiedlung eine ebenso offene antikommunistische Parteilichkeit als das Selbstverständlichste und Konsequenteste. F. Oldenburg erklärt jedoch, solche Parteilichkeit habe »in der Wissenschaft einer freien Gesellschaft nichts zu suchen«.[190] Auf die »brisante Konzeption« eines D. Herrmann könne man umsomehr verzichten, als der gewünschten politischen Tendenz in der DDR-Forschung allemal auch auf weniger vordergründige Art zum Ziel verholfen werden könne: »Angesichts der Fakten, wenn man diese seriös erforschen, strukturieren und durch die Öffentlichkeit zur Kennt-

188 Zit. nach C. Burrichter/E. Förtsch/H.-J. Müller, Die wissenschaftlich-technische Revolution..., S. 518 f. (Hervorhebung: O. C.); die Einfügung in Klammern stammt wohlgemerkt von Burrichter et al.
189 Die wissenschaftstheoretische Verdrängung des Wert- bzw. Parteilichkeitsproblems läßt immer wieder auch ausdrückliche Distanzierungen vom Antikommunismus zu unverbindlichen Beteuerungen geraten. So z. B. sehr deutlich bei K. Westen: »...Derartiges hat mit Wissenschaft nichts zu tun, wie auch ein vorgefaßter — wie auch immer ideologisch begründeter — Antikommunismus keine Basis für eine wissenschaftliche Arbeit... bilden kann. Der Wissenschaftler hat, welcher Motive er sich auch immer bedienen mag, von — wie auch immer gearteten — Fakten auszugehen...« (K. Westen, Methodische Vorfragen der Ostrechtsforschung, S. 307 f.). Westen fragt nicht: Was sind »Fakten«? Wie wählt der Wissenschaftler den Ausschnitt aus den Fakten? Was liest er, und wie, aus den Fakten? usw.
190 F. Oldenburg, Vom Elend..., S. 474.

nis nehmen würde, sind Euphorien (im Sinne eines ›zu positiven‹ Abschneidens der DDR, O. C.) schon von selbst ausgeschlossen.«[191]

Aus der Analyse der Debatte zwischen D. Herrmann und denjenigen DDR-Forschern, die gegenüber dessen Auffassung von der notwendigen Parteilichkeit des Forschungsprozesses auf einer »angeblich losgelösten Objektivität« (Lobkowitz) beharren, geht hervor, daß Herrmann diesen letzteren im Grunde nur den Spiegel vorgehalten hat. Indem er den inneren Zusammenhang von parteilicher Grundhaltung und wissenschaftlicher Interpretation des Gegenstandes expliziert, bringt er den *parteilichen Mechanismus in der herrschenden DDR-Forschung überhaupt* auf den Begriff. Natürlich bleibt es den weiteren, auf der Ebene der Gesellschaftskonzeptionen (Kapitel 2 und 3) wie konkreter DDR-Darstellungen (Kapitel 4) durchzuführenden Analysen vorbehalten, diesen hier zunächst auf der erkenntnis- und wissenschaftstheoretischen Ebene gewonnenen Eindruck zu bekräftigen oder zu modifizieren. So wird dann die Frage beantwortet werden können, ob es nur Forscher wie D. Herrmann sind, die der Gefahr unterliegen, »statt zu einer Erklärung der Phänomene zu einer Position des trotzigen alles schon Vorher-Wissens zu gelangen«.[192]

Bemerkenswert ist, daß Herrmann zumindest von einem der an der Diskussion Beteiligten uneingeschränkte Unterstützung erhalten hat. Es handelt sich um J.-P. Picaper.[193] Er möchte, wie Herrmann, der DDR-Forschung ausdrücklich »*den* Westen« als »existenziellen Rahmen« und »realen Grundwert« schlechthin vorschreiben.[194] Wer differenzierter operiert, dem bescheinigt Picaper sogleich »Identitätsverlust«, um nicht zu sagen eine kollaborateurhafte »Verbeugung vor den Werten des anderen Systems«.[195] Der Einschwörung der DDR-Forschung auf eine solche irrationale Lagermentalität wird, nicht an-

191 Ebenda; auch etwa für S. Köhler steht bereits vor aller rein »sachlicher Forschung« fest: ». . . die Wahrheit (ist) immer unangenehm und hart, besonders für den Wissenschaftler, der sich um die Wirklichkeit in der DDR bemüht.« (Einige Gedanken zur Diskussion über die ›Verunsicherte DDR-Forschung‹, S. 476). Daß in der Form der »Wertfreiheit« durchaus alles gesagt werden kann, was gesagt werden soll, deutet auch J. Kellermeier in einer Besprechung der »Materialien« 1971 an: Die »Wertung bleibt dem Leser überlassen, und der hat es dabei nicht besonders schwer«. Kellermeier bezeichnet eine solche Darstellungsweise sinnigerweise als eine »sozusagen ideologiefreie«. (J. Kellermeier, Die Lage der Nation, S. 116) G. Wettig empfiehlt »Verzicht auf konfrontative Polemik, nicht aber auf zwar fein differenzierte, aber zugleich klar entwickelte Wertungen« (Freiheit oder Unfreiheit im Äther, S. 22).

192 F. Oldenburg, Vom Elend. . ., S. 475.

193 J.-P. Picaper, Pluralisierung in der DDR-Forschung. Oder die Furcht vor dem Kronzeugen.

194 Ebenda, S. 590.

195 Ebenda, S. 589.

46

ders als bei Herrmann, durch nicht weniger irrationale Definitionen dessen, was als »normal« zu gelten habe, untermauert: »nicht die Veränderung, sondern die Kontinuität (der Institutionen, der Bräuche, der Persönlichkeit) (ist) das primäre Zivilisationsmerkmal«; allein eine Bundesrepublik, wie sie ist und bleibt, gilt Picaper als »rational normaler Zustand«.[196] Nur als Kuriosum am Rande sei vermerkt, daß sich Picaper mit diesen seinen Setzungen entschieden fern von aller Ideologie wähnt; dieser Makel haftet nur jenen an, die »nicht die existierende Bundesrepublik, sondern eine bessere Gesellschaft (eine Art strukturiertes Paradies)«[197] wollen. Auf der Basis seines militanten Konformismus zieht Picaper nun gegen alle Erscheinungen in der DDR-Forschung zu Felde, in denen er irgendwelche »Wertvorstellungen der SED«[198] wittert.

So wirft er den der SED wahrhaftig nicht nahestehenden Straßburger/Zimmermann vor, »ständig zumindest Denkstrukturen, Sprachgewohnheiten und langfristige Zielsetzungen des SED-Systems«[198] zu transportieren, und das in einem Zusammenhang, in dem es noch nicht einmal direkt um die Frage der wissenschaftlichen Bestimmung und Erforschung der *DDR* geht, sondern um das politische Selbstverständnis von Straßburger/Zimmermann als Bundesbürger bzw. Bürger Westberlins. Diese allgemeinpolitische Denunziation[200] reicht für Picaper aus, um auch Straßburgers und Zimmermanns DDR-Forschungs-Ansatz, ohne diesen direkt darzustellen und zu diskutieren, auf Verdacht als inadäquat abzutun. Picaper interessiert sich nur dafür, ob die DDR-Forschung auch wirklich den ideologischen Output erzielt, den er ihr — angesichts des »Defizit(s) an Orientierungswerten in vielen Bereichen unserer Kultur und besonders in der politischen Bildung«[201] — als Aufgabe vorschreibt. Das Problem, welcher Theorien und Methoden es in der DDR-Forschung bedarf, um dem Erkenntnisgegenstand wissenschaftlich gerecht zu werden, kümmert ihn nicht. »Übertrieben rigorose, ... entmenschlichte wissenschaftliche Ansprüche«[202] sind nicht sein

196 Ebenda, S. 590.

197 Ebenda, S. 588; »Instrumentalisierung der Wissenschaft im Dienste einer Ideologie« (S. 589) lautet Picapers Vorwurf gegen Straßburger/Zimmermann, den auf sich selbst anzuwenden ihm völlig fern liegt.

198 Ebenda, S. 589.

199 Ebenda.

200 Vgl. die Replik von Straßburger/Zimmermann, Auf welche Weise und in welcher Absicht?, S. 942.

201 J.-P. Picaper, Schritt zur Realität, Neue Fragen für De-de-Errologen.

202 J.-P. Picaper, Pluralisierung..., S. 590. Ähnlich D. Grille, der vor »überflüssige(n)... Theorie- und Methodologie-Diskussionen« warnt, durch welche der Gegenstand der DDR-Forschung doch nur »bis zur Unkenntlichkeit›verwissenschaftlicht‹« würde (Literaturbericht zur »DDR-Forschung«, S. 103).

Fall. Hauptsache ist, die DDR-Forschung hält sich weiterhin und verstärkt an die Methode, beherzt »die DDR mit westlichen Werten zu konfrontieren«.[203] Andernfalls würden »die Konturen politischer Systeme in Ost und West derartig verwischt, daß sie weder nach Fisch noch nach Fleisch schmecken« und in der öffentlichen politischen Meinung der Bundesrepublik am Ende keiner mehr wüßte, »wo des Pudels Kern« sei.[204] Mit diesen Andeutungen kann Picaper nur meinen, daß die DDR-Forschung sich weiterhin wesentlich an das Raster der totalitarismustheoretischen Kategorien halten möge. Einmal mehr begegnet uns hier also ein Plädoyer für das Totalitarismuskonzept, welches sich als solches unmittelbar nicht zu erkennen gibt, sich nicht auf der Ebene der Diskussion stellt, wo sie angemessen und notwendig wäre, nämlich auf der Ebene dezidierter Gesellschaftstheorien; stattdessen präsentiert es sich als Ausfluß des (»westlichen«) common sense schlechthin.

Für unseren Zusammenhang — Problem Parteilichkeit/Wertfreiheit — ist es besonders bemerkenswert, daß Picaper dieses sein Konzept von DDR-Forschung eingestandenermaßen nicht umstandslos mit dem Grundsatz der wissenschaftlichen Wertfreiheit zu vermitteln vermag, erklärt er doch, man solle es gewissermaßen nicht übertreiben mit diesem Grundsatz: »Selbstverständlich dürfen wir nicht die sowohl auf Max Weber als auch auf den Positivismus zurückführende Tradition der ›wertfreien Wissenschaft‹ leichtsinnig über Bord werfen. Dennoch sollten die Gefahren der Verabsolutierung der positivistischen Methode nicht verkannt werden. Für gewissenhafte Idealisten und gründliche Arbeiter... birgt sie die Versuchung der Selbstverleugnung, der Selbstkasteiung durch das Arbeitsethos. Unbemerkt entsteht die Verbeugung vor den Werten des anderen Systems als geliebter Forschungsgegenstand.«[205] Offenbar hat Picaper die reale Befürchtung, daß der DDR-Forscher durch (allzu?) gewissenhafte und gründliche Beschäftigung mit dem Gegenstand die feste Überzeugung verlieren könnte, daß er doch strikt *gegen* diesen sein muß. Gegen diese Gefahr weiß Picaper immer wieder aufs neue nur die Anti-Werte des »Westens« zu mobilisieren. Diese Werte gilt es, mag die gewissenhafte und gründliche Forschung erbringen, was sie wolle, dem Gegenstand »entgegenzusetzen«.[206] Das heißt: Die Bewertung, sprich die Negativbewertung der DDR muß feststehen vor aller konkreten Untersuchung; die Werturteile des DDR-Forschers müssen jeglicher Wechselwirkung mit

203 J.-P. Picaper, Pluralisierung..., S. 590.
204 J.—P. Picaper, Schritt zur Realität...
205 J.-P. Picaper, Pluralisierung..., S. 589.
206 Ebenda.

sich ergebenden konkreten Sacheinsichten, jeglicher »Kommunikation mit der Wirklichkeit«[207] — welcher sie doch letztlich, und nirgendwoandersher, entspringen — enthoben bleiben, mithin als strikte Axiome gehandhabt werden. Umgekehrt »verbietet« Picapers Konzeption a priori die Möglichkeit, daß Werte und Sinngehalte des Gegenstands, also der DDR-Gesellschaft, in der konkreten Analyse ihres gesellschaftlichen Kontextes gewissermaßen ihre *reale Plausibilität erweisen*. Picapers Konzept, so muß man folgern, ist das einer rigiden, immunisierten Parteilichkeit, welche es nötigenfalls mit dem Grundsatz »Um so schlimmer für die Tatsachen« hält.[208] Einer Parteilichkeit, welche ihre Berechtigung letztlich nicht auch wissenschaftlicher Fundierung, sondern tautologisch aus sich selbst zieht.[209] In dieser beziehungslosen Gegenüberstellung von Werten einerseits und Wissenschaft andererseits ist Picapers Parteilichkeitskonzeption freilich nur die Konsequenz positivistischen Denkens. Indem etwa F. Oldenburg schreibt, in der DDR-Forschung seien »Werturteile zweifellos bedeutsam, doch haben sie selbst mit Wissenschaft nicht das geringste zu tun«[210], deklariert er damit die Werturteile — zuvörderst seine eigenen — in derselben Weise für unantastbar und wissenschaftlicher Reflexion und Kritik unzugänglich wie Picaper. Der doppelte Effekt der positivistischen Trennung von Wertung und Wissenschaft läßt sich folglich so formulieren: Erstens läßt sie die Forschung schlechthin unparteilich erscheinen, zweitens schottet sie die damit als Oberflächenphänomen erscheinende Parteilichkeit noch zusätzlich gegen wissenschaftliche Kritik ab.

Somit schließt sich mit Picapers Beitrag der Kreis der bürgerlichen DDR-Forscher-Debatte zum Parteilichkeitsproblem, wie sie D. Herrmann mit seinem Loblied auf den »Nutzen des Antikommunismus« provoziert hatte. Denn obwohl sich Picapers Beitrag im Gegensatz etwa zu dem Oldenburgs als klare Unterstützung von Herrmann versteht, sind sich beide, Picaper und Oldenburg, im Endeffekt einig. Denn Picapers Plädoyer für die »westliche« Grundentscheidung und Oldenburgs Forderung nach wissenschaftlicher Sauberkeit in der DDR-Forschung schließen sich nicht nur nicht aus, *sondern treffen sich in der gemeinsa-*

---

207 Vgl. W. Hofmann, Vom Werturteil in der Gesellschaftslehre, S. 75.

208 Vgl. hier konkret z. B. Herrmanns Schelte gegenüber H. Weber, weil dieser die Unbefangenheit besaß, anhand der DDR zu konstatieren, »daß in einer hochindustrialisierten Gesellschaft auch andere als kapitalistische Wirtschaftsformen möglich und erfolgreich« sein können (D. Herrmann, Mit der Stange im Nebel).

209 Die Forderung nach Wissenschaftlichkeit betrachtet Picaper pejorativ als »Verunsicherungsmechanismus ›Wissenschaftlichkeit‹« (Pluralisierung..., S. 590).

210 F. Oldenburg, Vom Elend..., S. 475.

men Anerkennung des doppelten Postulats von der Wertfreiheit der Wissenschaft und der Außenwissenschaftlichkeit der Werte. Dabei ist es unerheblich, daß Oldenburg — gegen Herrmann zielend — eben mehr auf den Aspekt der wertfreien Forschung und Picaper — Herrmann unterstützend — mehr auf den Aspekt der »westlichen« Wertentscheidung abhebt, oder anders gesagt, daß der erstere eher die Wissenschaftlichkeit von der Parteilichkeit losreißt, der letztere die Parteilichkeit von der Wissenschaftlichkeit. Beide Male überlassen sie damit ihre vorgegebene Parteilichkeit einem unkontrollierten Eigenleben. Oldenburg und Picaper haben schließlich auch das gemein, daß sie beide die postulierte Trennung von Wertung und Wissenschaft nicht konsequent durchhalten können: Oldenburg kommt — »bedauerlicherweise« — ohne »Intuition« u. ä. nicht aus, Picaper möchte die Praxis der wertfreien Wissenschaft nicht verabsolutiert wissen. Gegenüber derartigen Vagheiten muß man der Konzeption von D. Herrmann immerhin zugestehen, daß sie die größere innere Konsequenz für sich hat; seine Parteilichkeit gelangt nicht nachträglich durch die Hintertür, sondern von vornherein durch das Hauptportal in die Forschung (um noch einmal mit dem von R. Sorg gebrauchten Bild zu sprechen). Damit ist aber wohlgemerkt die entscheidende Frage nicht beantwortet — und sie erhebt sich gegenüber Herrmanns offener Parteilichkeit letztlich nicht anders als z. B. gegenüber Oldenburgs oder Burrichters implizierter Parteilichkeit: Wie vermittelt sich solche Parteilichkeit mit den Anforderungen von Wissenschaft? Oder anders gefragt: Inwieweit ist solche Parteilichkeit in sich selbst wissenschaftlich, inwieweit bewegt sie sich auf dem Boden der Realität? — Wir wollen einer Beantwortung dieser Frage dadurch näherkommen, daß wir zunächst einmal allgemein skizzieren, was wir unter »Parteilichkeit« verstehen, wie sie strukturiert ist und wie sie im Erkenntnisprozeß wirksam wird.

4. Vermittlungsformen der Parteilichkeit

Mit C. Burrichters Feststellung, daß sich aus der Tatsache der Systemauseinandersetzung zwischen »Ost« und »West« eine grundsätzliche Wertalternative für den DDR- bzw. Kommunismusforscher ergibt[211], ist noch nichts über das inhaltliche Wesen dieses Entweder-Oder ausgesagt. J. Straßburger und H. Zimmermann haben treffend zu verstehen gegeben, daß es »*den* Westen« schlechthin nicht gibt. In solcher Abstraktheit und Unbestimmtheit verharrt auch H. Lades, wenn er schreibt: »Sowjetologie und Kommunismusforschung vollziehen sich nicht im luftleeren Raum, sondern gehen von der Basis westlicher Gesellschaften aus.«[212] Ob von »dem Westen« oder von »der westlichen Gesellschaft« die Rede ist — in jedem Fall wird auf eine Entität gepocht, über deren Bedeutungsinhalt angeblich Einigkeit besteht. Die eigene Gesellschaftsordnung wird nicht konkret aus sich selbst heraus definiert, sondern indirekt und äußerlich als Gegenstück zur Gegenseite.[213] Diese suggestive Definierung des eigenen »Lagers«, diese Konstruktion der Frontlinie ist selbst nichts anderes als das Produkt einer Parteilichkeit, deren Standort sich durchaus konkreter als nur mit der Himmelsrichtung »West« angeben läßt: Interessiert an einer solchen »Hinausverlegung des fundamentalen Konflikts aus der eigenen Gesellschaft in den Außenraum«[214], wie W. Hofmann diesen Mechanismus bezeichnet hat, ist die herrschende, auf Beharrung der Verhältnisse dringende Seite dieses innergesellschaftlichen Konflikts, läßt sich doch dadurch der Konflikt bannen und in eine Art Burgfrieden verwandeln, wie umgekehrt die »soziale Bewegung des eigenen Landes... im Brechspiegel der *Agenten-Theorie*« dargestellt werden kann: »Der landfremde Gegner sucht Zwietracht im Inneren der Gesellschaft zu säen.«[215]

Demgegenüber ist festzuhalten: Die Polarisierung der parteilichen Grundpositionen ist nicht erst Ausfluß der »*intergesellschaftlichen*

---

211 Das heißt wohlgemerkt nicht, daß diese zwei parteilichen Grundpositionen in der Wirklichkeit immer in ihrer jeweiligen Reinform vorkämen. »Ein und dasselbe Subjekt der Parteilichkeit kann in sich beide... Formen der Parteilichkeit vereinigen...« (P. W. Alexejew/A. J. Iljin, Das Prinzip der Parteilichkeit, S. 53).

212 H. Lades, Prag und das Problem des Wandels kommunistischer Regime, S. 114.

213 Schon 1961 kritisierte Ludz die Orientierung der Totalitarismuskonzeption »an bloßen Gegenbegriffen«. »Das beliebteste Gegensatz-Paar ist das von Freiheit und Unfreiheit — ein Gegensatz-Paar, das ein *Selbstverständnis des Westens aus der bloßen Negation des anderen Systems heraus* virtuell bereits in sich trägt.« (P. C. Ludz, Totalitarismus oder Totalität?, S. 113; Hervorhebung: O. C.)

214 W. Hofmann, Zur Soziologie des Antikommunismus, S. 152.

215 Ebenda, S. 153, 152 f. Auf dieser Manipulation beruht z. B. Picapers Polemik gegen Straßburger und Zimmermann (siehe oben).

Konfliktsituation zwischen beiden Systemen«[216], sondern entspringt bereits dem *inner*gesellschaftlichen Interessengegensatz. Dieser bildet überhaupt logisch und historisch den Ausgangspunkt. Der Widerstreit der politisch-sozialen Grundpositionen, der sich zunächst hieran festmacht, verdoppelt sich und erscheint nun ebenfalls festgemacht am Gegensatz zweier Gesellschaftstypen. Die wechselseitige Verknüpfung beider Austragungsebenen des politisch-sozialen Gegensatzes deutet C. Burrichter mit der Bemerkung an, daß sich der DDR-Forscher durch die Reflexion und öffentliche Artikulation von gesellschaftspolitischen Erfahrungen der DDR unter bestimmten Umständen »leicht auch in einen intragesellschaftlichen Konflikt — also zur eigenen Gesellschaft — verstricken kann.«[217] Das heißt also, daß sich an die DDR-Betrachtung einander widerstreitende innergesellschaftliche Interessen heften. *Diese Interessen existieren auch unabhängig von der Tatsache, daß es die DDR gibt*. Und eben aus diesem Grunde ist auch die systemkritische, antibürgerliche Parteilichkeit ihrem Wesen nach nicht geistige Form einer »fünften Kolonne« des »Ostens«, sondern notwendiger Ausdruck einer Gesellschaft, die »nicht nur eine ›pluralistische‹ , . . . (sondern) auch eine herrschaftsbestimmte«[218] ist.

Wenn es richtig ist, gegensätzliche *Klasseninteressen* als objektive Grundlage und Triebkraft der widerstreitenden parteilichen Grundentscheidungen oder Grundhaltungen (auch) in der DDR-Forschung zu begreifen[219], dann stellt sich nun die Frage, über welchen Vermittlungsprozeß sich das Klasseninteresse bis in die wissenschaftliche Betätigung hinein geltend macht. Die Antwort ergibt sich vor allem aus einer Untersuchung der Formen und Stufen des gesellschaftlichen Bewußtseins, in welche eine Wissenschaftsdisziplin wie die DDR-Forschung eingebettet ist und über welche sie durch den Forschungsprozeß hindurch mit dem Klasseninteresse in Kommunikation bleibt.[220]

216 C. Burrichter, Fragen zu einer soziologischen Theorie. . ., S. 701.

217 Ebenda.

218 W. Hofmann, Vom Werturteil. . ., S. 77.

219 Damit vollziehen wir lediglich eine Konkretisierung im Rahmen der allgemeinen erkenntnissoziologischen Überlegungen von J. Habermas bzw. von Burrichter. Für Habermas müssen die erkenntnisleitenden Interessen »als objektive Interessen aus dem gesamtgesellschaftlichen Zusammenhang kritisiert oder legitimiert werden« (Analytische Wissenschaftstheorie und Dialektik, S. 309). Vgl. dazu E. Hahn: »Aber die Frage steht heute, Mitte des zwanzigsten Jahrhunderts nicht mehr abstrakt. Der gesamtgesellschaftliche Zusammenhang der Gegenwart ist praktisch und theoretisch heute so weit identifiziert, daß ganz bestimmte ›erkenntnisleitende‹ Interessen ganz bestimmten *sozialen* Subjekten, Klassen zugewiesen werden können. . .« (Historischer Materialismus und marxistische Ideologie, S. 54).

220 Verständlicherweise können wir die komplexen Zusammenhänge hier nur grob andeuten.

Unter den konkreten Formen des gesellschaftlichen Bewußtseins, die für unseren Zusammenhang vor allem relevant sind[221], tritt uns auf einer grundlegenden, besonders eng mit den materiellen gesellschaftlichen Existenzformen bzw. mit dem jeweiligen Klasseninteresse verbundenen Stufe zunächst die politische Ideologie entgegen. Sie gibt eine mehr oder weniger systematisierte, klassenbezogene Deutung »über die politische Ordnung der Gesellschaft, die Staatsformen, die Beziehungen zwischen verschiedenen Klassen und sozialen Gruppen und deren Rolle im gesellschaftlichen Leben, die Beziehungen zu anderen Staaten und Nationen usw.«[222] Auf dieser Ebene sind etwa Lehren angesiedelt wie die über den Pluralismus, über Demokratie und Diktatur, über die Nation, über »Grundwerte in Staat und Gesellschaft« u. ä. Hier, wo es letztlich vor allem um die Frage der politischen Macht geht, wird man Parteilichkeit in besonders direkter und deutlicher Weise zu erwarten haben.

Die politische Ideologie vermittelt im Gesamtkomplex der gesellschaftlichen Bewußtseinsformen ihrerseits zwischen dem materiellen Klasseninteresse und der Philosophie als allgemeiner, umfassender Lehre von der Welt. »Die Philosophie ist, im Unterschied zur politischen Ideologie, eine der von der Basis am weitesten entfernten Formen des gesellschaftlichen Bewußtseins.«[223] Es ist freilich auch nicht zu übersehen, daß die Übergänge zwischen politischer Ideologie und philosophischer Weltanschauung recht fließend sind; die letztere nimmt ihrerseits Hauptmomente der politischen Ideologie in sich auf, und diese wiederum folgt der allgemeinen Denkrichtung der jeweiligen Philosophie.

Einen für die Kommunismusforschung besonders wichtigen Bestandteil der Philosophie stellt die Geschichtsphilosophie, das allgemeine Geschichtsdenken und Geschichtsbild dar. Es drückt der Kommunismusforschung deutlich seinen Stempel auf, besonders natürlich, wenn es um Fragen geht wie nach dem Charakter der Gegenwartsepoche, den Perspektiven der Gesellschaftssysteme usw. Ein bestimmtes Geschichtsdenken ist es, wenn D. Herrmann, wie erwähnt, den Kapitalismus als den »Normalzustand« gesellschaftlicher Organisation definiert, oder wenn R. Löwenthal dem Sozialismus vorwirft, daß er »die Gesellschaft wiederholt von dem Wege fortreißt, den sie ›natürlicherweise‹ gehen würde, da alle natürlichen Wege von dem utopischen Ziel wegfüh-

221 Vgl. insgesamt A. K. Uledow, Die Struktur des gesellschaftlichen Bewußtseins, Berlin 1972; dazu auch E. Hahn, Ideologie, S. 116 ff.
222 Grundlagen der marxistisch-leninistischen Philosophie, S. 446.
223 P. W. Alexejew/A. J. Iljin, Das Prinzip der Parteilichkeit, S. 55.

ren«[224], wenn er dementsprechend die »Vision einer Gesellschaft ohne Klassen«[225] als bare Unmöglichkeit hinstellt, usw. Dergleichen Thesen sind Ausdruck einer *Grundhaltung des Sich-nicht-abfinden-könnens mit der Existenz des Sozialismus,* derselben Haltung, die in der praktisch-politischen Sphäre anzutreffen ist.[226]

Bürgerliche DDR-Forscher bekennen sich nicht selten ausdrücklich zu einer solchen Zielstellung, einer solchen Parteilichkeit, wobei oft auf jegliche geschichtstheoretische Ableitung und Argumentation verzichtet und stattdessen die restaurative Wandlung des Sozialismus einfach als nacktes politisches Handlungsprogramm und Kampfziel proklamiert wird. Der Theorie wird also vielfach gar nicht mehr die Aufgabe zugemutet, durch objektive Erkenntnis historisch-gesellschaftlicher Gesetzmäßigkeiten die »*Hoffnung* auf Restauration« zu begründen, sondern sie wird von vornherein dafür eingespannt, »*Versuche* der Restauration« anzuleiten (um an eine Aussage von Lenin anzuknüpfen).[227] Bürgerliche Parteilichkeit artikuliert sich hier in barer, unvermittelter Gestalt. So schreibt etwa H. Lades (zu einer Zeit, als der Diskretionszwang der »neuen Ostpolitik« noch nicht voll eingesetzt hatte): »In der Kommunismusforschung wird das erkenntnisleitende Interesse von der Frage nach der Wandlungsfähigkeit kommunistischer Regime bestimmt. Diese Frage ist nicht nur eine Frage der wissenschaftlichen Theorie. Sie ist eine Frage der politischen Praxis.«[228] Und D. Grille wandelt gar Marxens elfte Feuerbach-These ab und formuliert so das pragmatische Credo der DDR-Forscher: »*Die politischen Soziologen haben die ›DDR‹ nur verschieden interpretiert; es kömmt darauf an, sie zu verändern.*«[229]

Grille geht soweit, daß er die praktisch-restaurative Nützlichkeit der DDR-Forschung unmittelbar zum Kriterium ihrer Wahrheit oder Falschheit erhebt, verlangt er doch, daß ihre »Wahrheit oder Falsch-

224 R. Löwenthal, Entwicklung kontra Utopie. Das kommunistische Dilemma, S. 72.

225 Ebenda, S. 64.

226 S. Haffner schrieb, »daß sich die Bundesrepublik mit der Existenz der DDR eben doch nicht wirklich abgefunden hat«. (Stern v. 13. 8. 1972) Die Haltung des Sich-nicht-abfinden-könnens hat eine praktische und eine erkenntnismäßige Seite; es leuchtet ein, daß, wo der fragliche objektive Sachverhalt historisch-unvermeidlich Charakter trägt, die Haltung des Sich-nicht-abfinden-könnens erkenntnismäßig darauf hinausläuft, eine historische Gesetzmäßigkeit zu ignorieren, zu leugnen, nicht wahrhaben zu wollen.

227 In der Übergangsepoche vom Kapitalismus zum Sozialismus »behalten die Ausbeuter unvermeidlich die Hoffnung auf eine Restauration, und diese *Hoffnung* verwandelt sich in *Versuche* der Restauration.« (Die proletarische Revolution und der Renegat Kautsky, in: Lenin, Werke, Bd. 28, S. 253).

228 H. Lades, Prag und das Problem des Wandels kommunistischer Regime, S. 114.

229 D. Grille, »DDR-Forschung« im Wandel?, S. 158 (Hervorhebung: O. C.).

heit... in jenem... Sinne praktischer Bewährung erwiesen werden muß«[230], den er mit obiger Marx-Variation markiert. Demnach wären gerade solche Ansätze der DDR-Forschung wissenschaftlich wahr, die in der Praxis angewandt eine besonders subversive, systemverändernde Wirkung entfalten würden. D. Grille ist hier nicht weit davon entfernt, gewissen Ausspähungsberichten und Einmischungsrezepten die wissenschaftliche Favoritenrolle zuzusprechen. Wissenschaft dient lediglich als Mittel zu einem Zweck, leistet aber keine Begründung dieses Zwecks selbst. Das Wahrheitskriterium der Praxis wird dementsprechend nur beansprucht für den Bereich der Mittelanwendung, nicht aber für die Hinterfragung des gesetzten Zwecks; es wird mithin nur auswahlweise, willkürlich herangezogen. Wahrheit erscheint tendenziell auf Nützlichkeit reduziert. Es muß wohl kaum betont werden, daß dieses Konzept von bürgerlicher Parteilichkeit weit hinter den philosophisch-theoretischen Ansprüchen zurückbleibt, die der Marxismus an sein eigenes Parteilichkeitsverständnis stellt. Hier ist nämlich die praktische Zielstellung, die Parteilichkeit selbst in den wissenschaftlichen Begründungszusammenhang einbezogen und aus ihm heraus entwickelt. Während D. Grille den (Wahrheits-)Wert der Wissenschaft an ihre »praktische Bewährung« im Sinne eines vorgefaßten Ziels — nämlich der »Veränderung gegenwärtiger gesamtdeutscher Grundgegebenheiten«[231], sprich: der Rückgängigmachung der Entwicklung in der DDR — kettet, heißt es bei F. Engels geradewegs umgekehrt: »... je rücksichtsloser und unbefangener die Wissenschaft vorgeht, desto mehr befindet sie sich im Einklang mit den Interessen und Strebungen der Arbeiter.«[232]

Wie der forcierten Parteilichkeit bürgerlicher Provenienz eine außerordentlich starke Fixierung am Ziel der Veränderung des sozialistischen Status quo eigen ist, so erklärt sie umgekehrt mit ebenso großer Selbstverständlichkeit die Bewahrung des kapitalistischen Status quo zu ihrer leitenden Maxime. Nichts charakterisiert die Mutwilligkeit, mit der solcher Einerseits-andererseits-»Zielbewußtheit«[233] Geltung verschafft wird, den Dogmatismus, der hier offenbar vonnöten ist, besser als der Umstand, daß D. Grille dort, wo es um die DDR geht, Marxens elfte

230 Ebenda.
231 Ebenda.
232 F. Engels, Ludwig Feuerbach und der Ausgang der klassischen deutschen Philosophie, in: MEW, Bd. 21, Berlin 1962, S. 307. (Wobei wohlgemerkt analytische Vorurteilslosigkeit nicht gleich theoretische Voraussetzungslosigkeit ist.) Zum Verhältnis von Wissenschaft und Parteilichkeit im Marxismus siehe P. W. Alexejew/A. J. Iljin, Das Prinzip der Parteilichkeit, S. 62 ff.; K. Berka/S. Bönisch et al., Die Wissenschaft von der Wissenschaft, S. 97; E. Hahn, Ideologie, S. 81 ff., S. 122 f.
233 D. Grille, »DDR-Forschung« im Wandel?, S. 158.

Feuerbachthese bemüht (und sie zu einer Leerformel macht, der man scheinbar beliebige politisch-gesellschaftliche Weltveränderungsbestrebungen unterschieben kann), daß J.-P. Picaper dagegen aus genau der gleichen bürgerlich-parteilichen Haltung heraus diese Feuerbachthese für überholt erklärt — weil es in seinem Zusammenhang um die Bundesrepublik geht: »Statt die Welt zu *betrachten,* soll der Wissenschaftler sie *verändern* helfen. Dieser in der Zeit des philosophischen Idealismus signifikante Satz entbehrt heute jeder Grundlage.«[234] Im einen Fall also dient Marx zur Rechtfertigung einer parteilich-»zielbewußten« DDR-Forschung, im andern Fall wird er zu den Akten gelegt, weil es um den Bestand der westdeutschen Gesellschaftsordnung geht.[235]

Wenn der Begriff »Geschichtsphilosophie« auch oftmals übertrieben erscheint angesichts der anspruchslosen Form, in welcher sich das spezifische Geschichtsdenken in der Kommunismus- und DDR-Forschung häufig manifestiert, so muß doch auf der anderen Seite gesehen werden, daß sich Kommunismus- und DDR-Forschung durchaus auch auf strenger konzipierte, eher nachprüfbare Geschichts- und *Gesellschaftstheorien* stützen, oder anders gesagt, daß sich ihr Geschichtsdenken auch die wissenschaftliche Form solcher ausgesprochener Gesellschaftstheorien gibt. Damit kommen wir in unserem Schema der Vermittlungsstufen (oder sozusagen theortischen »Aggregatzuständen«) bürgerlicher Parteilichkeit zu einem zentralen Umschlagplatz. Wie D. Bergner und R. Mocek eingehend dargelegt haben, vermitteln die bürgerlichen Gesellschaftstheorien — die Hauptrolle spielt hier die Industriegesellschaftstheorie — zwischen Geschichtsphilosophie einerseits und Sozialwissenschaft andererseits: »Kennzeichnend... ist ihre starke Einbettung in die wichtigsten geschichtsphilosophischen Grundgedanken der Bourgeoisie bei gleichzeitigem starkem Bezug zu den Theorien und Methoden der bürgerlichen Sozialwissenschaften.«[236] Entsprechend vielschichtig sind

234 J.-P. Picaper, Pluralisierung..., S. 589 (Picaper polemisiert hier gegen J. Straßburger/H. Zimmermann).

235 Während die DDR- und Kommunismusforschung (oder doch Teile von ihr) sich weiterhin zwanglos an D. Grilles Maxime hält, wonach es darauf ankommt, den Sozialismus praktisch-politisch zu überwinden, ist man andererseits im Begriff, die Aufgaben der Wissenschaft, sofern es um den innergesellschaftlich-innenpolitischen Hausgebrauch geht, auf die einer »Stabilisierungswissenschaft« zu reduzieren und festzuschreiben. So heißt es in der Urteilsbegründung eines Westberliner Gerichts: »Der durch Artikel 5 Abs. 3 GG geschützte Freiheitsraum endet... dort, wo wissenschaftliche Erkenntnisse in die politische Wirklichkeit umgesetzt werden sollen und zu politischem Handeln aufgerufen wird.« (Zit. bei W. D. Narr, Der Professor — ein Superbeamter, in: FR v. 25. 11. 1976) Man vergegenwärtige sich im Licht dieser Aussage noch einmal die Ausführungen von D. Grille.

236 D. Bergner/R. Mocek, Bürgerliche Gesellschaftstheorien. Studien zu den weltanschaulichen Grundlagen und ideologischen Funktionen bürgerlicher Gesellschaftsauffassungen, S. 36.

diese Gesellschaftstheorien strukturiert; die Industriegesellschaftstheorie etwa vereinigt in sich sozialwissenschaftliche Traditionen eines Saint-Simon, Spencer, Comte, Weber und Sombart, einen technologisch-technokratischen Aspekt, den Veblen und Burnham entwickelten, dann im engeren Sinne sozialtheoretische Gedankengänge von Aron, Dahrendorf u. a., die historisch-ökonomischen Erklärungsversuche eines Rostow und Galbraith, ferner anthropologische Auffassungen von Gehlen u. a., und schließlich dehnte Freyer die Industriegesellschaftskonzeption zu einer umfassenden Epochendeutung, eine »Theorie des gegenwärtigen Zeitalters«[237] aus.[238] Daß in den bürgerlichen Gesellschaftstheorien — auch wo sie sich u. U. auf den ersten Blick »philosophiefrei« geben — geschichtsphilosophische Motive tatsächlich eine wichtige Rolle spielen, vermerkt auch der englische Sozialwissenschaftler J. H. Goldthorpe: Im Hinblick auf bürgerliche Industriegesellschaftstheorien stellt er fest, »daß in den letzten zehn bis fünfzehn Jahren in der ›orthodoxen‹ westlichen Sozialwissenschaft in der Tat eine bedeutsame neue Strömung eines historizistischen oder sozusagen ›krypto-historizistischen‹ Denkens hervorgetreten ist.«[239]

Vermöge ihrer Mehrschichtigkeit, ihrer fließenden Grenze hin zur Soziologie und den anderen speziellen sozialwissenschaftlichen Zweigen übertragen die Gesellschaftstheorien die in ihnen enthaltenen geschichtsphilosophischen — und so auch immer parteilichen — Prämissen auf die sozialwissenschaftlichen Ansätze im engeren Sinne. D. Bergner und R. Mocek formulieren diese These so: »Eine ganz wesentliche ideologische Funktion der bürgerlichen Gesellschaftstheorien besteht darin, die bürgerlichen Sozialwissenschaften ›an die Kette zu legen‹. Da die Gesellschaftstheorien dabei betont ›rational‹ vorgehen, d. h. auf die außerwissenschaftlichen und teilweise mystischen ›Methoden‹ bürgerlichen geschichtsphilosophischen Denkens verzichten, erwecken sie zugleich den Anschein, die legitime Theorie sozialwissenschaftlicher Forschung zu sein.«[240]

Diesen Mechanismus möchten wir kurz an der SED-Analyse von P. C. Ludz exemplifizieren. Er erklärt dort eingangs, auf »globale Deutungszusammenhänge« und »weltanschauliche... Hintergrundkonzeptionen« verzichten und vielmehr nur »drei soziologische Fragestellungen, die organisationssoziologische, die elitentheoretische, und die

237 Vgl. H. Freyer, Theorie des gegenwärtigen Zeitalters, Frankfurt a. M. 1955.
238 Vgl. D. Bergner/R. Mocek, Gesellschaftstheorien, S. 44.
239 J. H. Goldthorpe, Theories of Industrial Society: Reflections on the Recrudescense of Historicism and the Future of Futurology, S. 263.
240 D. Bergner/R. Mocek, Bürgerliche Gesellschaftstheorien, S. 37.

ideologiekritische«, an seinem Gegenstand aufwerfen zu wollen.[241] Die Darlegung der entsprechenden drei soziologischen Ansätze läßt jedoch rasch erkennen, daß sie sehr wohl auf eine dezidierte Hintergrundkonzeption bezogen sind. Ludz versteht sein Thema nämlich als »das Problem der bolschewistischen Partei in einer industriellen Gesellschaft«[242]; es gibt für ihn überhaupt nur eine Gesellschaft, eben die Industriegesellschaft; es gibt auch nur eine bestimmte »Dynamik« dieser Gesellschaft, die ohne Zutun sozialer Interessen abzulaufen scheint, so daß es für die proletarische Partei nur »Anpassung« bzw. »Einpassung in die Dynamik der industriellen Gesellschaft« als historische Verhaltensmöglichkeit gibt.[243]

Aus dieser Auffassung von der allgegenwärtigen, alternativlosen, einheitlichen Industriegesellschaft — Ludz an anderer Stelle: »Das abgegriffene Schema Kapitalismus-Sozialismus zeugt... von einer bemerkenswerten ideologischen Verblendung«[244] — leitet sich Ludz' methodologische Annahme ab, es kämen in einer DDR-bezogenen »organisationssoziologischen und sozialstrukturellen Analyse Fragestellungen und Begriffe der westlichen politischen Soziologie... ohne weiteres zum Tragen.«[245] Tatsächlich sind wichtige Kernbegriffe der Ludzschen DDR- bzw. SED-Analyse nicht am Gegenstand selbst gewonnen, sondern entstammen »westlichen« organisationssoziologischen, managementtheoretischen und politikwissenschaftlichen Untersuchungen, von wo aus Ludz sie ohne erkennbares Problembewußtsein geradlinig auf den sozialistischen Kontext überträgt. Das beginnt beim Begriff der »strategischen Clique«, den Ludz aus der bürgerlichen Industriesoziologie übernimmt und auf die SED-Führung anwendet[246], setzt sich fort in der Vorstellung von einer Rivalität zwischen jener »strategischen Clique« einerseits und den fachlich höherqualifizierten Nachwuchskräften

241 P. C. Ludz, Parteielite im Wandel, S. 21, 17, 24.

242 Ebenda, S. 28.

243 Ebenda, S. 25. — Allein auf den ersten vier Seiten von Ludz' Ausführungen zum organisationssoziologischen Aspekt (S. 25 ff.) findet sich rund ein Dutzend Wendungen, in denen der Industriegesellschaftsansatz zum Ausdruck kommt: »Dynamik der industriellen Gesellschaft«, »industriellen Organisationsformen« (25), »der arbeitsteiligen industriellen Gesellschaft, »Erfordernissen großgesellschaftlicher Organisation«, »in einer sich wandelnden Gesellschaft« (26), »Industrialismus«, »einer einzigen Form großgesellschaftlicher Organisation« (27), »in einer industriellen Gesellschaft«, «in Industriegesellschaften bolschewistischen Typs«, »unter den Bedingungen der Industriegesellschaft«, »den von der industriellen Gesellschaft geforderten Organisationstyp«, »Anpassung... an die industrielle Gesellschaft« (28), usw.

244 Parteielite im Wandel, S. 278.

245 Ebenda, S. 17.

246 Vgl. ebenda, S. 32, Anm. 99.

bzw. zwischen »Linien- und Stabsorganisation« — ebenfalls einer Problemstellung, wie sie typisch ist für eine gewisse Art »westlicher« Managementliteratur[247]; das Denken in solchen Kategorien reicht selbst noch in die Bestimmung des in der DDR gegebenen Herrschaftstyps: der Begriff der »autoritären« Herrschaft bzw. Organisation verdankt sich, einschließlich seiner Abstufungen (»benevolent autoritär«, »konsultativ autoritär«, »partizipativ autoritär«) abermals der amerikanischen Industrie- und Organisationssoziologie.[248] Nirgends taucht die Erwägung auf, ob für das Begreifen einer kommunistischen Partei, ihrer gesellschaftlichen Determinanten, ihrer Rolle und ihrer Organisationsprinzipien nicht doch andere Kategorien notwendig(er) wären als diejenigen, mit welchen amerikanische Soziologen die Führungsprobleme in Großkonzernen bzw. in den beiden großen amerikanischen Parteien abhandeln. Überständige Erscheinungen am Gegenstand vermögen diesen eindimensionalen Ansatz nicht zu verunsichern, sondern gelten ihm per se nur als Relikte aus der »vorindustriellen Gesellschaft«[249], als »Ideologie« im gleich vorweg pejorativ definierten Sinne[250], deren Stunde angesichts des Vormarsches des »technisch-wissenschaftlichen Zeitalters«[251] im Prinzip längst geschlagen habe.

Ludz' sozialwissenschaftlicher Untersuchungsansatz überträgt also allen Dementis zum Trotz einen dezidierten »globalen Deutungszusammenhang«, eine normative, parteiliche Geschichts- und Gesellschaftskonzeption auf sein empirisches Material.[252] Die Geschichte nimmt bei ihm unabweisbar ihren industriegesellschaftlichen Lauf, und das Heil liegt für die sozialistischen Systeme in der möglichst zügigen »Anpassung... an die industrielle Gesellschaft«[253], in deren idealtypischer Physiognomie sich freilich ausgesprochen »westliche« Züge wiederfin-

---

247 Vgl. ebenda, S. 34, 33. »Ähnliche Prozesse und Verhaltensmuster konnten für amerikanische Großkonzerne aufgewiesen werden«, merkt Ludz an, verkehrt damit aber freilich die Richtung seiner Analogiebildung; denn die besagten amerikanischen Untersuchungen stellen gerade den Ausgangspunkt, das Modell seiner SED-Interpretation dar.

248 Vgl. ebenda, S. 35 f. Maßgeblicher Ausgangspunkt ist hier R. Likert, New Patterns of Management, New York—Toronto—London 1961.

249 Parteielite..., S. 25.

250 Die marxistisch-leninistische Ideologie gilt Ludz per definitionem als »System von Glaubenssätzen«, als »verzerrte(s) und verblendete(s) Selbstverständnis«, usw. (Parteielite..., S. 45).

251 P. C. Ludz, Was die DDR erreichen soll, in: FAZ v. 3. 10. 1974.

252 In einer Fußnote gibt Ludz auch zu, »ein theoretisches Konzept« zu verwenden, »das in den folgenden Kapiteln empirisch nicht voll eingelöst werden kann«. (Parteielite..., S. 25, Anm. 67).

253 Ebenda, S. 28.

den.[254] Von diesem Geschichtsverständnis und -bekenntnis her *kann* Ludz schon überhaupt nicht mehr seinem Anspruch treu bleiben, »nicht werten, anklagen, und vorschnelle Schlüsse ziehen«[255] zu wollen. Denn die entscheidende Wertung der sozialistischen Bewegung *ist* mit diesem Interpretationsraster, welches definitionsgemäß den (vorindustriell-antiquierten) Sozialismus mit der (modernen und zukunftsträchtigen) Industriegesellschaft konfrontiert, bereits vollzogen. Und im Grunde enthält damit auch jeder Verweis auf irgendein Phänomen, das dem Interpretationsraster gemäß in den Bereich der Ideologie, des Dogmatischen, Utopischen, Vorindustriellen usw. fällt, die allgemeine *Anklage*, daß sich hier eben immer noch etwas dem modernen industriegesellschaftlichen Zug der Zeit widersetze.

Und wie dem Ludzschen Interpretationsrahmen Wertung und Kritik immanent sind, so impliziert er auch notwendig so etwas wie »vorschnelle Schlüsse«, d. h. weit über die empirischen Anhaltspunkte hinausschießende Voraussagen; was ist es z. B. anderes als ein vorschneller Schluß, wenn Ludz mit A. G. Meyer der Überzeugung ist, daß »jedes Sowjetsystem sich durch seinen (industriegesellschaftlichen, O. C.) Erfolg schließlich selbst zerstört«?[256] Oder hat es sich, um das Beispiel einer kürzerfristigen Vorhersage zu nehmen, im Lichte der vergangenen zehn Jahre etwa nicht als vorschnell erwiesen, daß Ludz seinerzeit — und dies war nicht irgendeine, sondern die zentrale These seiner SED-Studie — eine »wachsende Elitenkonkurrenz«[257] auf die DDR-Gesellschaft zukommen sah? So erweist sich Ludz' Anspruch, »nicht werten, anklagen und vorschnelle Schlüsse ziehen« zu wollen, als gescheitert.[258]

Wenn wir hier die zentrale Rolle der bürgerlichen Gesellschaftstheorie(n) als eines Vermittlungsglieds zwischen Ideologie und Theorie, zwischen Parteilichkeit und positiver sozialwissenschaftlicher Forschung hervorheben, dann müssen wir sogleich die Ergänzung machen: In der Kommunismus- bzw. DDR-Forschung gilt dies analog auch für die *politischen* Theorien. Sie beziehen sich auf den politischen Aspekt der zu untersuchenden Systeme und teilen sich so mit den Gesellschafts-

254 Auf den Begriff gebracht erscheint die latente Ineinssetzung von Industriegesellschaft und Kapitalismus in der Formulierung von der »*technisch-kapitalistisch* bestimmten Gemeinschaft« (Parteielite..., S. 265; Hervorhebung: O. C.).

255 Ebenda, S. 12.

256 Parteielite..., S. 14 (Zit. A. G. Meyer).

257 Ebenda, S. 36.

258 Eine ähnliche Kritik an P. C. Ludz skizziert V. Gransow, Kulturpolitik in der DDR, S. 13 f.

theorien in die Gesamtinterpretation des Gegenstands. Im Unterschied zu letzteren sind die politischen (politikwissenschaftlichen) Theorien — wir denken da in erster Linie an die Totalitarismuskonzeption — jedoch in direkter Nähe zur politischen Ideologie und politischen Philosophie angesiedelt und bringen damit Parteilichkeit noch dezidierter zur Geltung als die stärker sozialwissenschaftlich vermittelten Gesellschaftstheorien. Die Totalitarismustheorie mit ihrer scharfen Gegenüberstellung von Diktatur und Demokratie steht um einiges direkter im Kontext des ideologischen Kampfes als die Industriegesellschaftslehre, welche immerhin per se keine frontale Verurteilung des Sozialismus impliziert, ja bisweilen sogar mit antikapitalistischem Denken verknüpft ist.[259] Hier liegt auch der Grund dafür, daß in der DDR- und Kommunismusforschung periodisch Stimmen laut werden, die vor einer Vernachlässigung der totalitarismustheoretischen Interpretation und der ihr zugrunde liegenden weltanschaulichen Grundwerte warnen und »allzu« industriegesellschaftstheoretisch verfahrende Analysen bis in die verdächtige Zone der Sozialismus-Apologetik rücken.[260] Umgekehrt können die Industriegesellschaftstheoretiker dem Totalitarismuskonzept plausibel vorhalten, infolge seines nur politikbezogenen Blickwinkels nicht die Gesamtgesellschaft und ihre dynamischen Möglichkeiten — eine zwar für die *ideologische* Rechtfertigung des eigenen Systems uninteressante, dafür aber für die *strategische* Einflußnahme auf das gegnerische System zentrale Fragestellung — in den Griff zu bekommen.

Schon diese wenigen Beobachtungen lassen es geraten erscheinen, Industriegesellschaftslehre und Totalitarismustheorie in ihrem wechselseitigen Zusammenhang, als — relative und widersprüchliche — Einheit zu betrachten und zu untersuchen. In dieser Einheit bilden sie das gesellschaftstheoretische Herzstück der Kommunismus- bzw. DDR-Forschung und zugleich das entscheidende Gehäuse von deren »Wertgeladenheit«, d. h. Parteilichkeit.

In krassem Mißverhältnis zu diesem Befund steht jedoch die tatsächlich geführte Selbstverständnisdiskussion unter den DDR-Forschern. Darauf hat schon W. Wotschak hingewiesen: »In dem Streit um die Neuorientierung der DDR-Forschung fällt allgemein auf, daß die

259 Deutlich wird das bei einer Variante der Industriegesellschaftslehre, der Konvergenztheorie. Vgl. hierzu G. Rose, Konvergenz der Systeme. Legende und Wirklichkeit, bes. S. 193 ff.: »Die Ambivalenz der liberalen Variante der Konvergenztheorie.«

260 Schon 1968 warf D. Grille DDR-Forschern wie P. C. Ludz und ihrer angeblich »immanenten Methode« direkt »apologetische Einseitigkeit« vor (D. Grille, Was ist objektiv? Die DDR als Gegenstand der wissenschaftlichen Forschung). Teilweise bis in die Formulierungen gleichen dem die Vorwürfe aus jüngster Zeit von Picaper, Herrmann u. a.

grundlegende Gesellschaftstheorie, auf deren Basis DDR-Forschung betrieben werden soll, kaum ins Blickfeld gerückt wurde. Ebenso werden weltanschauliche Grundlagen nur an der Oberfläche berührt.«[261]

Immerhin gibt es aber Ansätze einer systematischen Differenzierung der in der DDR-Forschung denkbaren und auch vorfindlichen theoretischen Herangehensweisen. M. Ackermann unterscheidet, nach Maßgabe des Hintergrunds, vor dem die DDR-Gesellschaft betrachtet wird (des »idealtypische(n) Bezugspunkt(s)s)«[262], eine »systemdifferente«, eine »systemvergleichende« und eine »systemimmanente« Betrachtung.[263] Im ersten Fall bildet die »eigene... Gesellschaftsordnung«[264] den Maßstab der Betrachtung, woraus dann von vornherein »entschiedene Ablehnung der DDR«[265] resultiert; im zweiten Fall hat der theoretische Hintergrund »systemübergreifenden«[266] Charakter, was jedoch auch die Gefahr impliziert, sich theoretisch im »Zwielicht beider Systeme«[267] zu bewegen, wie Ackermann anmerkt; im dritten Fall geht es darum, die »DDR konkret auf ihren Sozialismus hin zu befragen«.[268] In diesen unterschiedlichen Betrachtungsweisen erkennt man unschwer die drei für die DDR-Forschung wichtigsten theoretischen Ansätze wieder: Totalitarismustheorie, Industriegesellschaftslehre sowie Marxismus. Letzteren scheint Ackermann allerdings nur dann für legitimiert zu halten, wenn von vornherein gesichert ist, daß er zu Ergebnissen gelangt, die dem »Selbstverständnis der DDR« opponieren. Noch deutlicher plädiert W. Bruns für eine solche Exkommunizierung einer bestimmten wissenschaftlichen Richtung.[269] Davon einmal abgesehen liegen also den dreierlei Betrachtungsweisen, die Ackermann vom

261 W. Wotschak, DDR-Forschung unter Anpassungszwang, S. 48.

262 M. Ackermann, Die Normalisierung der Beziehungen zwischen der DDR und den DDR-Forschern, S. 589.

263 Ebenda, S. 590.

264 Ebenda (bei Wotschak a. a. O., S. 49 unkorrekt zitiert als »eigenen Gesellschaftsvorstellung«, was in der Sache freilich berechtigt ist).

265 M. Ackermann, Die Normalisierung..., S. 590.

266 Ebenda.

267 Ebenda.

268 Ebenda.

269 Für Ackermann scheint nur die Alternative zu existieren: entweder der Forscher kommt zum Ergebnis, daß der DDR-Sozialismus »gerade nicht identisch« (ebenda) mit dem Sozialismus-Begriff der Klassiker des Marxismus sei, oder aber er »plapper(t) unterwürfig den DDR-Sozialismus nach« (ebenda). W. Bruns behauptet sogar schlicht, daß in der Forschungsrichtung, welche die Verhältnisse in der DDR als »bereits materialisierte(n) Sozialismus« betrachtet und demzufolge nicht auf eine »Kritik von ›links‹« hinausläuft, die »Realanalyse der sozialistischen Gesellschaftsformationen unterbleib(e) (W. Bruns, Richtungen und Probleme der DDR-Forschung in der Bundesrepublik Deutschland, S. 595). Für gelungen betrachtet er hingegen offenbar die Realanalyse in dem Aufsatz von P. Brokmeier, Ent-

Kriterium des jeweiligen theoretischen »Bezugspunktes« her ableitet, letztlich die genannten unterschiedlichen Gesellschaftsmodelle zugrunde. In dieser Konkretisierung werden sie im Grunde auch erst einer wissenschaftlichen Kritik und Beurteilung zugänglich gemacht, statt nur als drei verschiedenartige Blickwinkel zu erscheinen, unter welchen man sich willkürlich für einen entscheiden könne. Zwar deutet Ackermann an der ersten (»systemdifferenten«) Herangehensweise Kritik an[270], dagegen bleibt aber zumindest bezüglich der beiden anderen das Urteil offen; in der Tat kann man auch gar nicht per se entweder der »systemvergleichenden Betrachtung« oder der »systemimmanenten Betrachtung« wissenschaftlich den Vorzug geben, denn Systemvergleich ist zunächst einmal nur eine bestimmte *Fragestellung,* kein spezieller Theorieansatz: auch der Marxismus beispielsweise ist prinzipiell zu »systemvergleichender Betrachtung« fähig. Aus der ganzen näheren Charakterisierung dieser Variante bei Ackermann geht aber klar hervor, daß er dabei einen spezifischen theoretischen Ansatz im Auge hat, eben die Industriegesellschaftstheorie. W. Bruns bringt dasselbe deutlicher zum Ausdruck.[271]

Somit verweisen uns auch die skizzierten Inventarisierungsversuche von M. Ackermann und W. Bruns auf die Notwendigkeit, die in der DDR- und Kommunismusforschung relevanten Gesellschaftstheorien näher zu betrachten. Wir beginnen — entsprechend dem Gang der realen Theoriegeschichte — mit der Totalitarismuskonzeption.

wicklungsbedingungen der DDR-Gesellschaft (1972) —, ganz im Gegensatz zu dessen Verfasser, der davon, wie jüngere Veröffentlichungen beweisen, abgerückt ist.

270 Vgl. M. Ackermann, Die Normalisierung..., S. 590.

271 Vgl. W. Bruns, Richtungen und Probleme..., S. 597, Anm. 15. Bruns kommt in seinem Schema auf fünf verschiedene Forschungsansätze; im großen und ganzen lassen sie sich jedoch mit dem skizzierten Schema von Ackermann zur Deckung bringen.

Kapitel 2

Zur gesellschaftstheoretischen Leitkonzeption: Die Totalitarismustheorie

Der Begriff des Totalitären hat seinen Ausgangspunkt in der bürgerlich-liberalen Faschismus-Kritik der zwanziger und dreißiger Jahre. Dieser Ursprung in der Faschismus-Problematik ist auch direkt ablesbar am Wort selbst: »totalitär«, »Totalitarismus« leitet sich her vom Sprachgebrauch des Mussolini-Faschismus. [272] Wie der Begriff so bezieht sich auch seine systematische Entfaltung zu einem Modell totalitärer Herrschaft ursprünglich ausschließlich auf den Faschismus. [273] Seit etwa Mitte der dreißiger Jahre dann wird jedoch die Tendenz spürbar, unter den Totalitarismus-Begriff sowohl faschistische als auch sozialistische Herrschaft zu subsumieren. [274] Diese identifizierende Variante der Totalitarismusdoktrin kommt jedoch erst 1946, mit der Aufkündigung der Anti-Hitler-Koalition und der Heraufkunft des Kalten Krieges, zum eigentlichen Durchbruch. [275] Seither muß die Identifizierung faschistischer und sozialistischer Herrschaft(sformen) als die Kernthese — und zugleich als das Kernproblem — der Totalitarismustheorie angesehen werden. [276] In der in den fünfziger Jahren erfolgenden Ausarbeitung der

272 Vgl. L. B. Schapiro, Art. »Totalitarismus«, S. 466; ausführlicher W. Schlangen, Theorie und Ideologie des Totalitarismus. Möglichkeiten und Grenzen einer liberalen Kritik politischer Herrschaft, S. 28 ff.

273 Am bedeutsamsten in diesem Zusammenhang Franz L. Neumann, Behemoth. The Strukture and Practice of National Sozialism 1933—1944, New York—London—Toronto (zuerst 1942) 1963 (Wiederabdruck der 2. Aufl. von 1944).

274 Wie W. Schlangen belegt, werden hierbei die aus der Faschismusanalyse gewonnenen Bestimmungsmerkmale nahezu unverändert übernommen und unbesehen in den Dienst der identifizierenden Neuinterpretation genommen. Dabei läßt man tendenziell alle »materiale(n) Differenzen zwischen faschistischem und kommunistischem Totalitarismus aus dem Blick verschwinden« (Schlangen, a. a. O., S. 66).

275 Vgl. G. Lozek, Genesis und Wirksamkeit der imperialistischen Totalitarismus-Doktrin. Zu den Urhebern der identifizierenden Totalitarismustheorie zählt auch die deutsche Sozialdemokratie bzw. deren rechter Flügel; hier läßt sich die Gleichung »rot = braun« bis weit in die Jahre der Weimarer Republik zurückverfolgen (vgl. E. Hennig, Zur Theorie der Totalitarismustheorien, oder: Anmerkungen zum Nimbus eines politischen Begriffs, S. 3 ff.). Vollends im Zeichen der Totalitarismusdoktrin stand dann der Kurs der SPD unter Kurt Schumacher seit 1946 (vgl. R. Badstübner/S. Thomas, Restauration und Spaltung, bes. S. 155). Schumacher sah bekanntlich in den Kommunisten »rotlackierte Nazis«.

276 Zwar gab es und gibt es auch nicht-identifizierende Varianten der Totalitarismustheorie (z. B. M. Greiffenhagen, Der Totalitarismusbegriff in der Regimelehre, in: M. Greiffenhagen/R. Kühnl/J. B. Müller, Totalitarismus. Zur Problematik eines politischen Begriffs, S. 23 ff.), jedoch erlangten sie nie jenen starken ideologiebildenden Einfluß, der für die identifizierende Form charakteristisch ist.

Theorie vollzieht sich dabei aber eine eindeutige Verlagerung des Interesses auf das sozialistische Herrschaftssystem: der Totalitarismus-Begriff erhält eine nahezu ausschließlich antikommunistische Stoßrichtung, er wird zum »Gegenbegriff spezifisch ›westlicher‹ Wertpositionen«.[277] Seit Beginn der sechziger Jahre dann entspinnt sich in der Kommunismusforschung eine Diskussion um die Brauchbarkeit des Totalitarismuskonzepts zur Analyse der aktuellen Entwicklung im Sozialismus, in deren Verlauf die verschiedenartigsten Relativierungen und Modifikationen an dem Konzept vorgenommen werden. Seither herrscht ein Zustand, der eher auf die »Auflösung der Totalitarismus-Konzeption«[278] hindeutet als auf ihre nochmalige Vereinheitlichung und Konsolidierung. Andererseits leben aber die grundlegenden Kategorien der Totalitarismus-Auffassung, lebt vor allem das dichotomische Schema »Demokratie — Diktatur« auch in den neueren Ansätzen der Kommunismusforschung unerörtert fort.

277 M. Jänicke, Totalitäre Herrschaft. Anatomie eines politischen Begriffs, S. 92. P. Graf Kielmansegg verwendet relativ viel Platz für eine Polemik gegen eine angeblich weitverbreitete Art der Totalitarismus-Kritik, die sich lediglich darüber mokiere, daß die Totalitarismustheorie eine praktische ideologische Funktion erfülle (vgl. P. Graf Kielmansegg, Krise der Totalitarismustheorie?, S. 312—314). Als einziges Beispiel nennt er einen Aufsatz von R. Kühnl. Tatsächlich aber entwickelt R. Kühnl dort nicht nur die Grundzüge einer inhaltlichen Argumentation, sondern erklärt auch ausdrücklich: »Mit dem Nachweis, daß eine politische Theorie bestimmten gesellschaftlichen Interessen nützt, ist über ihren wissenschaftlichen Wert noch nichts ausgesagt. Die Frage nach dem Wahrheitsgehalt der Totalitarismustheorie muß also gesondert geprüft werden...« (R. Kühnl, Zur politischen Funktion der Totalitarismustheorien in der BRD, in: M. Greiffenhagen/R. Kühnl/J. B. Müller, Totalitarismus..., S. 15).
278 W. Schlangen, Der Totalitarismus-Begriff, S. 26.

1. Entmaterialisierung der Gesellschaft, Formalisierung der Ideologie

Vergegenwärtigen wir uns zunächst die zentrale These der Totalitarismustheorie. Sie beinhaltet, in der Formulierung von C. J. Friedrich, »daß die totalitäre Diktatur historisch einzigartig und sui generis ist und... daß die faschistischen und kommunistischen totalitären Diktaturen in ihren wesentlichen Zügen gleich sind, d. h. daß sie sich untereinander mehr ähneln als anderen Systemen staatlicher Ordnung...«[279] Und zwar sind, wiederum nach Friedrichs klassischem, wenn auch mittlerweile vielfach abgeändertem Modell, die »entscheidenden Wesenszüge, von denen wir behaupten, daß sie allen totalitären Diktaturen gemeinsam sind und ihre Gestalt ausmachen, ... die sechs folgenden: eine Ideologie, eine Partei, eine terroristische Geheimpolizei, ein Nachrichtenmonopol, ein Waffenmonopol und eine zentral gelenkte Wirtschaft«.[280]

Der grundsätzliche Einwand, der — immer wieder — gegen eine solche identifizierende Betrachtungsweise erhoben wurde und weiterhin zu erheben ist, lautet, daß hier »über formalen Ähnlichkeiten das *Inhaltliche,* die besondere gesellschaftliche Trägerschaft, der Unterschied zwischen Privateigentum und Gemeineigentum an den Wirtschaftsmitteln und der tiefere soziale Zweck jeweiliger Machtausübung vernachlässigt« wird.[281] Die Totalitarismustheoretiker versuchen diesen Einwand dadurch aufzufangen, daß sie die Existenz gewisser ökonomischer, sozialer und ideologischer Unterschiede zwischen faschistischen und sozialistischen Herrschaftssystemen durchaus einräumen, gleichwohl aber »die gemeinsame oder vergleichbare totalitäre Komponente als vorrangig gegenüber allen Unterscheidungen zwischen linken und rechten, progressiven oder reaktionären Regimen« hinstellen.[282] Häufig erleichtern sich dabei allerdings diese Theoretiker dadurch ihre Beweisführung, *daß sie die fraglichen Unterschiede zwischen den Herrschaftssystemen unter der Hand auf bloß ideologische reduzieren.* Diese Verkürzung der Problematik wird dann obendrein als authentische und zentrale Position der Kritiker der Totalitarismustheorie ausgegeben. So behauptet Bracher, die »von den Kritikern der Totalitarismustheorie immer wieder emphatisch vorgebrachten Argumente für eine prinzipiel-

---

279 C. J. Friedrich, Totalitäre Diktatur, S. 15.
280 Ebenda, S. 19.
281 W. Hofmann, Was ist Stalinismus?, in: ders., Stalinismus und Antikommunismus. Zur Soziologie des Ost-West-Konflikts, S. 17.
282 K. D. Bracher, Der umstrittene Totalitarismus: Erfahrung und Aktualität, S. 55.

le Unvergleichbarkeit von faschistischen und kommunistischen Systemen (seien) ... Argumente, die sich wesentlich auf die radikalen Unterschiede der Ideologie stützen«.[283] Davon kann in Wirklichkeit überhaupt nicht die Rede sein. Bracher hätte sich durch einen Blick in auch nur eine einzige einschlägige Veröffentlichung, beispielsweise in das populärwissenschaftliche Bändchen von Greiffenhagen/Kühnl/Müller, leicht davon überzeugen können, daß die Kritik an der Totalitarismustheorie vor allem ansetzt am gegensätzlichen »soziale(n) Inhalt«[284], an den »ganz unterschiedlich geordneten Produktionsverhältnissen«[285], den »sozio-ökonomischen Strukturen«[286] in den fraglichen Herrschaftssystemen, und daß sie die Unterschiede in den Ideologien nicht losgelöst erörtert von jenen gesellschaftlichen Verhältnissen und der ihnen entsprechenden gesellschaftlich-politischen Praxis.

Dies alles ignorierend[287], kann Bracher die aufs Nur-Ideologische, auf den bloßen »Buchstabe(n) der reinen Lehre«, aufs »Vokabular«, auf die ideologische »Selbsteinschätzung«[288] der jeweiligen Herrschaftsordnungen zusammengeschrumpften Differenzen zwischen diesen sowohl zugestehen als auch für insgesamt unmaßgeblich erklären. Solchen ideologischen Etikettenunterschieden gegenüber stellt sich natürlich »die Ähnlichkeit fundamentaler Methoden und Prozesse der Herrschaft«[289] in beiden Systemen als weit gewichtiger dar. Mehr noch: diese als totalitär interpretierten Phänomene erscheinen, nachdem alle anderen ökonomischen und sozialen Grundtatbestände aus dem Blickfeld verbannt worden sind, als Inbegriff der in den betreffenden Systemen vorfindlichen »politisch-sozialen und menschlichen Realität«, als Inbegriff ihrer »realen Herrschaftsstrukturen«, ja geradezu als Synonym für ihre »Realität« schlechthin.[290] Diese sogenannte Realität besteht aus nicht mehr als einigen abstrakten Bestimmungen ähnlich den bei C. J. Friedrich aufgezählten: aus der Tatsache der Existenz einer »offizielle(n) Ideologie«, einer »zentralisierte(n), einheitspoliti-

---

283 Ebenda, S. 54.

284 R. Kühnl, Zur politischen Funktion..., S. 17.

285 J. B. Müller, Kommunismus und Nationalsozialismus. Ein sozio-ökonomischer Vergleich, in: M. Greiffenhagen/R. Kühnl/J. B. Müller, Totalitarismus..., S. 61.

286 M. Greiffenhagen, Der Totalitarismusbegriff..., S. 51.

287 Symptomatisch erscheint, daß Bracher in seiner angefügten Auswahlbibliographie nicht einen einzigen konsequenten Kritiker der Totalitarismustheorie aufführt (vgl. Der umstrittene Totalitarismus, S. 60 f.). Entsprechend wendet er zur direkten Auseinandersetzung mit diesen Kritikern ganze acht Zeilen grober Polemik auf (vgl. S. 51).

288 K. D. Bracher, Der umstrittene Totalitarismus, S. 54, 50.

289 Ebenda, S. 59.

290 Ebenda, S. 54, 50, 40, 52.

sche(n) ... Massenbewegung« mit »außergewöhnliche(r) Stellung des Führers«, der »Kontrolle aller relevanter Mittel der Kommunikation und des Zwangs«, der »bürokratische(n) Kontrolle der Ökonomie und der sozialen Beziehungen«[291] usw. So wird das zuvor von allen sozio-ökonomischen Qualitäten gereinigte Bild restlos ausgefüllt mit verselbständigten Einzelphänomenen der politischen Szenerie.

Auch P. Graf Kielmansegg bedient sich bei seinem Versuch, die Totalitarismustheorie zu verteidigen, der zweifelhaften Methode, die Gegensätze zwischen faschistischen und sozialistischen Systemen von vornherein nur auf der ideellen, ideologischen Ebene anzusiedeln, diese verkürzte Auffassung sodann als »Schlüsselargument«[292] der Kritiker selbst auszugeben, um es schließlich bequem beiseite zu schieben. Und zwar lautet hier die besondere Unterstellung, es ginge den Kritikern der Totalitarismustheorie nur darum, zur Beurteilung der betreffenden Systeme statt nur deren »Herrschaftstechniken« auch deren »Herrschaftsziele« gebührend zu würdigen.[293] Nun ist zwar in kritischen Erörterungen zur Totalitarismustheorie tatsächlich häufig die Rede von den Zielen und ihrer Gegensätzlichkeit in Faschismus einerseits und Sozialismus andererseits. »Die politischen Ziele und Zwecke... sind... völlig entgegengesetzt«, schreibt z. B. Kühnl.[294] Aber es ist von diesen Zielen nicht spekulativ und losgelöst die Rede, sondern gerade im Kontext einer realen Analyse der betreffenden Herrschaftssysteme; gemeint sind Ziele, die sich ganz real und erkennbar im gesellschaftlichen System ausdrücken, die ihm immanent sind, sich in der gesellschaftlichen Entwicklung materialisieren; gemeint sind die objektiven Interessen, die im jeweiligen System zur Geltung kommen.[295] Kielmansegg jedoch ignoriert ebendiese realanalytischen Befunde, aufgrund derer die Kritiker der Totalitarismustheorie von der Gegensätzlichkeit der Herrschaftsziele und -zwecke sprechen, und stellt es als eine völlig offene Frage hin, ob den Herrschaftszielen überhaupt eine handgreifliche Bedeutung im Gesellschaftsprozeß zukomme.[296] Die Antwort hierauf ist freilich schon vor-

291 Ebenda, S. 42, 53, 42, 43.
292 P. Graf Kielmansegg, Krise der Totalitarismustheorie?, S. 314, Anm. 7.
293 Ebenda, S. 314, 316.
294 R. Kühnl, Zur politischen Funktion..., S. 18.
295 In dieser materialistischen, realgesellschaftlichen Bedeutung benutzt auch R. Kühnl die Begriffe »Ziel« und »Zweck«, was jedoch Kielmansegg in seiner Bezugnahme auf Kühnl ignoriert. Er greift auch das Argument der Kritiker der Totalitarismustheorie auf, »mit der Hervorhebung ›formaler‹ Ähnlichkeiten verschleiere man fundamentale ›inhaltliche‹ Unterschiede« (Krise der Totalitarismustheorie?, S. 316), ohne auch nur entfernt anzudeuten, was die Kritiker mit diesen Kategorien »formal« und »inhaltlich« denn konkret meinen.
296 Vgl. P. Graf Kielmansegg, Krise der Totalitarismustheorie?, S. 317. Als ob fünfzig Jahre Erforschung von Sozialismus bzw. Faschismus noch immer zu keinerlei Anhaltspunk-

entschieden durch die Verdrängung der sozioökonomischen Dimension aus dem herrschaftsanalytischen Ansatz, der auf diese Weise nur noch gewisse strukturelle »Konstanten der Herrschaftspraxis«[297] sehr formaler Art erfaßt. In der Tat unterläßt Kielmansegg in der weiteren Entfaltung seiner totalitarismustheoretischen Modellvariante jeglichen Versuch, den konkret-inhaltlichen Zielen und Interessen, wie sie in den unterschiedlichen politischen Systemen zum Tragen kommen, Geltung in seinem Aussagesystem zu verschaffen. Sein Modell ist im Gegenteil prinzipiell indifferent gegenüber den Inhalten von Politik. Zum Beispiel erklärt er, daß in sog. totalitären Systemen die »extreme Mobilisierung einer Gesellschaft für einen bestimmten Zweck« betrieben werde, »wobei die Zwecke durchaus unterschiedlicher Natur sein können«.[298] Welcher Natur sie nun tatsächlich sind im konkreten Fall, liegt jenseits von Kielmanseggs Erkenntnisinteresse und Kategoriensystem; der Tatbestand einer »Mobilisierung« an sich, oder etwa die Existenz eines hohen »Sanktionspotentials«[299] an sich genügen ihm zum Begreifen einer Gesellschafts- und Herrschaftsordnung. Angesichts dieses systematischen Desinteresses für die Herrschaftsträger, -inhalte und -ziele kann es nur als Täuschung oder Selbsttäuschung gewertet werden, wenn Kielmansegg dem Formalismus-Vorwurf der Kritiker der Totalitarismustheorie mit dem Argument entgegentritt, »die ›Inhalte‹ der Politik... (fänden) ja in der Beschreibung der Struktur eines politischen Systems Berücksichtigung, insoweit sie nämlich in einer relativ dauerhaften Herrschaftspraxis in Erscheinung treten«.[300] Wie sollen sie Berücksichtigung finden, wenn der Begriff der Herrschaftspraxis im Ansatz bereits derart restringiert ist, daß er nur noch gewisse abstrakte Strukturmerkmale des politischen Prozesses (seien sie als solche zutreffend oder nicht) einschließt? Wie sollen die Inhalte der Politik das »Ergebnis analytischer Bemühungen«[301] mitprägen, wenn sich die analytischen Bemühungen erst gar nicht auf jene Inhalte erstrecken; wenn — um noch ein konkretes Beispiel aus dem Aufsatz von Kielmansegg heranzuziehen — solche Fragen wie die nach den »Bildungschancen und Berufschancen, ...Chancen der Befriedigung materieller Bedürfnisse und Kommunikationschancen« nicht etwa zu dem Zweck angeschnitten werden, hier-

---

ten geführt hätten, schreibt Kielmansegg: »Erkenntnisse über die Herrschaftsziele eines Systems stehen... nicht als Ausgangsdaten, sondern nur als Ergebnis analytischer Bemühungen zur Verfügung.« (S. 317).

297 Ebenda, S. 316, 317.

298 Ebenda, S. 326.

299 Vgl. ebenda, S. 325.

300 Ebenda, S. 317.

301 Ebenda.

über konkrete Untersuchungen anzustellen, sondern schlicht nur dazu, um die These von der »unbegrenzten Verfügungsgewalt über die Gesamtheit der Lebenschancen des einzelnen«, die das »totalitäre« System innehabe, zu illustrieren?[302]

Wie bei Bracher werden so auch bei Kielmansegg die sozialen Inhalte per se aus dem realanalytischen Raster verdrängt und in die Sphäre purer Ideologie verbannt. Dadurch ist bereits vorentschieden, daß von diesen Inhalten und Zielen kein wesentlicher Einfluß auf die Formulierung der theoretischen Grundaussagen mehr ausgehen kann. Daran ändern keine gegenteiligen Beteuerungen etwas. Im Lichte der formalistisch als »totalitär« gedeuteten Realität — wobei natürlich die *formalistische* Methode ihrerseits einer ganz bestimmten *inhaltlichen* und wertenden Deutung dient — können die jeweiligen ideologischen Inhalte gar nicht mehr anders denn als vorgeschobene »Selbststilisierung« und »Camouflage«[303] erscheinen. Wo die totalitarismustheoretische Darstellung eines Herrschaftssystems als dessen einzigen Zweck die Aufrechterhaltung dieses Systems selbst, *als einzigen Zweck also den Selbstzweck* wahrhaben will — denn dies ist die einzige Zweckbestimmung, die eine von allen konkret-gesellschaftlichen Zwecken abstrahierende Betrachtung formulieren kann[304] —, da bleibt für alle konkreten, im ideologischen System formulierten Zwecke kaum mehr eine andere Funktion übrig als die »der bloßen Rechtfertigung bestehender Machtstrukturen«[305], also als die Funktion der mehr oder weniger geschickten und anspruchsvollen Bemäntelung des totalitären System-Selbstzwecks.

Die Formalisierung der Betrachtungsweise greift damit aber auch auf die Betrachtung der Ideologie selbst über. Denn die Beurteilung der Ideologie als Verhüllungsinstrument »totalitärer« Macht bedingt ihrerseits ein relatives Desinteresse an deren Inhalt. Die qualitativen Unterschiede etwa der marxistisch-leninistischen Ideologie, welche diese gegenüber faschistischen Ideologien aufweist, erscheinen letztlich als wenig lohnenswertes Objekt für Erkenntnisanstrengungen, wenn doch von Anfang an feststeht, daß sowohl dieser als auch jener Ideologie wesentlich nur die Aufgabe zukommt, »totalitäre Herrschaft« zu rechtfertigen. Dementsprechend gesteht man zwar beiläufig diese qualitati-

302 Vgl. ebenda, S. 325.
303 K. D. Bracher, Der umstrittene Totalitarismus..., S. 50, 56.
304 Tatsächlich meint denn auch Kielmansegg, »daß die Sicherung des Entscheidungsmonopols Vorrang vor allen ideologisch vorgegebenen Herrschaftszielen« hat (Krise..., S. 326), ja, daß »die Sicherung dieses Monopols... auch ihr Zweck wird« (ebenda). Eine solche Tautologie entspringt Kielmanseggs abstrakter Auffassungsweise, nicht der Wirklichkeit selber.
305 Ebenda, S. 317. Eine weitere »totalitäre« Funktion erfüllt die Ideologie »als Instrument monopolistischer Steuerung sozialen Verhaltens« (ebenda, S. 327).

ven Unterschiede der Ideologien zu, spricht auch ohne Zögern von »den bekannt großen Unterschieden rechter und linker Doktrinen«[306], deutet die ideengeschichtliche Verwandtschaft des Marxismus mit der Aufklärung an[307] usw., setzt sich aber keineswegs im einzelnen mit den Aussagen der sozialistischen Ideologie, mit den Zielsetzungen, die sie hinsichtlich der neuen Gesellschaftsordnung definiert, auseinander.[308] Wie in dieser Sicht das Herrschaftssystem wesentlich als abstrakte Form erscheint, so erscheint die Ideologie entsprechend als System von »Leerformeln«.[309] Und wie der machtpolitische Selbstzweck vor allen konkret qualifizierten Zwecken rangiert, so rangiert die machtpolitische Rechtfertigungsfunktion der Ideologie vor aller inhaltlichen Aussagekraft, die sie möglicherweise besitzt. Die Beschäftigung mit der Ideologie — d. h. faktisch immer der marxistischen Ideologie — gerät zum Aufspüren eines in ihr allenthalben vermuteten »verborgenen Machtzweck(s)«[310] und zum Herausdestillieren eines vermeintlichen spezifisch »totalitären« Fluidums.

Bisweilen findet man das Desinteresse für den realen Inhalt des Marxismus(-Leninismus) direkt proklamiert als die angemessene Erkenntnishaltung; »Wichtiger als der Inhalt der (marxistischen, O. C.) Ideologie selbst, die mögliche Richtigkeit ihrer Maximen und Schlüsse, ist... das, was man ihren Zugriff oder ihren Charakter nennen kann«, meint H. Rudolph und fährt fort: »Es ist nicht so interessant, ob es beispielsweise von der Sache her vertretbar ist, die deutsche Geschichte als Ringen von ›fortschrittlichen‹ und ›reaktionären‹ Kräften zu interpretieren... Schwerer wiegen Art und Weise dieser Interpretation und die Physiognomie, die die Geschichte erhält, wenn sie so gedeutet wird...«[311]

Typischer Vertreter einer äußerlichen Beschäftigung mit der marxistischen Ideologie, aus deren konkreten Aussagen jeweils nur ein besonderer Rechtfertigungssinn und Machtzweck herausgelesen wird, ist P. C.

---

306 K. D. Bracher, Der umstrittene Totalitarismus, S. 41.

307 Z. B. L. B. Schapiro, Art. »Totalitarismus«, S. 472.

308 Eine entsprechende Beobachtung macht W. Gestigkeit im Fall der totalitarismustheoretisch inspirierten Geschichtsschreibung: »Indem der Gegensatz der beiden Parteien (NSDAP und KPD, O. C.) nicht verschwiegen, sondern gleichsam nebenher auch erwähnt wird, ist die Akzentuierung auf einen gemeinsamen Nenner besonders eindringlich. Die Gegensätze, einmal erwähnt, werden unmerklich dem Blick entzogen.« (W. Gestigkeit, Die Totalitarismus-Legende. Das Ende der Weimarer Republik im offiziellen Geschichtsbild der BRD, S. 329 f.).

309 P. Graf Kielmansegg, Krise..., S. 327. Vgl. u. a. auch P. C. Ludz, Entwurf einer Typologie des Ideologiebegriffs, in: ders., Ideologiebegriff und marxistische Theorie, S. 83.

310 W. Hofmann, Zur Soziologie des Antikommunismus, S. 144.

311 H. Rudolph, Die Gesellschaft der DDR — eine deutsche Möglichkeit?, S. 81.

Ludz. Programmatisch formuliert er: »Analytisch-erkenntnisaufschlie-ßend ist der Ideologiebegriff insofern, als mit ihm Funktions- oder konkreter: Macht- und Herrschaftszusammenhänge in der Gesellschaft aufgedeckt werden können.«[312] Das heißt: Erkenntnisse verspricht man sich nicht von der inhaltlichen Aussage der Ideologie — sie hält man ja auch per definitionem für ein bloßes »System von Glaubenssätzen«[313] —, sondern nur vom Zwischen-den-Zeilen-Lesen. Da man sich von vornherein dazu entschlossen hat, die »Frage nach ›der‹ Wahrheit auszuklammern«[314], bleibt nur noch die Frage nach der Funktion übrig. Die Theoreme des Marxismus werden zur »Chiffre«, die es zu deuten gilt.[115] So wird bei Ludz z. B. das dialektische Grundgesetz der doppelten Negation einfach als eine Formel gedeutet, die kraft ihres »harmonisierenden, integrierenden Charakter(s)« die stabilisierte sowjetische Gesellschaftsordnung seit den fünfziger Jahren »zu interpretieren hat«.[316] Oder es wird die Aussage eines sowjetischen Marxisten, daß die Ideologie nur einen Teil des gesellschaftlichen Bewußtseins insgesamt bilde, schlicht als das verklausulierte Eingeständnis verbucht, daß die totale ideologische Beherrschung der sowjetischen Bevölkerung nachgelassen habe.[317] Die Frage, ob die betreffenden Theoreme des Marxismus »nicht auch echte theoretische, erkenntnisaufschließende Momente in sich« bergen, bleibt nicht zufällig in einzelnen Aufsätzen, sondern praktisch bis heute durchgängig »unerörtert«.[318] Unter solchen Umständen

312 P. C. Ludz, Parteielite im Wandel, S. 45.

313 Ebenda, vgl. auch oben Kapitel 1, Anm. 244.

314 Parteielite im Wandel, S. 48. Auch in der Einleitung zu seinem jüngeren Sammelband »Ideologiebegriff und marxistische Theorie« löst Ludz den Wahrheitsbegriff »pragmatisch-funktionalistisch« (S. 17) auf.

315 P. C. Ludz, Entwurf einer soziologischen Theorie totalitär verfaßter Gesellschaft, S. 25. In der bürgerlichen Massenpresse ist diese Methode der Mystifizierung marxistischer Begriffe und ihrer anschließenden inhaltlichen Umfärbung längst zur Routine geworden. Den Begriff des »proletarischen Internationalismus« z. B. verklärt man zum geheimnisvollen »Codewort« (FR v. 13. 1. 1977), dessen Entschlüsselung freilich schon zu Anfang fertig war: es bedeutet die Inthronisierung der »Sowjetunion zur unumstrittenen Führungsmacht« (ebenda).

316 P. C. Ludz, Totalitarismus oder Totalität? (Zur Erforschung bolschewistischer Gesellschafts- und Herrschaftssysteme), S. 137 f.

317 Vgl. P. C. Ludz, Konflikttheoretische Ansätze im historischen Materialismus, S. 672. An der — sogar mitzitierten — sehr einleuchtenden theoretischen Begründung, die der sowjetische Autor seiner These nachschickt (vgl. ebenda), ist Ludz nicht interessiert.

318 P. C. Ludz, Totalitarismus oder Totalität?, S. 137. Derartige Unzuständigkeitserklärungen bezüglich des konkreten Inhalts marxistischer Theoreme sind ständige Begleiterscheinungen in diesem Zusammenhang. Dafür noch ein Beispiel: Die Korrektur an der Interpretation der DDR-Frühgeschichte, welche die DDR-Historiographie in jüngerer Zeit dahingehend vorgenommen hat, daß sie den Umschlag in die Phase der sozialistischen Umwäl-

müssen die Versuche, einzelne Aspekte von Ideologie »mit dem entsprechenden gesellschaftlich-ökonomischen Zustand zu relationieren«[319], muß die Suche nach hintergründigen funktionalen Bezugspunkten in der Ideologie bzw. Theorie zu sehr vordergründigen Feststellungen führen.

Während Ludz sich trotz allen Formalismus' seiner Marxismusbeschäftigung noch einen Blick für die weitreichenden Unterschiede zwischen sozialistischer und faschistischer Ideologie bewahrt hat[320], liefert E. Topitsch dagegen die direkte Verlängerung der Totalitarismustheorie auf dem Feld der Ideologiebetrachtung. Vermittels formaler Analogien stellt er marxistisches und faschistisches Denken auf ein und dieselbe Stufe. So erscheinen dann das nationalsozialistische Gegensatzpaar »arisch-jüdisch« und die marxistische »Zwei-Klassentheorie«, als wesentlich dasselbe, nämlich als sog. »bipolare Weltdeutungen«.[321] Ebenso ergeht es etwa dem marxistischen Imperialismus-Begriff: Er wird wie die nationalsozialistische Dämonisierung der Juden zu einem Fall von »Anwendung von Feind-Stereotypen«.[322] Dieses schlichte Verfahren der Marxismuskritik hat durchaus auch in der DDR-Forschung Verbreitung erfahren. Wenngleich dort meist nur von der marxistischen Ideologie die Rede ist und nicht explizit auch eine Wahlverwandtschaft mit faschistischem Denken behauptet wird, ändert dies jedoch nichts daran, daß ein solcher Schluß prinzipiell angelegt bleibt; so behauptet Ludz, in deutlichem Anklang an Topitsch, die »Zwei-Lager-Theorie«, welche nach der Oktoberrevolution bzw. nach dem Zweiten Weltkrieg entstand, gehe »in ihren Ansätzen auf das Denken in ›Freund-Feind-Begriffen‹ bei Marx zurück«.[323] Auch die marxistische Imperialismus-

zung bereits auf das Jahr 1949 datiert (statt wie früher auf 1952), will U. Neuhäußer-Wespy erklären aus einem politisch motivierten »Bestreben um Angleichung der DDR-Geschichte an die Entwicklung in den anderen Ländern des Sowjetblocks« (Die SED und die Historie, S. 40). Die Frage, ob nicht tatsächlich gute wissenschaftliche Gründe für die besagte Neuinterpretation sprechen, läßt Neuhäußer-Wespy bezeichnenderweise liegen: »Es ist im Rahmen dieser Studie nicht möglich und es erscheint auch nicht geboten, in eine Kritik dieses modifizierten Periodisierungsschemas einzutreten...« (ebenda, S. 41.).

319 P. C. Ludz, Totalitarismus oder Totalität?, S. 137.

320 »Prinzipiell ist... von der ex origine fehlenden Rationalität, der Willkürlichkeit, dem beliebig besetzbaren Aktivismus, der Unabgeschlossenheit, der ideologisch nicht fixierten Manipulation von Macht in der ›nationalsozialistischen Weltanschauung‹ auszugehen... nur im Marxismus-Leninismus... ist Ideologie zu einem Lehrgebäude ausgebaut worden.« (P. C. Ludz, Entwurf einer Typologie des Ideologiebegriffs, S. 85) »...verhängnisvoll ist es, von der totalitären Ideologie zu sprechen...« (ders., Totalitarismus oder Totalität, S. 133).

321 E. Topitsch/K. Salamun, Ideologie. Herrschaft des Vorurteils, München 1972, S. 58 f.

322 Vgl. ebenda, S. 76.

323 P. C. Ludz, Entwurf einer Typologie des Ideologiebegriffs, S. 84.

theorie bzw. die Theorie des Monopolkapitalismus qualifiziert Ludz schlicht als »grobe(s) Schema... einer total in ›Freund‹ und ›Feind‹ gespaltenen Welt«.[324] Auf ein grobes Schema wird der Marxismus hier allererst durch seine bürgerlichen Interpreten gebracht. Von ihnen wird er soweit entleert, bis er zu einer willkürlich erscheinenden Denkform geworden ist. Dieser Form kann dann, je nach dem besonderen Sozialismusbild des Betrachters, ein entsprechender politisch-sozialer Inhalt unterschoben werden. Bei E. Topitsch ist dies explizit — bei andern oft nur latent — ein »totalitärer« Inhalt: Alle »hehren Ideen« des Marxismus dienen nach Topitschs Ansicht »*nur dem Willen zur totalen Macht* als Tarnung und Waffe«.[325] Mit diesem Urteil ist die Totalitarismustheorie bis zur Endkonsequenz getrieben. Alle Theorien und Zielsetzungen des Marxismus sind per se als bloße Vorwände, als Tarnbehauptungen gestempelt. E. Nolte bekräftigt ausdrücklich: »Alle Zwecksetzungen (Befreiung des Volkes oder der Klasse, Ausschaltung kulturzerstörender Einflüsse, Schritthalten mit der Weltentwicklung usw.) enthüllen sich als bloße Vorwände.«[326] Einziger wirklicher Zweck des »Totalitarismus« ist »der Totalitarismus selbst«[327], ist die Perpetuierung »eines widermenschlichen Systems«[328] an sich. Damit macht sich die Totalitarismustheorie immun gegen alle Anfechtungen aus der empirischen Realität; ihr Verdammungsurteil steht ein für alle Mal fest. Was immer zugunsten sozialistischer Politik oder Theorie spricht, es bildet nur einen Vorwand zum bösen Zweck. Und wenn etwas besonders überzeugend klingt, so ist dieser böse Zweck, ist dieser »machtpolitische Kern des Marxismus«[329] doch nur besonders raffiniert verschleiert: der Marxismus ist »die wohl folgerichtigste, ... bestgetarnte und daher gefährlichste Herrschaftsideologie, welche die Geschichte kennt«.[330] Solche Prämissen errichten eine Art Berührungstabu wider den Marxismus

---

324 Ebenda, S. 95. Auch I. Hanke kann sich »die Angriffe (der SED, O. C.) auf den Imperialismus« nicht anders als damit erklären, daß auf solche Weise das »Denken in antagonistischen Widersprüchen... gefördert werden« soll, »um die eigene Position ›allseitig‹ abzusichern« (H. Rausch/T. Stammen, DDR..., S. 88).

325 E. Topitsch, Freiheit statt Marx, in: DZ v. 23. 7. 1976 (Hervorhebung: O. C.). Laut Topitsch ist dieser »Wille zur totalen Macht« auch tief in der Person Marx verankert: »Marx war... schon in seiner Jugend von cäsarischen Machtgelüsten, messianischen Sendungsbewußtsein und unbändigen destruktiven Gelüsten erfüllt.« (ebenda) Zu Topitsch insgesamt siehe die ausführliche Studie von J. Kahl, Positivismus als Konservatismus, Köln 1976.

326 E. Nolte, Der Faschismus in seiner Epoche, München 1963, S. 34.

327 Ebenda.

328 Ebenda.

329 E. Topitsch, Freiheit statt Marx, a. a. O.

330 Ebenda.

bzw. den Sozialismus; man läßt dessen Beweggründe, Argumente und Zielsetzungen erst gar nicht »an sich herankommen«.

Mit dem Beiseiteschieben der Inhalte, ihrer Herabminderung zu bloßen Vorwänden und dem schrankenlosen Gebrauch des Totalitarismus-Verdachts hat sich das bürgerliche politische und historische Denken im Grunde genommen losgesagt von dem eigenen, vormals sehr einfluß- und traditionsreichen methodologischen Gedanken des *»Verstehens«* der historisch handelnden Subjekte. Dazu heißt es in C. J. Friedrichs Darstellung der Politischen Wissenschaft — wohlgemerkt nicht im Rahmen totalitarismustheoretischer Erörterungen —: »Max Weber und andere haben auf die Bedeutung dieses ›Verstehenkönnens‹ (des Menschen als wissenschaftlichen Gegenstandes, O. C.) mit Nachdruck hingewiesen und es als einen bedeutsamen Vorteil sozialwissenschaftlicher und geisteswissenschaftlicher Erkenntnis mit Recht betont. Daß Hitler im März 1933 die Macht in Deutschland ergreift, ist ein Vorgang, dessen Schilderung in der Beschreibung des äußeren Vorgangs nicht erschöpft ist; daneben spielt das, was in seinem Innern und seinen Gefolgsleuten vorgeht, eine entscheidend wichtige Rolle.«[331] Unabhängig davon, ob man mit diesem methodologischen Postulat einverstanden ist oder nicht, bleibt doch die Tatsache zu konstatieren, daß sich das totalitarismustheoretische Denken ihm keineswegs verpflichtet fühlt. Es kann nicht die Rede davon sein, daß die Totalitarismustheorie den ideologischen Motiven, den Zielvorstellungen der Akteure — zumindest wo es um den Sozialismus geht — »eine entscheidend wichtige Rolle« in der Analyse zuerkennt. Im Gegenteil, einem solchen immanenten »Verstehen« schiebt sie durch die Unterstellung eines überall zugrundeliegenden nackten »Willens zur totalen Macht« (Topitsch, s. o.), durch die systematische Geringschätzung aller konkreter Zielbekundungen als bloßer »Vorwände« von vornherein einen Riegel vor. So sagt man sich von einem tradierten bürgerlichen Erkenntnisprinzip los, weil es in der geistigen Immunisierung gegen den Sozialismus keine Dienste leistet, sondern — so wird bemerkenswerterweise befürchtet — das Risiko einer »Verbeugung vor den Werten des anderen Systems«[332] heraufbeschwört.

331 C. J. Friedrich, Die politische Wissenschaft, S. 9.
332 J.-P. Picaper, Pluralisierung in der DDR-Forschung, S. 589.

2. Neutralisierung der Ökonomie, Verselbständigung der Politik

Wir waren ausgegangen von der in vielen totalitarismustheoretischen Abhandlungen praktizierten Methode, die zwischen faschistischen und sozialistischen Systemen bestehenden qualitativen Gegenstände schon im Ansatz zu »entmaterialisieren«, sie zu einer Sache des bloßen ideologischen Scheins zu deklarieren, um auf diese Weise den Einwand der Kritiker, die Totalitarismustheorie unterschlage den Inhalt zugunsten der bloßen Form, scheinbar aufzufangen und weiterhin auf der Identitätsthese beharren zu können.

Nun trifft man in der totalitarismustheoretischen Literatur daneben aber auch auf eine andere Tendenz; und zwar werden hier neben Unterschieden in der Ideologie auch realgesellschaftliche Unterschiede eingeräumt, ohne jedoch daraus den Schluß zu ziehen, daß der (identifizierende) Totalitarismus-Begriff nicht mehr tragfähig sei. Indessen gehen diese Zugeständnisse oftmals recht weit und sind, in der Summe genommen, sehr wohl geeignet, den identifizierenden Ansatz in Frage zu stellen. Beispielsweise schreibt L. B. Schapiro, es sei »eine historische Tatsache, daß in Italien und Deutschland die Industriellen den Faschismus stützten, während der Kommunismus, zumindest im Frühstadium, von der russischen Arbeiterklasse getragen wurde. Es mag auch zutreffen, daß die Arbeiter und Bauern Rußlands von dem neuen Regime mehr Nutzen hatten als die Arbeiter und Bauern Italiens oder Deutschlands von dem ihrigen...«[333] Bracher/Sauer/Schulz stellen fest, daß — im Gegensatz zur sozialistischen Macht — »im faschistischen Falle der Diktator sich mit wesentlichen Teilen der bisher führenden Herrschaftsschichten in Wirtschaft und Bürokratie, Armee und Gesellschaft verbünden« könne.[334] Dementsprechend wird auch häufig der grundlegende Gegensatz im ökonomischen System eingeräumt. Der amerikanische Historiker A. M. Schlesinger schreibt: »Die beiden Formen des Totalitarismus weisen folgenden wichtigen Unterschied auf: Der Faschismus schützte das Privateigentum an Produktionsmitteln. Die besitzende Klasse wurde nicht enteignet und die alten Herrschaftsschichten nicht liquidiert. Im Gegensatz zum Kommunismus der Arbeiterklasse war der Faschismus nie darauf aus, die private Ausbeutung abzuschaffen.«[335] Sogar in C. J. Friedrichs klassischem Werk findet sich die Feststellung,

333 L. B. Schapiro, Art. »Totalitarismus«, S. 472.

334 K. D. Bracher/W. Sauer/G. Schulz, Die nationalsozialistische Machtergreifung, Köln—Opladen 1960, S. 10.

335 A. M. Schlesinger, The vital center, The politics of freedom, Cambridge/Massachusetts 1962, S. 66 (zit. nach J. B. Müller, Kommunismus und Nationalsozialismus S. 61 f.)

»daß die Unterschiede zwischen faschistisch-nationalsozialistischer und sowjetischer Wirtschaft sehr erheblich sind und daß die erste die Produktionsschlacht verloren, die zweite sie dagegen im wesentlichen gewonnen hat. Im Timet-System des Faschismus und Nationalsozialismus wird eine Befehlswirtschaft dauernder Störungen und Einmischungen über eine noch auf den Gewinn eingestellte Unternehmerwirtschaft gestülpt, während im Sowjetsystem eine ganz andere Wirtschaftsordnung von Grund auf neu geschaffen wird«.[336] Ebenfalls C. J. Friedrich ist es, der auf die bedeutsame Tatsache verweist, daß im Gegensatz zur sozialistischen die faschistisch-nationalsozialistische Ökonomie ganz und gar auf aggressive militärische Interessen hin ausgerichtet war; Friedrich zitiert hier zustimmend F. Neumann: »Der Nationalsozialismus hat die verschiedenartigen und sich widersprechenden Staatseingriffe zusammengefaßt in ein einziges System mit einem einzigen Ziel: Der Vorbereitung auf einen Eroberungskrieg.«[337]

Alles in allem sind dies gewichtige Aspekte, die gegen die Gleichsetzung beider Herrschaftssysteme im Begriff des »Totalitarismus« sprechen. Und doch veranlassen sie die zitierten Autoren nicht, diese Gleichsetzung aufzugeben. Untersucht man ihre diesbezüglichen Argumentationen, so findet man, grob gesagt, zwei Tendenzen. Teils wird nämlich versucht, die Sachverhalte, die gegen die Gleichsetzung von Faschismus und Sozialismus (bzw. Stalinismus) sprechen, als solche wiederum zu entkräften, sie durch Hinweis auf gegenteilige Sachverhalte zu neutralisieren u. ä. m.; teils akzeptiert man hingegen jene Sachverhalte, erklärt sie jedoch für untergeordnet gegenüber den übergreifenden Gemeinsamkeiten der »totalitären« politischen Struktur. Die Einlassungen der ersteren Argumentationsrichtung sind dabei allerdings von derart eklektischer, teilweise sogar spekulativer Qualität[338], daß wir uns ohne weiteres direkt der letzteren zuwenden können. Sie muß als die bedeutsamere angesehen werden, da sie gewissermaßen elastischer gegenüber der empirischen Realität ist, ihre Falsifikationsschwelle höher liegt. Als Beispiel kann hier eine Passage bei C. J. Friedrich dienen. Nachdem er die Diskrepanz zwischen der faschistischen »auf den Gewinn eingestell-

---

336 C. J. Friedrich, Totalitäre Diktatur, S. 191.

337 Zit. bei C. J. Friedrich, Totalitäre Diktatur, S. 178.

338 Vgl. besonders L. B. Schapiro, Art. »Totalitarismus«, S. 472 f. Schapiro wartet hier u. a. mit der These auf, der Gegensatz zwischen der sozioökonomisch revolutionierten Sowjetunion und dem sozioökonomisch zementierten Hitlerdeutschland sei gewissermaßen einem zeitlichen Zufall geschuldet: »Stalin brachte eine echte wirtschaftliche und soziale Revolution zustande... Hitler veränderte die gesellschaftlichen Beziehungen und pervertierte die bis dahin gültige Moral, er blieb jedoch nicht lange genug an der Macht, um eine echte wirtschaftliche Revolution durchführen zu können.« (Ebenda, S. 473).

te(n) Unternehmerwirtschaft« einerseits und der »von Grund auf neu« geschaffenen, »ganz andere(n) Wirtschaftsordnung« des Sozialismus vermerkt hat[339], fährt er fort: »Aber letzten Endes handelt es sich eben bei beiden um eine vom Staat gelenkte Wirtschaft... Fragen, wie die nach dem formellen Eigentumsanspruch, nach dem formellen Gewinnschema und danach, ob frühere Eigentümer weiter wichtige Positionen im Gesamtsystem innehaben, (sind) relativ unwichtig. Worauf es wesentlich ankommt, sind die zentrale Lenkung und Kontrolle der Wirtschaft durch den Diktator und seine Partei und die daraus sich ergebende Betonung von Produktion im Gegensatz zum Verbrauch.«[340]

Friedrich erklärt also die Produktionsweise zu einer Formalität, freilich indem er sie von vornherein als äußerliche Angelegenheit faßt, als fiktiven »Eigentumsanspruch« und »formelles Gewinnschema«; so als bliebe davon der soziale Charakter der Produktion unberührt, als hätte etwa das »Gewinnschema« nur den Stellenwert einer Buchhaltungsmethode, als drücke der Unterschied zwischen profitorientierter und nichtprofitorientierter Ökonomie nicht einen Unterschied in der realen Bewegungsweise, im inhärenten sozialen Zweck der gesellschaftlichen Produktion aus. (Indem Friedrich die sozioökonomischen Strukturprinzipien als »unwichtig« beiseite schiebt, begibt er sich auch jeder stichhaltigen Erklärungsmöglichkeit für die ihm selbst konstatierte Tatsache, daß die nationalsozialistische Ökonomie im Gegensatz zur sowjetischen von Anfang an auf kriegerische Expansion hin mobilisiert wurde. Dabei ist kaum ein schwererwiegender und konsequenzenreicherer Gegensatz zwischen beiden Systemen denkbar als gerade dieser. Friedrich aber läßt ihn zu guter Letzt wieder verschwinden hinter der vordergründigen »totalitären« Gemeinsamkeit einer »Betonung von Produktion im Gegensatz zum Verbrauch« (s. o.).

Der nächste Schritt, der bei Friedrich auf die Formalisierung des ökonomischen Inhalts folgt, ist die *Erhebung der Form — nämlich der Form der zentralen staatlichen Lenkung — zum Inhalt schlechthin* (nämlich zum »totalitären« Inhalt). Diese Form betrachtet er als »wesentlich« (s. o.). Dabei ist es noch nicht einmal der wichtigste Kritikpunkt, daß Friedrich eine, gelinde gesagt, sehr großzügige Interpretation der faschistischen Wirklichkeit vornimmt, wenn er sie zusammen mit der sozialistischen Planwirtschaft auf den gemeinsamen Nenner einer zentralgeleiteten Wirtschaft stellt.[341] Entscheidender ist der Um-

339 Siehe oben, Anm. 336.
340 C. J. Friedrich, Totalitäre Diktatur, S. 191.
341 Wie Schapiro den deutschen Faschismus spekulativ über sein historisches Ende hinaus extrapoliert, um das Merkmal der »wirtschaftlichen Revolution« zu retten, so rettet auch

stand, daß Friedrich erstens gewisse Formelemente der politisch-staatlichen Sphäre in vollständiger Loslösung vom gesellschaftlichen Gesamtzusammenhang präsentiert und daß er zweitens aus diesen leeren politischen Hülsen heraus das Wesen eines Herrschafts- und Gesellschaftssystems definieren will.

Damit werden die Grundzüge der gesellschaftstheoretischen Sichtweise, auf welcher die Totalitarismuslehre beruht, deutlich erkennbar. Zunächst einmal ist charakteristisch, daß auf diesem theoretischen Boden »keine Diskussion der Vermittlung zwischen ›ökonomischem Inhalt‹ und ›politischer Form‹« möglich ist, weil hier »politische Gegebenheiten — eben eine besondere Form staatlich-politischer Durchdringung der Gesellschaft — nicht anders als *selbstgenügsam politisch,* nicht aber als gesellschaftlich vermittelt zur Sprache« gebracht werden.[342] Diese Vorstellung einer selbstgenügsamen, aus sich selbst heraus zu begreifenden politischen Sphäre ist überhaupt die Voraussetzung dafür, um zweierlei Herrschaftssysteme einerseits als *politisch* wesentlich gleichartig (eben: »totalitär«) auffassen zu können, ohne sich andererseits daran zu stören, daß sie *sozioökonomisch* sehr verschiedenartig sind. Oder anders gesagt: das gleichgültige Nebeneinander von (»einerseits«) Gleichheit und (»andererseits«) Verschiedenheit, in das totalitarismustheoretisches Denken das faschistische und das sozialistische System bringt, ist seinerseits Ausdruck des *gleichgültigen Nebeneinanders von Politik und Ökonomie in der Gesellschaftsauffassung der Totalitarismustheoretiker.* Nur so ist es möglich, daß C. J. Friedrich einerseits die Unterschiede zwischen den ökonomischen Verhältnissen des Faschismus und denen des Sozialismus als »sehr erheblich«[343] veran-

Friedrich das Merkmal der »zentral gelenkten Wirtschaft«, »indem er die nicht mehr erfolgte Entwicklung des nationalsozialistischen Systems einfach bis zu dem in der Sowjetunion gegebenen Zustand des Wirtschaftssystems extrapoliert und so die gedankliche Einheit der totalitären Erscheinungsformen wiederherstellt, die für seine Modellaussage grundlegend ist.« (W. Schlangen, Theorie..., S. 84). Mit derselben Methode wird auch in der Tagespublizistik gearbeitet: »Die Gegenwart Pinochets bedrückt die Chilenen. Aber wenig Phantasie gehört dazu, sich eine linkstotalitäre Entwicklung vorzustellen, auf die es 1973 (unter Allende, O. C.) hintrieb.« (FAZ v. 10. 3. 1977).

342 E. Hennig, Theorie der Totalitarismustheorie, S. 8 (Hervorhebung: O. C.). Diese Verselbständigung des Politischen ist in der Tat nicht erst typisch für die Totalitarismustheorie; insoweit hat Kielmansegg völlig recht, wenn er schreibt: »Die Lehre von den Herrschaftsformen ist immer so verfahren, und das Totalitarismuskonzept fügt sich durchaus in diese Tradition ein.« (Krise..., S. 317). Nur ist deshalb das Totalitarismuskonzept noch nicht wissenschaftlich gerechtfertigt.

343 Vgl. oben, Anm. 65.

schlagen, andererseits dann dennoch beide Systeme als »wesentlich«[344] gleich interpretieren kann.[345]

Nun wird hiergegen von Verfechtern der Totalitarismustheorie gelegentlich eingewandt, es sei gar nicht Anspruch dieser Theorie, Gesellschaftssysteme in ihrer Totalität zu erfassen, sondern sie wolle lediglich eine Lehre von den politischen Herrschaftsformen sein. Daher gehe eine vom sozioökonomischen Prozeß her argumentierende Kritik an der Totalitarismustheorie ins Leere.[347] Betrachtet man jedoch die totalitarismustheoretische Literatur und die tatsächlich beanspruchte Reichweite ihrer Aussagen, so erweist sich dieser Einwand als taktische Beschwichtigung. Denn in aller Regel geht der Anspruch totalitarismustheoretischer Deutung durchaus auf das Ganze der betreffenden Systeme. Bei Kielmansegg wird z. B. die Frage nach der »*Funktion* von Herrschaft in einer totalitär verfaßten Gesellschaft«[348] ausdrücklich miteinbezogen, mithin eine Frage, die per se den Rahmen einer bloßen politischen Herrschaftsformenlehre überschreitet und ohne gesamtgesellschaftlichen Zugriff nicht zu beantworten ist. Auch der Begriff »totalitär verfaßte Gesellschaft« zeigt bereits diese analytische Dimension an. Es ist ja gerade die These der Totalitarismustheorie, daß von der »totalitären« politischen Herrschaftsausübung eine starke Determination auf praktisch alle Bereiche der gesellschaftlichen Wirklichkeit ausgehe, daß »die Gesamtheit der Lebenschancen«[349] dem »totalitären« Rahmen unterwor-

---

344 Vgl. oben, Anm. 69.

345 Vgl. dieses »Nebeneinander« von gleich und ungleich in folgender Passage bei K. D. Bracher: »So erheblich die Unterschiede zwischen Faschismus... (und) Kommunismus... auf dem Felde der ideologischen Ziele und der sozialen Politik erscheinen mögen, so viel geringer sind die realen Divergenzen zwischen linken und rechten Systemen im Blick auf ihr tatsächliches Funktionieren und ihre totalitären Aspekte; hier erscheint vielmehr die Ähnlichkeit fundamentaler Methoden und Prozesse der Herrschaft nach wie vor frappierend...« (Der umstrittene Totalitarismus..., S. 58 f.). Auf die erwähnte »soziale Politik« geht Bracher freilich im ganzen Aufsatz nicht ein; die Kategorie taucht überhaupt erst auf der allerletzten Seite (S. 59) auf.

346 Die Zersplitterung des Gesellschaftlichen in eine Anzahl disparater »Faktoren« ist besonders kraß sichtbar in C. J. Friedrichs »Erklärung« für die Entstehung des Nationalsozialismus: »Hitlers Persönlichkeit, Schwächen in der deutschen Verfassungsüberlieferung, gewisse Züge im deutschen Nationalcharakter, der Versailler Vertrag und seine Folgen, die Wirtschaftskrise und die Widersprüche in einem veralteten Kapitalismus, die Gefahr des Kommunismus, das Absinken christlicher und anderer geistiger Rückhalte, — alle diese und wohl noch eine ganze Reihe anderer Faktoren haben eine Rolle... gespielt« (Totalitäre Diktatur, S. 16 f.). — Zur Problematik »Eklektizismus contra Systemcharakter der Gesellschaft« siehe G. Rose, Konvergenz des Systems, S. 86 ff.

347 Vgl. P. Graf Kielmansegg, Krise..., S. 314, Anm. 7, S. 318.

348 Ebenda, S. 318 (Hervorhebung: O. C.).

349 Ebenda, S. 325.

fen würden. Nicht zufällig ist daher bei Kielmansegg häufig ganz allgemein die Rede vom »totalitären System«.[350] Auch aus beliebigen anderen einschlägigen Untersuchungen ließe sich ablesen: Immer geht es der Totalitarismustheorie um die Charakterisierung des *Gesamtsystems*.

Aufgrund dieser Tatsache können wir die Charakterisierung des gesellschaftstheoretischen Ansatzes der Totalitarismustheorie weiter zuspitzen: Er betrachtet gewisse politische Phänomene nicht nur als selbstgenügsame, sondern darüber hinaus auch als bestimmenden Kern der gesellschaftlichen Totalität, als Schlüssel zum Begreifen des Wesens einer sozial-politischen Ordnung. Er erachtet die ökonomischen und sozialen Verhältnisse, wie C. J. Friedrich explizit erklärt, als »relativ unwichtig«, hingegen gewisse Merkmale des politischen Überbaus als das, worauf es »wesentlich ankommt«.[351] Diese Hypostasierung formalpolitischer Kategorien in der Gesellschaftsauffassung der Totalitarismustheorie wird durchaus auch von nichtmarxistischen Autoren gesehen und kritisiert. Besonders überzeugend sind hier die Überlegungen von A. J. Groth, auf die wir — zumal sie weitgehend unbekannt zu sein scheinen — kurz eingehen möchten.[352]

A. J. Groth argumentiert, daß auch ein Politikwissenschaftler, der sich nur für einen in engen Grenzen definierten politischen Prozeß interessiert und politische Erscheinungen nur insoweit für relevant hält, als sie sich in beobachtbarem Handeln äußern, »sich nichtsdestoweniger nicht bloß damit beschäftigen muß, *was* getan wird und *wie* es getan wird«, sondern ebenso mit dem Problem, »*wer* es *wem* gegenüber tut«.[353] Dies klingt banal, aber Groth bringt damit in der Tat die entscheidende, von der Totalitarismustheorie gar nicht aufgeworfene Fragestellung auf den einfachsten Begriff. Er demonstriert dies an der (auch von uns schon zitierten) Behauptung Friedrichs, wonach Fragen wie die nach den Eigentumsverhältnissen, nach der gesellschaftlichen Stellung von Industriellen usw. »of relatively minor significance«[354] seien. Groth meint hierzu leicht sarkastisch: »Man ist wohl berechtigt zu fragen: ›weniger wichtig‹ für wen? Für die Kreise der Industrie zum Beispiel? Wenn solche Fragen für die Geschäftswelt (business) offenbar keines-

---

350 Ebenda, S. 323, S. 326.

351 Vgl. oben, Anm. 340.

352 A. J. Groth, The »Isms« in Totalitarianism. Groth erklärt übrigens ausdrücklich, daß er die Basis-Überbau-Theorie nicht teile (vgl. ebenda, S. 889).

353 Ebenda. (Übersetzungen jeweils von mir, O. C.).

354 C. J. Friedrich/Z. Brzezinski, Totalitarian Dictatorship and Autocracy, Cambridge, 1956, S. 211; es handelt sich hier um die von Friedrich und Brzezinski gemeinsam verfaßte ursprüngliche Ausgabe (»Totalitäre Diktatur«, Stuttgart 1957, ist die von Friedrich allein übersetzte und auch überarbeitete deutsche Fassung davon).

wegs ›weniger wichtig‹ sind, dürfte dies dann nicht Konsequenzen haben, die der Politikwissenschaftler ›wichtig‹ finden sollte?«[355] So führt die zunächst auf der allgemeinen Ebene politischen Handelns aufgeworfene Frage nach dem »wer—wen« (und nach dem »wozu«) über in die Frage nach der sozialen Identität der Herrschenden und Machtausübenden und nach ihrem praktischem Verhältnis zu den überkommenen Gesellschaftsstrukturen: »Wir müssen die soziale Physiognomie (group physiognomy) des Regimes kennen, seinen Einfluß auf die soziale Struktur (group structure) der Gesellschaft, über die es herrscht, und wir müssen wissen, welche Wandlungsprozesse das Regime fördert, die imstande sind, die Sozialstruktur zu beeinflussen. Nichts Geringeres kann uns zu einem Verständnis der in einem System eingeschlossenen (inherent) Entwicklungsmöglichkeiten (potentialities for change) verhelfen...«[356]

Diese Fragen verfolgend, arbeitet Groth den fundamentalen gesellschaftlichen Gegensatz zwischen faschistischem und sozialistischem Regime heraus[357] und macht deutlich, daß nur auf der Grundlage einer solchen umfassenden Würdigung der Unterschiede zwischen beiden Regimen überhaupt erklärbar ist, warum sie sich so augenscheinlich verschieden *entwickelt* haben: Die Stabilität der sowjetischen Machtordnung, so Groth, verdankt sich nämlich gerade der Tatsache, daß hier die gesellschaftliche Basis auf soziale Egalität hin umgewälzt wurde und wird, während die chronische Labilität und das schließliche Scheitern der faschistischen Regime von der zerrissenen und unbefriedeten Sozialstruktur herrührt, welche sie perpetuieren. Zugleich ist das für Groth der entscheidende Grund dafür, daß der Faschismus den politischen Terror perpetuieren müsse, während er im Sozialismus überflüssig werde: »Wenn der ›Kommunismus‹ die soziale Grundstruktur in Richtung auf eine erwünschte Homogenität verändert, dann dürfte er mit der Zeit ohne das Mittel des Massenterrors (mass violence) auskommen und selbst in Krisenperioden mit feineren, mehr überzeugenden als physischzwangsmäßigen Methoden (methods, closer to persuasion than to physical compulsion) herrschen.«[358]

A. J. Groth greift damit die Totalitarismustheorie genau in dem Punkt an, wo ihre Schwäche am klarsten zum Ausdruck kommt: in der ebenso schlichten wie unleugbaren Tatsache: *daß sie sich bezüglich der Weiterentwicklung des Sozialismus als Fehlspekulation erwiesen hat,*

355 A. J. Groth, The »Isms«..., S. 889.
356 Ebenda, S. 889 f.
357 Vgl. S. 890 ff.
358 Ebenda, S. 896.

und daß auch künftig vom Boden der Identitätsthese aus schwerlich eine stichhaltige Prognose zu erwarten ist: »...die Regime des faschistischen Italiens und Nazi-Deutschlands dürften uns heute wenige, wenn überhaupt irgendwelche, Anhaltspunkte für die zukünftige Entwicklung kommunistischer Staaten bieten.«[359] C. J. Friedrich hatte demgegenüber in den fünfziger Jahren vorausgesagt, daß sich die »totalitären Diktaturen« in Richtung einer Steigerung ihres »totalitären« Charakters entwickeln würden, wobei er wohlgemerkt den Terror als den »Lebensnerv eines totalitären Systems«[360] verstand.[361] Wenn die Totalitarismustheoretiker angesichts der tatsächlichen Entwicklung im Sozialismus auch bald darauf von derartigen Prognosen und Vorstellungen Abstand nahmen, so bedeutete dies keineswegs die Wiedergewinnung einer tieferen Erklärungs- und Prognosefähigkeit, sondern, wie noch zu zeigen sein wird, ein *faktisches Abrücken von der zentralen Identitätsthese,* ohne sie jedoch ausdrücklich fallen zu lassen (was bedeuten würde, den Totalitarismusbegriff als solchen fallen zu lassen). Das faktische Abrücken von der Identitätsthese bedeutet zugleich ein faktisches Abrücken von der oben skizzierten einseitigen Politik-Lastigkeit der Totalitarismustheorie; alle — wie auch immer begrenzten — neuen Einsichten in die Entwicklungsdynamik der sozialistischen Systeme wurden in der Kommunismusforschung im Grunde *gegen* das Totalitarismuskonzept errungen, bedingten die Sprengung seines engen, institutionenbezogenen Rahmens, die Überwindung seiner die politischen Phänomene isolierenden und hypertrophierenden Sichtweise, bedingten den Rückgriff auf die — wie auch immer interpretierte — gesellschaftliche Basis.[362] So hat gewissermaßen die bürgerliche Kommunismusforschung selbst die theoretische Fragwürdigkeit des für die Totalitarismustheorie konstitutiven »kopfstehenden« Basis-Überbau-Modells nahegelegt, indem sie seit längerem seine analytische Unfruchtbarkeit für das Begreifen der sozialistischen Gegenwartsentwicklung praktisch demonstriert. P. Graf Kielmansegg, der sich um die Erhaltung der Totalitarismustheorie in möglichst unveränderter Form bemüht, demonstriert jene analytische Unfruchtbarkeit auf seine Weise, wenn er dem Leser nachsichtiges Verständnis dafür zumutet, daß die Sozialismus- alias Totalitarismusforschung nach etlichen Jahrzehnten noch immer nicht aus dem vortheoretischen Stadium hinausgetreten ist:

359 Ebenda, S. 889.
360 C. J. Friedrich, Totalitäre Diktatur, S. 124; ähnlich H. Arendt, Elemente und Ursprünge totaler Herrschaft, Frankfurt 1955 (vgl. dazu W. Schlangen Theorie..., S. 76).
361 Vgl. die Prognose von Friedrich/Brzezinski (1956), zit. bei A. J. Groth, S. 888.
362 Siehe hierzu unten, Kapitel 2.5.

Das Totalitarismuskonzept, so der bescheidene Anspruch von Kielmansegg, »will ja nicht mehr als die konstitutiven Merkmale eines Phänomens bestimmen, sie miteinander verbinden, eben die Identität eines Objekts ermitteln. Theorie geht von diesem Fundament aus, und ehe wirklich von *einer* Theorie *des* Systems gesprochen werden kann, werden wir es lange mit begrenzteren, auf Elemente des Gesamtzusammenhangs gerichteten Versuchen der Beschreibung und Erklärung zu tun haben.«[363] Die Frage ist, ob sich solche Geduld jemals auszahlen wird, solange der wirkliche gesellschaftliche »Gesamtzusammenhang«, um der Beibehaltung der identifizierenden Grundaussage willen, gerade nicht thematisiert wird.[364]

Wie wir anhand verschiedener Beispiele sahen, erklärt die Totalitarismustheorie die sozioökonomischen Verhältnisse nicht einfach für »relativ unwichtig«, sondern stellt sie auch gleichzeitig sachlich in einer Weise dar, die dann in der Tat nur den Schluß übrig läßt, sie seien unwichtig. Schärfer gesagt: Das Totalitarismuskonzept tendiert zu einem Gesellschaftsbild ohne sozioökonomische Verhältnisse.[365]

Übrig bleibt stattdessen eine weitgehend amorphe »Massengesellschaft«. Das ging in den Anfangszeiten der Totalitarismustheorie so weit, daß G. Kennan erklären konnte, Sowjetrußland habe überhaupt keine soziale Struktur.[366] So lächerlich diese Aussage erscheint, so einflußreich ist durchaus die ihr zugrundeliegende Idee der »Massengesell-

363 P. Graf Kielmansegg, Krise..., S. 318. Es scheint Kielmansegg heute immer noch so zu ergehen wie Friedrich vor über zwanzig Jahren: »...aber warum sie (die »totalitären Regime«, O. C.) so sind, wie sie sind, wissen wir nicht« (C. J. Friedrich, The Unique Character of totalitarian Society, 1953, dt., in: B. Seidel/S. Jenkner (Hrsg.), Wege der Totalitarismusforschung, S. 179 ff.).

364 Interessant ist, daß die Anhänger der Totalitarismustheorie, wenn sie *politisch* über das sozialistische System nachdenken, d. h. vor allem über die Chancen seiner Überwindung, den Systemcharakter deutlich in Rechnung stellen. So schreibt J. Orlow: »Die *Kompaktheit* der totalitär-sozialistischen Struktur, die gegenseitige Verknüpfung ihrer Eigenschaften miteinander... spricht für deren außerordentliche *Stabilität*.« Und: »Der Totalitarismus besitzt viel zu tiefreichende Wurzeln, um ihn mit Hilfe von Gewalt bekämpfen zu können.« (J. Orlow, Über die Unmöglichkeit des nicht-totalitären Sozialismus, S. 366, 372) *Theoretisch* gewendet, sind dies ausgesprochene Argumente für eine materialistische Systemanalyse der Gesellschaft.

365 Für H. Schoeck gibt es einerseits einen »Bereich der Ideologie« und andererseits den Bereich der *»materiellen organisatorischen Verhältnisse«* (welche sich übrigens laut Schoeck beide durch ihre »konstitutive Dogmatik« auszeichnen) (H. Schoeck, Die Illusion eines ›demokratischen‹ Sozialismus, S. 19; Hervorhebung: O. C.). Schoeck kreiert damit exakt die um die sozioökonomische Dimension verkürzte Variante des marxistischen Begriffs der »materiellen gesellschaftlichen Verhältnisse«.

366 (G. Kennan), The sources of Soviet Conduct, in: Foreign Affairs, Bd. 25, Juli 1947, S. 566 ff.

schaft« und des »atomisierten Menschen«[367] im bürgerlichen politik- und sozialwissenschaftlichen Denken bis heute geblieben. Gerade in der Totalitarismustheorie hat das Kategorienpaar »Masse — Einzelner« einen dominierenden Platz. Meinte Franz L. Neumann mit »Atomisierung der Individuen« noch eine spezifische politische Herrschaftstechnik des Faschismus[368], die er sehr wohl von der Tatsache zu trennen wußte, daß im NS-System entgegen »der ideologischen Proklamation von der Überwindung der sozialen Antagonismen in einer neuen Volksgemeinschaft... tatsächlich der Klassencharakter der Gesellschaft weiter gesteigert« wurde[369], so erscheint im heutigen Totalitarismusdenken die »atomisierte Masse« eher als Kategorie, die die soziale Beschaffenheit der sog. totalitären Systeme meint: Hier stünde, so wird gesagt, »der *atomisierte* Mensch allein in der Menge den Herrschenden gegenüber«.[370] L. B. Schapiro stellt ausdrücklich die Existenz gesellschaftlicher Klassen in Frage[371] und macht Marx bzw. dem Marxismus dessen gesellschaftstheoretische »Konzentration auf Klassen statt auf den einzelnen«[372] regelrecht zum Vorwurf, so als liefe die theoretische Option für den Klassenbegriff als einem Schlüssel der Gesellschaftsanalyse auf eine Verachtung der menschlichen Einzelpersönlichkeit hinaus. Diese Vermengung von theoretischer und moralischer Ebene läuft umgekehrt in der Totalitarismustheorie darauf hinaus, *daß die ethisch-philosophisch so stark betonte »Konzentration auf den einzelnen« gleichzeitig das Prinzip der wissenschaftlichen Gesellschaftsbetrachtung abgibt.* Natürlich bleibt es Kielmansegg unbenommen, »primär nach der Rolle und dem Rechtsstatus des einzelnen im politischen System«[373] zu fragen; anzufechten ist aber der Anspruch, es könne auf der Grundlage dieser Fragestellung Wesen und Gesetzmäßigkeit eines soziopolitischen Systems wissenschaftlich erfaßt werden. K. D. Bracher mag »die Frage für entscheidend... erklären, wie Herrschaft dem Men-

---

367 Zu den Ahnen dieser Denkströmung zählt Ortega y Gasset (»Aufstand der Massen«). Interessant für unseren Zusammenhang das Urteil von W. Lepenies: »Ortega kümmern weder die ökonomischen noch die politischen Voraussetzungen des Faschismus. Der Faschismus wird moralisch bewertet; nicht wegen seiner Ziele, von denen so gut wie keine Rede ist, wird er abgelehnt, sondern weil es sich in ihm um eine Massenbewegung handelt.« (FAZ v. 14. 1. 1977) Eine jüngere, einflußreiche Abhandlung zur »Massengesellschaft« stammt von W. Kornhauser, The Politics of Mass Society, Glencoe, Ill. 1959; kritisch dazu G. Schäfer, Demokratie und Totalitarismus, S. 137 ff.

368 Vgl. W. Schlangen, Theorie..., S. 58.

369 W. Schlangen, Theorie..., ebenda.

370 L. B. Schapiro, »Totalitarismus«, S. 471.

371 »Eine Klasse (wenn es überhaupt so etwas gibt)...« (ebenda, S. 481).

372 Ebenda.

373 P. Graf Kielmansegg, Krise..., S. 316.

schen, einem jeden einzelnen, begegnet«[374]; aber er muß zu diesem Zweck zuerst einmal wissen, wie das System der Herrschaft insgesamt beschaffen ist — er muß also die Gesellschaft analysieren; dies gelingt jedoch nicht aus dem Begriff des Einzelindividuums heraus: »Die Gesellschaft besteht nicht aus Individuen, sondern drückt die Summe der Beziehungen, Verhältnisse aus, worin diese Individuen zueinander stehen.«[375]

Die Vorstellung einer »atomisierten Massengesellschaft«, einer abstrakten Masse stützt umgekehrt wiederum die Vorstellung von einer abstrakten Elite, oder einem abstrakten Staat, der über die Masse herrscht; beides bedingt und bestätigt sich gegenseitig. Wenn z. B. die gesellschaftliche Basis im Nationalsozialismus nicht mehr als klassenmäßig strukturiert, sondern als unterschiedslos »atomisiert« angesehen wird, dann ist damit auch unweigerlich der Blick für die Tatsache getrübt, daß das nationalsozialistische Machtsystem keineswegs einen abstrakten, dämonischen Gegenpol zur Gesellschaft darstellt, sondern vielfältig mit ihren schon bisher mächtigen Kreisen verwoben und verschweißt war.[376] *Entsprechend wird die analytische »Unterbelichtung« der sozioökonomischen Verhältnisse der sozialistischen Gesellschaft den Eindruck bestärken, als sei der politische Überbau nicht die organische Verlängerung, der Ausdruck jener Verhältnisse, sondern ein schroff entgegengesetzter, willkürlich aufoktroyierter Apparat, eine abstrakte Macht.* Die »Unterbelichtung« der sozioökonomischen Struktur bedingt die »Überbelichtung« und theoretische Verselbständigung des politisch-ideologischen Überbaus und umgekehrt. Im Endergebnis entsteht so das Bild »eine(r) *direkte(n) Konfrontation der Individuen mit dem Staat*«[377], wobei beide Kategorien so weit ihres realgesellschaftlichen Inhalts entleert sind, daß sie nun mit neuen, stark werthaften Assoziationen aufgeladen werden können: das Individuum als Träger und Einkläger von »Freiheit«, der Staat als Vollstrecker einer »totalitären« (i. e. das autonome Individuum antastenden) Politik.

374 P. Graf Kielmansegg über K. D. Bracher in einer Rezension von dessen »Zeitgeschichtliche Kontroversen...«, in: FAZ v. 28. 8. 1976.

375 K. Marx, Grundrisse der Kritik der politischen Ökonomie, S. 176. K. Sontheimer und W. Bleek sind der Meinung: »Der erste Faktor aller Gesellschaftsanalyse... ist der Mensch in seinen demographischen Bezügen.« (Die DDR. Politik, Gesellschaft, Wirtschaft, 4. Aufl., S. 141) Zum Problem des Ausgangspunktes in der Gesellschaftswissenschaft vgl. E. Hahn, Soziale Wirklichkeit und soziologische Erkenntnisse, S. 32 ff. und S. 146 ff.

376 Vgl. dazu auch A. J. Groth, The »Isms«..., S. 893: »The fact that pre-Fascist elites both *could* and *did* play highly important political roles in the Fascist and Nazi regimes is often either denied or completely minimized.«

377 G. Schäfer in Referierung der Thesen Kornhausers (G. Schäfer, Demokratie und Totalitarismus, S. 140; Hervorhebung: O. C.)

3. Tendenz zur Projektion

Wie dargestellt, sind es der Formalismus und die abstrakte Politikbezogenheit der Totalitarismustheorie, welche die — ausdrückliche oder nur unterschwellige — Identifizierung von Faschismus und Sozialismus in ein und demselben Begriff möglich machen. Nun darf man sich aber u. E. die Sache nicht so vorstellen, als abstrahiere die Totalitarismustheorie einfach solange und soviel von den gesellschaftlichen und ideologischen Inhalten, bis sie einen zwar bescheidenen, aber immerhin realen Rest von Gemeinsamkeit zwischen Faschismus und Sozialismus in Händen halte. So sehen es anscheinend jedoch tatsächlich manche Kritiker der Totalitarismustheorie. Wenn beispielsweise J. B. Müller über den Totalitarismusbegriff schreibt, er verdecke »über der tatsächlich vorhandenen Gemeinsamkeit in den Herrschaftstechniken... die sozioökonomischen Unterschiede[378], so stellt dies eine Kritik dar, die der Totalitarismustheorie eine unzulässige Beschränkung vorwirft, die Gültigkeit ihrer Aussagen im Rahmen dieser Beschränktheit aber nicht anzweifelt. Eine solche Kritik kann jedoch, wie E. Hennig zu Recht zu bedenken gibt, die Totalitarismustheorie »gar nicht in toto treffen«.[379] Dabei zeigt die nähere Betrachtung des Modells, wie dringend es in der Tat geboten ist, die Kritik auch auf dessen eigenem Boden weiterzuführen. Der Formalismus des Konzepts erweist sich nicht als Resultat von Abstraktionsschritten schlechthin, sondern auch von Manipulationen der zugrundeliegenden Realität; die *Formalisierung* gesellschaftlicher Wirklichkeit im Modell des Totalitarismus geht einher mit einer *Verformung* dieser Wirklichkeit. Als das Hauptverfahren, um faschistische und sozialistische Wirklichkeit gewissermaßen auf forciertem Wege konvergieren zu lassen im identifizierenden Totalitarismusbegriff, läßt sich die *Projektion* nachweisen.

Die primäre Projektionsrichtung ist die vom Faschismus auf den Sozialismus. Sie entspricht der ideologisch-politischen Hauptfunktion der Totalitarismusdoktrin in ihrer eigentlichen Entstehungszeit nach 1945: nämlich der Umlenkung antifaschistischer Erfahrungen und Motive in antisozialistische Richtung.[380] Tatsächlich bildet die Ausweitung von

---

378 J. B. Müller, Kommunismus und Nationalsozialismus..., S. 62. Auch G. Schäfer geht von der »weitgehende(n) Gleichheit der Herrschaftstechniken faschistischer und kommunistischer Diktaturen« aus (G. Schäfer, Demokratie und Totalitarismus, S. 123).

379 E. Hennig, Theorie der Totalitarismustheorien, S. 22.

380 Vgl. R. Kühnl, Zur politischen Funktion der Totalitarismustheorien..., S. 10; W. Hofmann, Zur Soziologie des Antikommunismus, S. 132 f.

ursprünglich anhand des Faschismus herauskristallisierten Bestimmungsmerkmalen auf die sog. »totalitären Diktaturen« schlechthin, damit aber die unkontrollierte Projektion faschistischer Charakteristika auf den Sozialismus eine Konstante in der Entwicklung der Theorie während der vierziger und fünfziger Jahre. Dies sei an einigen Beispielen belegt: Carlton J. H. Hayes, der zu den frühesten Vertretern und Begründern des identifizierenden Totalitarismusbegriffs gehört, bedient sich in seinem Ende 1939 gehaltenen Vortrag über die historische Neuartigkeit des »Totalitarismus«[381], wie W. Schlangen hervorhebt, »keiner eigentlich neuen Bestimmungsmerkmale«[382], d. h. keiner Kriterien, die nicht schon zuvor in Faschismusanalysen (bürgerlicher Provenienz) gewonnen worden wären. »Vielmehr verschärft er die Merkmalsbestimmung der totalitären Form der modernen Diktaturen durch den Einbezug einer moralischen Bewertungsdimension, die selbst schon vorher eingeführt worden war zur Charakterisierung des italienischen Faschismus...«[383] Nicht anders verhält es sich in Sigmund Neumanns 1942 erschienener Studie, in der Faschismus und Sozialismus unter den Begriff der »permanenten Revolution« subsumiert werden.[384] Die Grundelemente des so verstandenen »Totalitarismus« werden von S. Neumann, wiederum »überwiegend dem faschistischen Erfahrungsbereich entnommen«[385], beispielsweise das Merkmal des »Vorrang(s) von Aktion vor Programm«.[386] Ein besonders namhafter Fall von Projektion in antikommunistischer Richtung liegt vor in Hannah Arendts »Ursprüngen des Totalitarismus« aus den fünfziger Jahren.[387] Lassen wir hierzu wiederum W. Schlangen sprechen: Zusammenfassend stellt er fest, »daß sich diese Wesensschau (des »Totalitarismus«, O. C.) primär auf eine phänomenologische Sicht extremer Erscheinungsformen der nationalsozialistischen Herrschaft gründet. Auch die empirischen Bestimmungsmerkmale sind vorwiegend aus dem nationalsozialistischen Regime abgeleitet... Ihre Übertragung auf die kommunistische Erscheinungsweise ›totalitärer Herrschaft‹ ist kaum vergleichbar empirisch belegt... und auch hier zumal auf die radikalsten Perioden des Stalinismus

381 Auf deutsch abgedruckt in B. Seidel/S. Jenkner (Hrsg.) Wege..., S. 86 ff.

382 W. Schlangen, Theorie..., S. 66.

383 Ebenda.

384 S. Neumann, Permanent Revolution. Totalitarianism in the Age of International Civil War, London, 2. Aufl. 1956.

385 W. Schlangen, Theorie..., S. 71.

386 S. Neumann, Permanent Revolution, S. 36 (»action instead of programs«), zit. nach W. Schlangen, Theorie..., S. 69.

387 H. Arendt, The Origins of Totalitarianism. New York 1951 (deutsche Erstausgabe: Elemente und Ursprünge totalitärer Herrschaft, Frankfurt a. M. 1955).

abgestellt.«[388] Hannah Arendts Interpretation des »Totalitarismus« findet ihrerseits wieder Eingang in das Standardwerk von C. J. Friedrich, dessen Einfluß auf die gesamte spätere Rezeption des Begriffs kaum überschätzt werden kann. Die umstandslose Ausdehnung von spezifischen Faschismus-Erfahrungen auf die »totalitäre Diktatur« schlechthin kommt vor allem in Friedrichs Ausführungen über den Stellenwert des Terrors zum Ausdruck. »Ohne den Terror«, schreibt er, »würde ein solches Regime wohl nicht nur seinen totalitären Charakter, sondern auch seine Macht einbüßen. Der Terror ist daher in gewissem Sinn der Lebensnerv eines totalitären Systems.«[389]

Die geschilderte Projektionsmethode verschränkt sich in der Totalitarisierungsforschung von Anbeginn mit der gegenläufigen: *Der Faschismus wird mit typisch sozialistischen Zügen versehen.* Erst dadurch bekommt der identifizierende Totalitarismus-Begriff nach beiden Richtungen seine vermeintliche Stimmigkeit. So wie die erste Projektion das revolutionäre System zur Schreckensherrschaft schlechthin macht, so macht die zweite Projektion die Schreckensherrschaft zu einem revolutionären System; dadurch ist der Kreis geschlossen: Totalitärer Schrecken und revolutionäre Praxis sind letztlich identisch.

Wir können die Verklärung des Faschismus als eines revolutionären Systems unmittelbar an denselben Autoren nachvollziehen, bei welchen sich auch der Prozeß der Merkmalsprojektion vom Faschismus auf den Sozialismus studieren läßt: Hayes erklärt den »Totalitarismus« und ergo auch den Faschismus zu einer »Massenbewegung ohne Toleranz für die Klassen«, welche das Ziel einer sozialen »Gleichmacherei« verfolge.[390] S. Neumann bringt schon im Titel seines Buches zum Ausdruck, daß er auch den Faschismus für revolutionär hält. Für H. Arendt stellen Faschismus wie Sozialismus gleichermaßen einen »revolutionären« Bruch mit den Traditionen der abendländischen Geschichte dar.[391] H. Arendt projiziert zudem typische Züge des Marxismus auf die faschistische Ideologie, wenn sie behauptet, jegliche »totalitäre« Ideologie stelle sich als ein in sich geschlossenes Instrument der logischen Ableitung und Erklärung objektiver Gesetzmäßigkeiten der Geschichte bzw. Natur dar und sei dem »Zwang des logischen Deduzierens«[392] verpflich-

388 W. Schlangen, Theorie..., S. 76.

389 C. J. Friedrich, Totalitäre Diktatur, S. 124. Friedrich zitiert hier auch H. Arendt, wonach »der Terror zum eigentlichen Inhalt der totalitären Herrschaftssysteme« werde (zit. ebenda, S. 129).

390 C. J. H. Hayes, The Novelty of Totalitarianism in the History of Western Civilization, zit. nach W. Schlangen, Theorie..., S. 65.

391 Vgl. W. Schlangen, Theorie..., S. 74.

392 H. Arendt, Elemente und Ursprünge totalitärer Herrschaft, S. 745.

tet. Einen gewissen Höhepunkt erreicht die Rückprojektion der revolutionären Züge des Sozialismus auf den Faschismus bei C. J. Friedrich und Z. Brzezinski. Der letztere sieht im »Totalitarismus« »eine totale gesellschaftliche Revolution«[393] am Werk und extrapoliert nun, um den Faschismus mit dieser seiner Definition in Einklang zu bringen, spekulativ gewisse »Anlagen« des Faschismus über dessen historisches Ende hinaus.[394] Nach derselben Methode subsumiert C. J. Friedrich den Faschismus unter die planwirtschaftlichen Systeme.[395] Wie Brzezinski hat auch er keine Bedenken zu schreiben: »Der Totalitarismus ist ein revolutionäres System, eine radikale Umwälzung.«[396] Der Mythos vom »revolutionären« Faschismus hat sich in Teilen der bürgerlichen Sozial- und Geschichtswissenschaft bis heute gehalten, ja wurde sogar noch kultiviert.[397]

393 Z. K. Brzezinski, Totalitarianism and Rationality, (1956), dtsch. in: B. Seidel/S. Jenkner (Hrsg.), Wege..., S. 267 ff., hier S. 273.

394 Vgl. W. Schlangen, Theorie..., S. 95, Anm. 370 und 371. Dasselbe Verfahren war uns schon bei L. B. Schapiro begegnet (s. oben, Anm. 341).

395 Vgl. W. Schlangen, Theorie..., S. 84.

396 C. J. Friedrich, Totalitäre Diktatur, S. 122.

397 E. Nolte schließt einen jüngeren Aufsatz über den Faschismus »mit der überraschenden These, man müsse den Faschismus auch — auch! — als eine Form des Sozialismus, als Entwicklungsdiktatur, die eine Klassenzusammenarbeit erzwang, begreifen«. (T. Nipperdey in einer Rezension des Sammelbandes von W. Schieder [Hrsg.], Faschismus als soziale Bewegung. Deutschland und Italien im Vergleich, Hamburg 1976; in: FAZ v. 19. 3. 1977.) Paradoxerweise gab und gibt es parallel dazu Bestrebungen, den Faschismus ganz aus der Totalitarismuskonzeption herauszunehmen (vgl. M. Weissbecker, Entteufelung der braunen Barbarei. Zu einigen neueren Tendenzen in der Geschichtsschreibung der BRD über Faschismus und faschistische Führer, S. 59 ff.).

4. »Totalitarismus« als abstraktes Synonym für Sozialismus

Wenn bei C. J. Friedrich und anderen das revolutionäre Moment zu einem festen Bestandteil des Totalitarismusbegriffs wird, wenn es gar, wie bei Z. Brzezinski, zu *dem* Wesensmerkmal des »Totalitarismus« avanciert, so drückt sich hierin schon nicht mehr vorrangig die Absicht aus, den Faschismus durch Aufprojizierung revolutionärer Eigenschaften als Spielart eines »totalitären« Regimes schlechthin erscheinen lassen zu können; vielmehr wird hier schon die Tendenz deutlich, den Totalitarismusbegriff ausschließlich auf das sozialistische System auszurichten, ohne viel danach zu fragen, ob er unter diesen Umständen noch der faschistischen Realität adäquat bleibt. In der Tat gehören Brzezinskis und Friedrichs beschriebene historische Extrapolationen mit zu den letzten expliziten Versuchen der Totalitarismustheorie, die empirische Realität des Faschismus bei der Begriffsbildung zu berücksichtigen. In der Folgezeit schwindet das Interesse für den Faschismus vollends; die Aufmerksamkeit wird nun ganz von Versuchen in Anspruch genommen, das Totalitarismusmodell mit der Entwicklung des *Sozialismus* in Einklang zu bringen und zu halten, ohne allerdings den identifizierenden Anspruch des Totalitarismusbegriffs aufzugeben.[398]

Zu diesem Zweck wurden einschneidende Änderungen am bisherigen Totalitarismuskonzept mit seinem Überhang an Faschismus-bezogenen Elementen nötig. Am bemerkenswertesten war die Aufgabe des ehedem zentralen und unveräußerlichen Modellmerkmals des »Terrors«. Der Terror hatte ursprünglich bei Friedrich und bei H. Arendt als »Lebensnerv«, als »eigentlicher Inhalt« des »totalitären« Systems gegolten[399]; er hatte als Merkmal in Friedrichs theoretischem Modell eindeutig eine Primärfunktion gegenüber allen anderen Merkmalen gehabt, indem es diese überhaupt erst zu dem gemeinten spezifisch »totalitären« Syndrom integrierte.[400] Wenn nun dieses Schlüsselmerkmal fallengelassen wurde, so bedeutete dies eine — unter dem unveränderten Signum des »Totalitarismus« vorgenommene — denkbar einschneidende Umformulierung des Begriffsinhalts. Friedrich ging in den 60er Jahren schließlich so weit, daß er die Stalinsche Phase der sowjetischen Entwicklung sogar als untypische Abirrung des »Totalitarismus«, die entwickelte so-

---

398 Vgl. dazu insgesamt W. Schlangen, Theorie..., S. 89 ff.

399 Siehe oben, Anm. 389. Entsprechend der zentralen Rolle des »Terrors« im ursprünglichen Totalitarismus-Modell fielen auch die Prognosen aus: »Es ist eine eigenartige und beängstigende Tatsache, daß der totalitäre Terror an Umfang und Heftigkeit zunimmt, wenn sich das totalitäre System stabilisiert.« (C. J. Friedrich, Totalitäre Diktatur, S, 129.)

400 Vgl. W. Schlangen, Theorie..., S. 83, 118.

wjetische Gesellschaft nach Stalin hingegen als typisches Modell »totalitärer« Herrschaft deklarierte.[401] Deutlicher konnte die Totalitarismusforschung nachträglich gar nicht beweisen, daß für sie die Exzesse der Stalinzeit nie der eigentliche Stein des Anstoßes gewesen waren, sondern eher eine zufällige, aber willkommene Möglichkeit der Untermalung ihrer Thesen.[402]

Der Eliminierung des terroristischen Charakterzugs aus dem Bild des »Totalitarismus« entsprach auch der Abschied von der Vorstellung, »totalitäre« Herrschaft zeichne sich konstitutiv durch ihre Gesetzlosigkeit, Willkür und Unberechenbarkeit aus. Schon Ende der fünfziger Jahre kam Friedrich zu der Auffassung, daß dieses Kriterium, »wie es vielfach zum *entscheidenden* Gesichtspunkt gemacht worden ist, ... bei der umfangreichen gesetzlichen Instrumentation in modernen Totalitarismen nicht mit Erfolg herangezogen werden« könne.[403] In demselben Aufsatz gestand Friedrich auch ein, daß in den »totalitären« Systemen, nicht minder als in den »nicht-totalitären«, »eine mehr oder weniger große Mitwirkung der Bürger am Gemeinwesen angestrebt wird«.[404] Ja, er spricht sogar davon, daß in bezug auf diese gesellschaftliche Mitwirkung dem »Totalitarismus« *Freiheit* nicht abgesprochen werden könne; ebenso gebe es »die Möglichkeit schöpferischer Freiheit. Sie besteht einmal politisch innerhalb des Bereichs totalitärer Neuordnung, und gerade dies macht den Stolz, ja das Hochgefühl der an solcher Gemeinschaft Mitarbeitenden aus. Andererseits darf auch die Möglichkeit schöpferischer Freiheit in Bereichen, die nur peripher oder gar nicht als politisch anzusprechen sind, nicht geleugnet werden. Darin hat man vielfach geirrt (Friedrich übt in diesem Zusammenhang in einer Fußnote Selbst-

401 So etwas in C. J. Friedrich, Man and His Government. An Empirical Theory of Politics, N. Y. 1963, S. 522; ferner: ders., Totalitarianism: Recend Trends, in: Problems of Communism 17/1969, S. 32 ff.

402 Man kann also die Totalitarismustheorie nicht als Reaktion auf die Erscheinungen der Stalin-Zeit erklären. Hiergegen spricht nicht nur, daß die Theorie diese Zeit überdauert hat und bis zum heutigen Tag Gültigkeit beansprucht, sondern ebenso, daß die Totalitarismustheorie in ihren Grundzügen längst *vor* dem Inerscheinungtreten des sog. Stalinismus fertig war (nämlich im Grunde bereits mit Kautskys Konfrontierung von Demokratie und Diktatur). Wie die Stalinsche Periode von vorübergehender Natur war, so stellt auch der Bezug auf typische Erscheinungen dieser Periode eine nur vorübergehende Zwischenetappe in der Evolution das Totalitarismusbegriffs dar. Vgl. auch die aktuellen Polemiken gegen die westeuropäischen kommunistischen Parteien: »*Für den Kommunismus ist nicht Stalin, sondern Lenin entscheidend* ... Um demokratisch zu werden, muß die Kommunistische Partei Italiens nicht nur Stalin, sondern auch Lenin überwinden.« (FAZ v. 25. 3. 1975; Hervorheb.: O. C.)

403 C. J. Friedrich, Freiheit und Verantwortung, Zum Problem des demokratischen Totalitarismus, S. 132.

404 Ebenda.

kritik, O. C.), und die Erfolge der sowjetischen Wissenschaft haben uns in letzter Zeit eines Besseren belehrt«.[405] Alles in allem hat das neue Bild des »Totalitarismus«, das hier entsteht, nur noch wenig gemein mit dem ursprünglichen. An die Stelle der Vorstellungen über Furcht und Terror als Konstanten »totalitärer« Herrschaft tritt das Bild eines durch breiten Konsens und durch Massenbeteiligung getragenen, in gesetzlichem Rahmen agierenden und schöpferische Prozesse freisetzenden Herrschaftssystems.[406]

Die »totalitäre« Qualität wird nun immer eindeutiger an gewissen Systemmerkmalen des Sozialismus — und nur des Sozialismus — festgemacht. Als Kernpunkt erweist sich hierbei das revolutionäre, zielgerichtet gesellschaftsverändernde und gesellschaftsgestaltende Wesen der sozialistischen Herrschaftsordnung. Die Totalitarismustheorie tendiert im Zeichen der Kommunismusforschung zur schlichten Umschreibung dieser Grundtatsache.[407] Einige aus der Fülle des Materials beliebig herausgegriffene Beispiele sollen dies belegen und verdeutlichen.

Für C. J. Friedrich ist es der springende Punkt im Anspruch »totalitärer« Bewegungen, daß sie statt »einer Teilkritik der bestehenden Zustände ... eine Totalkritik«[408] entwickeln, daß sie, so formuliert er, am »alte(n) Traum der klassenlosen Gesellschaft«[409] hängen, statt, so bleibt sinngemäß zu ergänzen, an der ewigen Realität der Klassengesellschaft. *Die Anerkennung des gesellschaftlichen Status quo wird somit zum Kriterium der Unterscheidung zwischen »nicht-totalitär« und »totalitär«.* Überaus deutlich geht dies auch aus folgender Passage hervor: »Diese Entschlossenheit zur totalen Änderung aller Verhältnisse erzeugt den

405 Ebenda, S. 131 f.

406 Friedrich erklärt, daß »eine totalitäre Diktatur auch als eine ›perfekte‹ Demokratie beschrieben werden könne (C. J. Friedrich, The Changing Theory and Practice of Totalitarianism, in: Il Politico 33 (1968), S. 60; zit. nach W. Schlangen, Theorie..., S. 119. An anderer Stelle ist die Rede vom »popular totalitarianism« (ders./Z. K. Brzezinski, Totalitarian Dictatorship and Autorcracy, Cambridge 1956, S. 43).

407 Freilich bleiben daneben solche herkömmlichen *strukturellen* Bestimmungsmerkmale wie die »Einparteienherrschaft« u. ä. bestehen. Sie werden jedoch zu spezifisch »totalitären« Attributen erst im Kontext der revolutionären *Dynamik* der betreffenden Systeme. Dies entspricht auch der der Totalitarismustheorie zugedachten politisch-ideologischen Stoßrichtung: extrem reaktionäre Regime des »Westens« bleiben vom Totalitarismusverdikt ausgeschlossen, weil sie zwar auch monopolistische politische Herrschaftsstrukturen, jedoch keine allumfassende Mobilisierung auf das revolutionäre Ziel hin aufweisen. Dies steht dahinter, wenn etwa erklärt wird: »Es gibt südlich des Rio Grande wohl niemanden, der unberufener wäre, sich über die Verletzung der Menschenrechte zu empören, als Fidel Castro, dessen totalitäre Regierungspraxis selbst von den hartgesottenen Diktatoren Südamerikas bislang nicht erreicht wurde.« (FAZ v. 9. 4. 1977).

408 C. J. Friedrich, Totalitäre Diktatur, S. 22.

409 Ebenda.

Terror, denn eine von Menschen ins Werk gesetzte Veränderung der bestehenden Verhältnissse bringt immer Widerstand auf den Plan. Daher kann in einer freien Gesellschaft keine totale Veränderung durchgesetzt werden, weil der Versuch eine so mächtige Opposition hervorbringen würde, daß er an ihr scheitern müßte.«[410] Mit dieser Argumentation überläßt Friedrich den jeweiligen Nutznießern einer bestehenden Gesellschaftsordnung unbesehen das letzte Wort über die Geschichte; allein die Möglichkeit ihres Widerstands gegen eine Umwälzung der Verhältnisse ist ihm bereits Grund genug, diese Umwälzung abzulehnen. Auf eine solche Logik können sich auch die rückständigsten Regime zu ihrer Rechtfertigung berufen; auch die überfälligsten gesellschaftspolitischen Umwälzungen können gemäß solcher Logik als »totalitär« zurückgewiesen werden — wie das in der Praxis denn auch geschieht.[411]

Zwar beläßt Friedrich den Status quo, den seine Definition schützen und zur einzig gültigen Norm erheben, sehr im Abstrakten, ebenso wie er selten ein konkretes Wort über die realen Veränderungsabsichten der »totalitären« Kräfte verliert (typisches Beispiel: »Das Leben, die gesellschaftlichen Beziehungen des Menschen sollen durch und durch geändert werden.«).[412] Aber es kann dennoch keinen Zweifel darüber geben, daß es der Status quo der bürgerlichen, der kapitalistischen Gesellschaft ist, den er zum Prüfstein von »nicht-totalitärem« bzw. »totalitärem« Anspruch macht. Ausdrücklich bestätigt wird das bei J. L. Talmon, der nämlich den Scheidepunkt zwischen »Totalitarismus« und liberaler Demokratie in der »Frage des Eigentums«[413] ansiedelt. Hierzu hat G. Schäfer treffend bemerkt: »Wer die bürgerliche Eigentumsform in einer bürgerlich verfaßten Welt angreift und sich gegen das marktförmige Verhalten der bürgerlichen Gesellschaft wendet, kann natürlich ebenso leicht des Messianismus wie der Anwendung politischer Gewalt gegen die vorgeblich unpolitische der bürgerlichen Gesellschaft geziehen werden.«[414]

Wie die Totalitarismustheorie Antikapitalismus als »Totalitarismus«

410 Ebenda, S. 123.
411 Hans Dichgans plädiert für die Erhaltung der weißen Apartheid-Diktatur in Südafrika mit dem Argument: ». . . in einem schwarz beherrschten afrikanischen Staat kann es, wie die Dinge liegen, keinen Schutz für eine weiße Minderheit geben. In Südafrika leben vier Millionen weiße Bürger. Sie würden enteignet und ausgetrieben . . . Und die sogenannte Herrschaft einer schwarzen Mehrheit (in Wahrheit einer diktatorischen Minderheit) würde . . . auch den Schwarzen weder Wohlstand noch mehr Freiheit bringen.« (FAZ v. 18. 1. 1977) Man verteidigt also eine Diktatur mit dem Argument, daß ihre Abschaffung zur Diktatur führen würde.
412 C. J. Friedrich, Totalitäre Diktatur, S. 123.
413 J. L. Talmon, Die Ursprünge der totalitären Demokratie, S. 5.
414 G. Schäfer, Demokratie und Totalitarismus, S. 118.

abstempelt, so im weiteren auch den Prozeß der bewußten gesamtgesellschaftlichen Erneuerung im Sozialismus. Für O. Stammer etwa liegt ein entscheidender »totalitärer« Wesenszug der betreffenden Systeme in dem Unterfangen, »*die Gesellschaft* mit Hilfe einer komplizierten Herrschaftsorganisation *umzugestalten*« und eine »monopolistische ... Sozialstruktur« — was immer das sein mag — zu errichten.[415] Bei B. Meissner geht es der »totalitären Herrschaft« ebenfalls konstitutiv um einen »*tiefgreifenden sozialen Strukturwandel*«[416]; den notwendig gesamtgesellschaftlichen, zentralvermittelten und bewußten Modus dieses Strukturwandels reflektieren dabei Meissners zentrale Kategorien der »totalen Kontrolle« und der »totalen Planung«.[417]

All diese Umschreibungen der Dynamik und Zielgerichtetheit sozialistischer Gesellschaftspolitik erhalten ihre zweifellos stets mitintendierte negative Wertgeladenheit erst auf dem Hintergrund einer stark spontaneistischen Gesellschafts- und Geschichtsauffassung, der gemäß bewußt organisierte Gesellschaftsgestaltung in die Nähe einer Vergewaltigung natürlicher sozialer Strukturen und Abläufe rückt. So heißt es z. B. bei B. Meissner: »Solange aber die Partei den Willen und die Kraft hat, *die autonomen sozialen Prozesse ... unter Kontrolle zu halten,* bleibt die Gesellschaft ... der totalitären Herrschaft unterworfen.«[418] Eine weitere Zuspitzung dieses Gedankens ist uns weiter oben schon bei R. Löwenthal begegnet, der der »totalitären« Partei vorwirft, daß sie »die Gesellschaft wiederholt von dem Wege fortreißt, den sie ›natürlicherweise‹ gehen würde, da alle natürlichen Wege von dem utopischen Ziel wegführen«.[419] Löwenthals natürlicher Weg erweist sich übrigens bei näherer Betrachtung als kapitalistischer, womit sich einmal mehr bestätigt, daß mit dem Attribut des »Totalitären« gerade das versehen wird, was in nicht-kapitalistische Richtung weist.[420]

415 O. Stammer, Die totalitären Herrschaftssysteme, in: A. Gehlen/H. Schelsky, Soziologie. Ein Lehr- und Handbuch zur modernen Gesellschaftskunde, S. 292, 193 (Hervorheb.: O. C.).

416 B. Meissner, Wandlungen im Herrschaftssystem und Verfassungsrecht der Sowjetunion, in: E. Boettcher u. a. (Hrsg.), Bilanz der Ära Chruschtschow, S. 147 (Hervorheb.: O. C.).

417 Ebenda, S. 142. Zur Verurteilung gesellschaftlicher Gesamtplanung siehe schon C. J. Friedrich: Er hält die Ansicht, »daß jeder Versuch einer Planung in Wirklichkeit den ›Weg zur Knechtschaft‹ bedeute«, insofern für »richtig«, wenn Planung im autoritären Sinne verstanden wird als ein auf einer grundsätzlichen, politischen Entscheidung aufgebauter Gesamtplan«. (Totalitäre Diktatur, S. 174).

418 B. Meissner, Totalitäre Herrschaft und sozialer Wandel in der Sowjetunion, in: Gesellschaftliche Entwicklungstendenzen in Osteuropa, S. 34 (Hervorheb.: O. C.).

419 R. Löwenthal, Entwicklung kontra Utopie. Das kommunistische Dilemma, S. 72.

420 Löwenthal betrachtet die »Vision einer Gesellschaft ohne Klassen« (ebenda, S. 64) als

Die Tendenz, den Totalitarismusbegriff zu einem »vorgeprägte(n) theoretische(n) Synonym für kommunistische Herrschaft«[421] als solche zu machen, findet ihren besonders konzentrierten, lakonischen Ausdruck in der Definitionsvariante von M. Draht. Für Draht besteht das »fundamentale charakteristische Merkmal«, das »Primärphänomen des Totalitarismus« in dessen »Ziel..., ein neues gesellschaftliches Wertungssystem durchzusetzen, das bis in die ›Metaphysik‹ hinein fundiert wird«.[422] Mit dieser Definition befreit M. Draht die Totalitarismustheorie von beinahe jeglichem Risiko einer Falsifizierung, da er sie der Verpflichtung enthebt, sich bezüglich dieser oder jener konkreten Einzelmerkmale der Herrschaftsstruktur empirisch zu bewähren. Ausschlaggebend ist einzig und allein der Tatbestand umfassender gesellschaftlicher Umwälzung — von Draht zudem noch zu einem ideellen Vorgang sublimiert (»Wertungssystem«), wohl um vordergründig den Faschismus ebenfalls mit in die Definition hineinnehmen zu können.[423] Der Totalitarismusbegriff schrumpft damit auf die äußerst abstrakte Umschreibung einer Tatsache zusammen, welche für den Sozialismus selbstverständlich, ja *tautologisch* ist: nämlich daß er von der »Notwendigkeit einer totalen Umgestaltung der Gesellschaft« (Engels) ausgeht. M. Draht erklärt selbst, daß es ihm um die Schaffung eines gewisserma-

---

irreal. Ungleichheit, Unterordnung und sozialer Zwang, wirtschaftliche Habsucht der Menschen u.a.m. sind seiner Ansicht nach jedem gesellschaftlichen Zusammenleben wesenseigen (vgl. ebenda, S. 64 ff.). In einem jüngeren Aufsatz bekräftigt R. Löwenthal die Gleichsetzung von natürlich-spontaner = kapitalistischer Gesellschaftsentwicklung; synonym gebraucht er dort folgende Ausdrücke (Reihenfolge wie im Original): die »spontanen Triebkräfte der gesellschaftlichen Entwicklung« — die »spontanen, individualistischen Triebkräfte ... der Gesellschaft« die » ›natürlichen‹ Antriebe der gesellschaftlichen Entwicklung« — die »grundlegenden Triebkräfte der Marktwirtschaft« — die »natürlichen Triebkräfte« — usw. (R. Löwenthal, Die Utopie der Konservativen. Demokratie und Freiheit heute (Schluß), in: Die Zeit v. 9. 11. 1873).

421 W. Schlangen, Theorie . . ., S. 100.

422 M. Draht, Totalitarismus in der Volksdemokratie, Einleitung zu E. Richert, Macht ohne Mandat. Der Staatsapparat der sowjetischen Besatzungszone Deutschlands, (2. Aufl. 1963), S. XVII, XXV.

423 M. Greiffenhagen betont, »daß die nationalsozialistische ›Revolution‹ die definitorischen Anforderungen, welche Draht an eine totalitäre Revolution stellt, nicht erfüllt«. (Der Totalitarismusbegriff in der Regimenlehre, S. 55.) Wohlgemerkt bringt Greiffenhagen dabei jedoch Drahts eher im Ideellen angesiedelte Definition auf ihren impliziten materiellen Kern: auf das Kriterium der »Verwirklichung . . . einer prinzipiell neuen gesellschaftlichen Ordnung« (ebenda, S. 47). Drahts idealistischen Ansatz kritisieren auch O. Stammer und P. Weingart: »Die theoretische Schwäche dieser Begriffsbildung liegt in der Beschränkung auf das gesellschaftliche Wertsystem, dessen Beziehung zur Sozialstruktur wie zum institutionellen Bereich der Gesellschaft in den Hintergrund tritt . . . Drahts Ansatz ist auch zu formal . . .« (O. Stammer/P. Weingart, Politische Soziologie, München 1972, S. 123 f.)

ßen unverwüstlichen Totalitarismusbegriffs geht, und rechnet sich diese wissenschaftlich wahrhaftig unkomplizierte Tat als sein Verdienst an; wie W. Schlangen schreibt, bezweckt M. Draht bei seinem »Verfahren der Begriffsbildung den Vorteil, daß ... (der) Totalitarismusbegriff *unbeschränkt verfügbar* werde zur *allgemeinen Bezeichnung* faschistischer und kommunistischer Regime. Diese Modifizierung *gewährleiste* zumal auch *die weitere Anwendung* des Totalitarismusbegriffs auf die unterschiedlichen Erscheinungsweisen kommunistischer Herrschaft, da allein der Nachweis jenes Primärphänomens für diese begriffliche Zuordnung maßgeblich sei ...«[424] Schärfer gesagt: Draht entleert den Totalitarismusbegriff so weit, bis er sozusagen zu einer narrensicheren Formel geworden ist, die immer stimmt. Es geht ihm nicht um die Qualifizierung und Vertiefung eines Begriffs als eines wissenschaftlichen Erkenntnisinstruments, sondern um die Rettung einer — aus ideologischen Motiven für unentbehrlich gehaltenen — »*Bezeichnung*« für sozialistische Herrschaft.

Ein wissenschaftlicher Erklärungsanspruch ist mit dieser Bezeichnung kaum noch verbunden. Draht nimmt das offen in Kauf. »Ausdrücklich beansprucht er mit seinem Totalitarismusbegriff auch nicht, die komplexen sozialen, politischen, ökonomischen und ideologischen Faktoren zu erklären, die für die Entstehung und Ausprägung konkreter totalitärer Regime entscheidend seien ... Die besondere Ausprägung konkreter totalitärer Regime ergebe sich erst aus den spezifischen Wirkungszusammenhängen jenes Primärphänomens mit anderen Faktoren dieser Regime, die nicht verallgemeinert werden könnten in einem solchen generellen theoretischen Begriff.«[425] Draht räumt demnach selbst ein, daß sein Totalitarismusbegriff jedes »konkrete totalitäre Regime« unbegriffen läßt. Er sagt selbst, daß aus dem sog. »Primärphänomen« heraus kein Verständnis dessen zu entwickeln ist, was für konkrete Herrschaftssysteme »entscheidend« ist. Damit aber trägt das »Primärphänomen« seinen Namen zu unrecht; denn wenn es nichts entscheidendes beiträgt zur Erklärung konkreter Zusammenhänge, kann es unmöglich eine realgesellschaftlich primäre, eine Grundtatsache bezeichnen. Statt Primärphänomen konkreter, real vorhandener gesellschaftlicher Systeme zu sein, ist es das »Primärphänomen« einer von Anfang an feststehenden Konstruktion und Fiktion: eben des »Totalitarismus«. *Statt das »fundamentale charakteristische Merkmal« konkreter Systeme zu*

424 F. Engels, Vorrede zur englischen Ausgabe des Kommunistischen Manifests, in: K. Marx/F. Engels, Manifest der Kommunistischen Partei, Berlin 1967, S. 28.
425 W. Schlangen, Theorie ..., S. 128 f. (Hervorheb.: O. C.).

bezeichnen, bezeichnet es bloß das »fundamentale charakteristische Merkmal« dieser abgehobenen Konstruktion selbst. So bewegt sich der Totalitarismusbegriff im Zirkel der eigenen Selbstbestätigung; die konkrete Analyse kann ihm nichts anhaben, da sie in ihm ausdrücklich »nicht verallgemeinert«[426] zu werden braucht.

Der Wille, auf dieser verselbständigten Abstraktionsebene zu beharren, ist stärker als alle Bedenken, die die daraus resultierende analytische Unfruchtbarkeit des Begriffs eigentlich hervorrufen müßte. Diese Unfruchtbarkeit wird mit dem Abstraktionsgrad entschuldigt, den der Totalitarismusbegriff nun einmal haben müßte, statt in der Unfruchtbarkeit ein gewichtiges Argument gegen eben jenen Abstraktionsgrad (und damit gegen den Totalitarismusbegriff selbst) anzuerkennen: »in einem solchen generellen theoretischen Begriff«, bedauert M. Draht, sei nun einmal die »Entstehung und Ausprägung konkreter totalitärer Regime« nicht aufzuschlüsseln. Ganz ähnlich nimmt Kielmansegg dieses analytische Versagen der Totalitarismustheorie in Schutz: Es sei »problematisch, Totalitarismustheorie als Theorie kommunistischer Systeme zu konzipieren. Sofern man Theoriebildung auf der Abstraktionsebene des Totalitarismus-Konzepts überhaupt für wünschenswert hält, trifft deshalb der Vorwurf, die Strukturmerkmale des Typs seien unhistorisch-abstrakt gewählt …, nicht ganz.«[427] Das heißt also: weil die Abstraktionsebene der Totalitarismustheorie »wünschenswert« ist — und dies wiederum, weil die Identitätsthese Faschismus = Sozialismus »wünschenswert« ist —, deshalb muß ihre Erklärungsschwäche bezüglich konkreter Herrschaftssysteme, zumal des Sozialismus, in Kauf genommen werden. Die Wissenschaftlichkeit muß der ideologischen Nützlichkeit Opfer bringen. Die vorgebrachte Begründung, Totalitarismustheorie sei ja nicht Theorie sozialistischer Systeme, soll dabei vergessen machen, *daß die Totalitarismustheorie faktisch durchaus als Theorie sozialistischer Systeme fungiert:* M. Draht zielt, wie der Titel seiner Abhandlung bereits zu erkennen gibt, auf den »Totalitarismus in der Volksdemokratie«, und P. Graf Kielmansegg erklärt — nur einige Seiten nach der zitierten Inschutznahme der Abstraktheit der Doktrin — ausdrücklich den Sozialismus zum Hauptgegenstand: »Etwa die Sowjetunion und China«, heißt es hier, seien »viel wichtigere Studienobjekte … als das nationalsozialistische Deutschland«.[428] Angesichts dieser eindeutigen Präferenz für den Sozialismus als Gegenstand erscheint es als doppelbödiges Verfahren, das Erkenntnisdefizit der Totalitaris-

---

426 Ebenda, S. 128.
427 Vgl. das in voriger Anmerkung ausgewiesene Zitat.
428 P. Graf Kielmansegg, Krise . . ., S. 315, Anm. 11.

mustheorie in bezug auf den Sozialismus damit zu entschuldigen, daß die Theorie ihren übergreifenden Charakter wahren müsse. Daß dieser übergreifende Charakter längst zu einer Fiktion geworden ist, wird vollends daran deutlich, daß das Totalitarismus-Modell in der bürgerlichen *Faschismus*-Forschung eine immer geringere Rolle spielt; es kann sich somit angesichts seiner Erkenntnisschwäche in Sachen Sozialismus schwerlich noch darauf berufen, gleichzeitig eben auch Erkenntnis in Sachen Faschismus erbringen und deshalb auf allgemeinerer Ebene angesiedelt sein zu müssen. [429]

Die analytische Sterilität des Totalitarismusbegriffs ist, wie wir sahen, der Preis seiner Immunisierung und Entleerung. Der Begriff wird zum polemischen Synonym für sozialistische Herrschaft. [431] Als Kriterium des »Totalitären« dient nur noch die abstrakt für sich genommene, inhaltlich nicht näher qualifizierte, banale Tatsache der gezielten und umfassenden Umwälzung der gesellschaftlichen Verhältnisse. Zum Stein des Anstoßes werden also nicht mehr, wie es im klassischen Totalitarismusmodell etwa der Friedrich'schen Prägung noch erscheinen mochte, die *Herrschaftsmethoden,* sondern unmittelbar die sozialistische *Zielsetzung.* Damit reduziert sich, in dieser gängigen Spielart, die Totalitarismusdefinition auf die unmittelbare, nackte Bekundung des ihr zugrundeliegenden bürgerlichen Vorverständnisses. Der Begriff erklärt nicht, er stempelt ab, nach Maßgabe der herrschenden »normative(n) Orientierung am liberal-demokratischen politischen Herrschaftsverständnis«. [432] Um ein System als »totalitär« zu diagnostizieren, genügt es schon, dessen Unvereinbarkeit mit der bürgerlichen Norm zu konstatieren; alle weitere konkrete, immanente Untersuchung ist für die Begriffsbildung an sich ohne Belang. Mit einem Wort: die Totalitarismustheorie »wird zu einem antikommunistischen Begriffsschema«. [433]

429 P. Graf Kielmansegg, Krise . . ., S. 322.

430 M. Broszat (Der Staat Hitlers, München 1969) z. B. schreibt, die neuere Spezialliteratur zum Nationalsozialismus habe »manche älteren, allzu einfachen Begriffe von der Natur, Entwicklung und Wirkungsweise des Hitler-Regimes nachdrücklich in Frage gestellt, namentlich die Vorstellung eines monolithischen Machtsystems, eines machiavellistisch durchrationalisierten Superstaates, wie sie verschiedentlich von politikwissenschaftlicher Seite unter dem Oberbegriff des Totalitarismus . . . suggeriert worden ist« (ebenda, S. 9, zit. nach M. Weissbecker, Entteufelung der braunen Barbarei, S. 60).

431 Der amerikanische Kommunismusforscher J. H. Kautsky erklärt: »Es ist völlig klar, daß das Totalitarismus-Konzept, wenn es auch dem Anschein nach soziale Tatbestände (events) . . . verallgemeinert, faktisch kaum mehr als ein Ersatz (surrogate) für den Eigennamen ›Sowjetunion‹ ist.« (J. H. Kautsky, Comparative Communism Versus Comparative Politics. S. 140.)

432 W. Schlangen, Theorie . . ., S. 88.

433 Ebenda, S. 179.

Die Dogmatisierung bürgerlicher Wertmaßstäbe in der Totalitarismusforschung ist an verschiedenen Beispielen bereits deutlich geworden. Im Grunde genommen stellt das Totalitarismusmodell insgesamt nur die Umstülpung eines Syndroms bürgerlicher Leitvorstellungen dar, welche ihrerseits nur Reflex der kapitalistischen Gesellschaft selbst sind. Die Leitvorstellung von der Autonomie der Gesellschaft, Reflex der Blindwüchsigkeit der bürgerlichen Gesellschaft, führt in der Umstülpung zum Schreckbild der total kontrollierten Gesellschaft. Die Leitvorstellung vom bürgerlichen Staat, der allenfalls die Randbedingungen des sozioökonomischen Prozesses reguliert, ansonsten ihm aber freien Lauf läßt, führt in der Umstülpung zum Schreckbild des Staates mit »unbegrenzte(r) Verfügungsgewalt über die Gesamtheit der Lebenschancen des Einzelnen«.[434] Die Leitvorstellung vom bürgerlichen Pluralismus, Reflex der Konkurrenzgesellschaft, ergibt umgestülpt das Bild der selbstherrlichen, monopolistischen Parteidiktatur. Die Leitvorstellung vom abstrakten Einzelindividuum schließlich, Reflex des Warenbesitzers, bringt umgestülpt das Bild eines Kollektivismus hervor, welcher keinen Raum lasse für »eine Sphäre eigener Verantwortung . . ., mit deren Inhalt die Gemeinschaft in keiner Weise befaßt ist«.[435]

Im Grunde genommen begreift damit die Totalitarismustheorie ihren Gegenstand — und das ist wesentlich die sozialistische Gesellschaft — als *Perversion,* als Abirrung vom eigenen bürgerlichen Idealbild. Dies ist denn auch häufig genug offen zum Ausdruck gebracht worden. C. J. Friedrich versteht die »totalitäre Partei« als »pervertierte Fortsetzung aus dem Parteiwesen der Demokratie«.[436] Für L. B. Schapiro beruhen die theoretischen Vorstellungen des »Totalitarismus« auf »geistiger Entartung«.[437] Für J. Orlow ist »das Streben nach Veränderungen, vor allem nach solchen in sozialistischer Richtung, eine *wahre Krankheit der Gegenwart*«.[438] C. J. H. Hayes sieht im »Totalitarismus« eine »Revolte... gegen die gesamte historische Kultur des Westens«.[439] R. Löwenthal erklärt, daß die DDR-»Landsleute« »unter einem unfreien,

434 P. Graf Kielmansegg, Krise..., S. 325. Das Denken in den Maßstäben des spezifisch bürgerlichen Politik-Ökonomie-Verhältnisses steht auch Pate in Kielmanseggs Charakterisierung des »Totalitarismus« als »extreme Konzentration gesellschaftlicher Funktionen im politischen System zu Lasten anderer sozialer Systeme« (ebenda); es fiele ihm hingegen niemals ein, die »pluralistische« Gesellschaft als »extreme Verselbständigung sozialer Subsysteme zulasten einer gesamtgesellschaftlichen Rationalität«o. ä. zu begreifen.
435 C. J. Friedrich, Freiheit und Verantwortung, S. 131.
436 C. J. Friedrich, Totalitäre Diktatur, S. 22.
437 L. B. Schapiro, »Totalitarismus«, S. 484.
438 J. Orlow, Über die Unmöglichkeit..., S. 370 f.
439 C. J. H. Hayes, The Novelty..., in: B. Seidel/S. Jenkner (Hrsg.), Wege..., S. 99.

in seinem Ursprung *nichtwestlichen* Regime« leben.[440] Und G. Leibholz' bis ins Kosmische gesteigerte Dämonisierung des »Totalitarismus« als eines »Aufstand(es) des Menschen wider Gott«[441] klingt noch 1976 in H. Schoecks Urteil nach, der Sozialismus/»Totalitarismus« kämpfe »im Grunde... gegen die menschliche Natur«.[442] Mögen diese Beispiele extrem und grotesk erscheinen, so sind sie dennoch nicht einfach zufällige Entgleisungen, sondern die konsequent zu Ende geführte Tendenz des totalitarismustheoretischen Denkens, den Gegenstand nur ex negativo als Gegenbild zur bürgerlichen Normalität zu fassen. Der »Totalitarismus« ist eine »Perversion der Demokratie«[443] — dieses Diktum Friedrichs bezeichnet die Urformel jenes Denkens.

Aufgrund der geschilderten problematischen Züge des Totalitarismuskonzepts — seiner Manipulierung zu einem abstrakten Synonym für Sozialismus, seiner analytischen Anspruchslosigkeit und seiner massiven Wertungsfunktion — dürfte kein Zweifel mehr möglich sein, daß das Konzept präzise den Tatbestand wissenschaftlicher Unbrauchbarkeit erfüllt, den P. Graf Kielmansegg — überzeugt, daß er nicht zutreffe — dann für gegeben hält, wenn Begriffen und Konzepten »primär, das heißt losgelöst von ihrer analytischen Bestimmung, die Funktion zugewiesen wird, *Bewertungen* der Objekte, die sie bezeichnen, *durchzusetzen*«.[444] Obwohl das Konzept seine analytische Bewährungsprobe weder hinsichtlich des Faschismus noch des Sozialismus bestanden hat, und obwohl es seinen Anspruch, übergreifende analytische Verallgemeinerung zu sein, durch seine Umwandlung in ein eindeutig sozialismusbezogenes Klischee faktisch selbst aufgegeben hat, wird es hartnäckig weiter verteidigt. Nichts macht man sich bei diesem Insistieren auf der Totalitarismustheorie weniger zueigen als das von der bürgerlichen Wissenschaftstheorie als zentral herausgestellte Gebot, Theorien unentwegt dem Versuch ihrer *Falsifizierung* auszusetzen.[445] Im Gegenteil: Teils nimmt man die konkrete Realität, welche die Theorie mögli-

440 R. Löwenthal, Sozialismus und aktive Demokratie, S. 152 (Hervorhebung: O. C.).

441 G. Leibholz, Das Phänomen des totalen Staates, S. 230; zit. nach W. Schlangen, Theorie..., S. 72.

442 H. Schoeck, Die Illusion eines ›demokratischen‹ Sozialismus, S. 24.

443 C. J. Friedrich, Art. »Demkratie«, in: Handwörterbuch der Sozialwissenschaften, Bd. II, Stuttgart 1959, S. 564.

444 P. Graf Kielmansegg, Krise..., S. 313 (Hervorhebung: O. C.).

445 »Es gibt... in der Forschung nur eine Sicherheit: die Falschheit einer Theorie.« (P. Atteslander, Methoden der empirischen Sozialforschung, (West-)Berlin 1969, S. 31). H. Berger und H. Jetzschmann charakterisieren dieses Wissenschaftsverständnis mit den Worten, daß hier »die Widerlegung theoretischer Erkenntnisse als höchster Auftrag der Wissenschaft formuliert« werde (H. Berger/H. Jetzschmann, Der soziologische Forschungsprozeß, S. 143).

cherweise oder tatsächlich widerlegt, nicht zur Kenntnis; teils nimmt man die praktische Falsifizierung des Konzepts zur Kenntnis, formuliert es jedoch daraufhin einfach so weit um, daß es wieder auf die Realität »paßt« — wobei wohlgemerkt dieses neuformulierte Konzept unverändert unter dem Namen des »Totalitarismus« (samt dessen Faschismus/Sozialismus-übergreifendem Anspruch) firmiert.

Den Umstand schließlich, daß der solcherart zum abstrakten Sozialismus-Synonym gewandelte Totalitarismus-Begriff vollends auf den Rang einer bloßen »Bezeichnung« ohne analytische Bedeutung herabgesunken ist, wertet man ebenfalls nicht als Falsifizierung (nämlich Untauglichkeitsbescheinigung) des Konzepts; vielmehr zeigt man sich, wie Draht, zufrieden, daß der Begriff nun zur Bezeichnung gleich welcher Etappe und Ausprägung des sozialistischen Systems »unbeschränkt verfügbar«[446] sei.

Damit hat sich der Totalitarismusbegriff *immunisiert*. Die Möglichkeit, daß die sozialistische Gesellschaft einmal nicht mehr unter die Kategorie des »Totalitären« fällt, ist eliminiert. Der Begriff funktioniert als vorgefaßter. Er nähert sich der Wirklichkeit stets bloß bis zum Punkt der eigenen Selbstbestätigung.

446 Vgl. oben, Anm. 424.

5. Zur Kritik der Totalitarismustheorie bei P. C. Ludz

Um zu einem Urteil darüber zu kommen, welche Stellung die heutige Kommunismusforschung — und mit ihr die DDR-Forschung — gegenüber der Totalitarismuskonzeption einnimmt, ist es von besonderer Bedeutung, auf die Kritik zur rekurrieren, welche in den sechziger Jahren von Vertretern der neuen Strömung an der Totalitarismustheorie geübt wurde. Zu den frühesten und richtungsweisenden kritischen Beiträgen in diesem Zusammenhang gehören die von P. C. Ludz. Da nun die bundesdeutsche DDR-Forschung insgesamt stark mit diesem Namen verbunden ist, kann man davon ausgehen, daß sich im Rekurs auf dessen Totalitarismus-Kritik entscheidende Wurzeln des theoretischen und methodologischen Selbstverständnisses der heutigen DDR-Forschung bloßlegen lassen. So wie die erste Hälfte der sechziger Jahre *historisch* die Ablösung der traditionellen Totalitarismustheorie durch (mehr oder weniger) neuartige Konzepte der Kommunismusforschung markieren, so geben die damals erschienenen Beiträge auch deutlich Aufschluß über das *logische* Verhältnis der alten und der neuen theoretischen Konzepte zueinander, über ihren systematischen Vermittlungszusammenhang.

Die Einwände, die Ludz Anfang der sechziger Jahre[447] gegen den tradierten Totalitarismus-Begriff erhebt, sind auf einen Nenner gebracht in seiner Feststellung, diesem Begriff sei »etwas Starres, Unhistorisches und Unflexibles«[448] eigen. Unhistorisch ist für Ludz zum einen die Gleichsetzung von Faschismus und Kommunismus, zum andern die — damit verknüpfte — Gleichsetzung von Kommunismus und Stalinismus. Während Ludz seine Kritik an der ersten dieser Gleichsetzungen nur andeutet[449], widmet er sich ausführlich der zweiten, wie es seinem von der Kommunismusforschung herkommenden Interesse entspricht. Den Hintergrund seiner Kritik bilden die realen Veränderungen in den sozialistischen Gesellschaften. Ludz betont die erreichte ökonomische und politische »Stabilisierung der bolschewistischen Gesellschaftsord-

447 Ursprünglich bewegte sich auch P. C. Ludz noch im Horizont der traditionellen Totalitarismus-Theorie, wie sein Aufsatz über »Das politische System in der DDR« aus dem Jahre 1960 zeigt. Dort sieht Ludz noch auschließlich eine »immer perfektere Politisierung der Gesellschaft« (S. 120) und wendet sich explizit gegen eine Kennzeichnung des DDR-Systems mit dem abgeschwächten Attribut des »bloß Autoritativen« (S. 109).

448 P. C. Ludz, Totalitarismus oder Totalität? (Zur Erforschung bolschewistischer Gesellschafts- und Herrschaftssysteme), S. 133.

449 Vgl. ebenda, sowie P. C. Lutz, Offene Fragen in der Totalitarismusforschung, S. 328.

nungen«[450], die wachsende Zustimmung der Bevölkerung zu ihrem System[451], die Existenz einer diskutierenden Öffentlichkeit, in der auch »Konflikte... zur Sprache gebracht werden«[452], u. a. m. Angesichts dieser Entwicklung, so stellt Ludz fest, würden Totalitarismus-Konzepte wie die von C. J. Friedrich und Z. K. Brzezinski in sich zusammenbrechen. Ihre Aussagen etwa über die Rolle des Terrors seien hinfällig, »wenn sie mit der poststalinschen Entwicklung in der Sowjetunion verglichen werden. Der ›Orwellsche Terror‹ und die Folterknechte à la Gletkin in Köstlers ›Sonnenfinsternis‹ können nicht mehr als die Symbole totalitärer Herrschaft angesehen werden.«[453] Auch die Frage nach Freiheit und Unfreiheit lasse sich nicht mehr wie bisher in Bausch und Bogen beantworten; zumindest sei die »Möglichkeit der Angleichung jedenfalls gewisser Dimensionen von Freiheit in beiden Systemen... nicht von der Hand zu weisen«.[454] Die Beurteilung der Freiheit in den »totalitären« Systemen sei zumal deshalb nicht einfach, weil der »Westen« weniger denn je über einen fundierten und verbindlichen Freiheitsbegriff verfüge, auf den er sich berufen könnte, wenn er dem »Osten« Unfreiheit bescheinigen will.[455]

Von daher bestimmt Ludz die entscheidende analytische Beschränktheit der Totalitarismustheorie: »Die These... Friedrichs, daß der Totalitarismus nur Verfallserscheinung oder Perversion der Demokratie sei, macht u. E. die zentrale Schwäche der von Friedrich vertretenen Theorie aus; verhindert sie doch schon im Ansatz eine Konzeption bolschewistischer Herrschafts- und Gesellschaftssysteme als historisch-politische Realitäten mit einer... ganz eigenen... Ideologie, mit eigenen sozialen und historischen Gesetzmäßigkeiten und eigener ökonomisch-sozialer Dynamik.«[456] »*Dynamik*« ist das entscheidende Stichwort in Ludz' Argumentation. Statt sich in der Beschreibung von Herrschaftstechniken und -strukturen zu erschöpfen, soll die Kommunismusforschung seiner Meinung nach die Tatsache in den Blick nehmen, daß »diese Gesellschaft lebt und sich dynamisch entwickelt«.[457] Die kommunistischen

---

450 P. C. Ludz, Offene Fragen..., S. 347.

451 So konstatiert Ludz z. B. in der DDR eine gewisse »Gemeinsamkeit sozialer Normen zwischen SED und Bevölkerung« (P. C. Ludz, Entwurf einer soziologischen Theorie totalitär verfaßter Gesellschaft, S. 41; vgl. auch E. Richert, Zur Frage der Konsolidierung des Regimes in der DDR, in DNG 3/1960).

452 P. C. Ludz, Entwurf..., S. 47.

453 P. C. Ludz, Offene Fragen..., S. 337.

454 Ebenda, S. 344.

455 Vgl. P. C. Ludz, Offene Fragen..., S. 343, sowie ders., Totalitarismus oder Totalität.... S. 133.

456 P. C. Ludz, Offene Fragen..., S. 328.

457 P. C. Ludz, Totalitarismus oder Totalität..., S. 135.

Parteien sind nach Ludz nicht bloß schwer auf den gesellschaftlichen Verhältnissen lastende Apparate; ihre Einwirkung auf die Gesellschaft ist »nicht nur im Sinne der Zerstörung oder Behinderung sozialer Beziehungen zu verstehen«, ihre Maßnahmen wirken »nicht nur sozial retardierend, sondern auch dynamisierend«.[458]

Wer diese Dynamik übersieht, so warnt Ludz, der begeht eine doppelte Fehleinschätzung: Erstens verleiten die polemisch und vorschnell verallgemeinerten Begriffe wie »Terror«, »Kommandowirtschaft«, »monolithische Einheitspartei« u. ä. zu einer *Unterschätzung* der Entwicklungs-, Modernisierungs- und Demokratisierungsmöglichkeiten dieser Gesellschaftssysteme, zweitens aber auch zu einer *Überschätzung* der in ihnen aktuell herrschenden politischen Kontrolle und ihrer Möglichkeiten. Die bisherige Totalitarismustheorie habe die kommunistische Selbstdarstellung, wonach die sozialistische Gesellschaftsordnung in sich geschlossen sei, »unkritisch« übernommen[459] und lediglich mit einer negativen Wertung versehen. Stattdessen gelte es jedoch die tatsächlich bestehenden Konflikte zu würdigen. Denselben Gedanken wendet Ludz auch auf der Ebene der Ideologiebetrachtung an und wirft beispielsweise M. Draht vor, »der im Selbstverständnis der Partei behaupteten Homogenität des ideologischen Dogmas«[460] aufzusitzen und dadurch die »tiefen Risse«[461] zu übersehen.

Mit der Einführung des Gesichtspunktes der gesellschaftlichen Dynamik sowie der Konflikthaftigkeit kommt die Ludzsche Kritik der Totalitarismus-Theorie jedoch bereits an ihre Grenze. Denn mit diesen gesellschaftlichen Kategorien stellt Ludz keineswegs die bisherigen Kategorien der Totalitarismus-Theorie als solche in Frage, sondern weist ihnen nur präziser ihren Platz in der politischen (sozusagen in der Überbau-) Dimension zu. Tatsächlich schlägt an diesem Punkt Ludz' Auseinandersetzung mit der Totalitarismus-Theorie in deren emphatische Verteidigung um. Er kritisiert C. J. Friedrich dafür, daß dieser in seinen späteren Schriften Unklarheit darüber habe aufkommen lassen, daß man es im Sozialismus mit »einer totalen Politisierung der Gesellschaft im Gegensatz zu Freiheitsspielräumen in den westlichen Demokratien«[462] zu tun habe. M. Drahts sog. »Primärphänomen« des Totalitarismus wird von Ludz nachdrücklich unterstrichen: »Prinzipiell sind wir... der Auffassung, daß gerade dieses ›Primär-Phänomen‹ jedes to-

458 P. C. Ludz, Entwurf..., S. 30, 35.
459 Ebenda, S. 15.
460 Ebenda, S. 18.
461 Ebenda.
462 P. C. Ludz, Totalitarisms oder Totalität..., S. 134.

talitären Systems von den Analytikern der totalitären Systeme bisher richtig gesehen wurde und daß dieses Primär-Phänomen auch in den sogleich zu entwickelnden (d. h. in Ludz' eigenen, O. C.) Ansätzen zu einer Totalitätsanalyse enthalten sein sollte.«[463] Neu ist bei Ludz lediglich die Betonung des Gedankens, daß »innerhalb... der totalitären Kruste des Systems..., ... (trotz der Unfreiheit im westlichen Sinne) in der Hülle dieses total politisch gewordenen Raumes Menschen arbeiten, leben, Entscheidungen treffen, Bedürfnisse haben, kurz: die Gesellschaft sich dynamisch entwickelt«.[464]

Weiterhin ist also auch bei Ludz von »totalitärer« Herrschaft die Rede, nur daß sich die Blickrichtung nun mehr auf die gesellschaftliche Dynamik verlagert. Gerade durch den Rekurs auf diese gesellschaftliche Dynamik schafft Ludz der Totalitarismus-Theorie einen Ausweg aus dem Dilemma, in das sie infolge der gewandelten Verhältnisse in den sozialistischen Ländern geraten war: Statt nämlich diesen Wandel als Abbau »totalitärer« Herrschaft und als Entwicklung zu gewisser »Freiheit« interpretieren zu müssen — wie sich dies schon abzeichnete in Friedrichs Aufsatz von 1959 —, kann er nun stattdessen als eine unvermeidbare Anpassungsreaktion des — nach wie vor »totalitäre« Ansprüche verfolgenden — Herrschaftssystems auf die neu entstandenen »*Bedingungen der Industriegesellschaft*«[465] gewertet werden. In einem modernen, »auf Funktionstüchtigkeit angelegten System« bekämen »Terror und Zwang« unweigerlich »einen anderen Stellenwert«; Terror werde »gleichsam der Grenzfall einer vielfältigen Skala von Formen organisatorischen Zwanges«.[466]

---

463 Ebenda, S. 134 f. Auffallenderweise läßt sich Ludz im Rahmen dieser seiner Verteidigung der Totalitarismustheorie nicht auf seine eigenen kritischen Erwägungen zum Freiheitsproblem ein, die er doch um dieselbe Zeit in seinem anderen einschlägigen Aufsatz (»Offene Fragen...) anstellt (vgl. oben, Anm. 454 f.). Stattdessen insistiert er nun wiederum darauf, »daß es ›Freiheit‹ — in diesem prinzipiell zwar durchaus vagen, doch in diesem Zusammenhang verständlichen Sinn — im bolschewistischen System *nicht* gibt und nicht geben kann«. (Totalitarismus oder Totalität..., S. 134).

464 P. C. Ludz, Totalitarismus oder Totalität..., S. 135.

465 P. C. Ludz, Entwurf..., S. 21.

466 P. C. Ludz, Entwurf..., S. 19; S. 16; Offene Fragen..., S. 338. Weiter heißt es in diesem Zusammenhang, daß die Partei »immer neue Formen der Kontrolle erfindet« (ebenda, S. 337). Ludz weitet damit die Kategorie des »Zwangs« im Grunde bis zur völligen Nichtfalsifizierbarkeit aus; beispielsweise interpretiert er die Herausbildung eines Kollektivbewußtseins und entsprechend zwang-loser Verhaltensweisen in der DDR als einen Prozeß, der »die Willkür zwar vermindert, jedoch den *sozialen* Zwang des Normensystems eher verschärft«. Der Zwang sei nicht verschwunden, sondern eben nur »unsichtbar« geworden (Entwurf..., S. 31 f.). »Zwang« tendiert hier zum Synonym für »Vergesellschaftung« oder »sozialistische Lebensweise«.

Wenn Ludz im Ergebnis dieser seiner Überlegungen vorschlägt, statt von der »totalitären« nur noch von der »autoritären Partei«[467] zu sprechen, so besagt das wenig. Nach wie vor ist die sozialistische Partei auch bei Ludz durch M. Drahts »Primärphänomen des Totalitarismus« definiert, also durch ihren Drang, »ein neues gesellschaftliches Wertungssystem durchzusetzen«.[468]

Daß es bei der Durchsetzung dieses Ziels auch zu Konflikten und zu gesellschaftlichen Anpassungstendenzen des politischen Systems kommt, wie Ludz hervorgehoben wissen möchte, ist eine andere Frage; sie tangiert nicht die Kategorie des »Totalitären«, sondern stellt sie lediglich in einen erweiterten Rahmen der Betrachtung. P. C. Ludz hätte also im Grunde gut und gern den überkommenen Totalitarismus-Begriff beibehalten können. Von dessen Verfechtern ist ihm das denn auch vorgehalten worden, und man kann sagen, vollkommen zu Recht. »Der Konflikt als solcher ist... auch dem herkömmlichen Totalitarismus-Modell nicht fremd«, stellt C. Burrichter fest — »es wurde lediglich versäumt, dieses Modell auf der Ebene einer sinnvoll integrierten Konflikt-Theorie fruchtbar zu erweitern...[469] D. Grille bezeichnet aus demselben Grund Ludz' Auseinandersetzung mit dem Totalitarismus-Begriff als »völlig unnötig«.[470] Und in der Tat betont Ludz explizit, daß es ihm nur um eine Erweiterung und Ergänzung, um eine neue, »dritte Stufe der Totalitarismus-Analyse«[471] geht. Und wenn er schließlich in seiner Studie von 1968 erklärt, endgültig auf den Begriff »totalitär verfaßte Gesellschaft« verzichten zu wollen[472], so bleibt dies von lediglich terminologischer Bedeutung: zentrale These der Untersuchung ist es, »daß die totalitäre Willkürherrschaft eine neue Form annimmt«[473] — das heißt aber doch mit anderen Worten, daß die »totalitäre« Herrschaft ihrem Wesen nach unverändert bleibt und nur ihre Form ändert. Obendrein verfällt Ludz in derselben Studie ab und zu unversehens doch wieder in alte Sprachgebräuche und reiht die DDR in die »totalitär verfaßte(n) Gesellschaftssysteme«[474] ein — Symptom der Nichtigkeit des Begriffswechsels.[475]

467 P. C. Ludz, Entwurf..., S. 21.
468 Vgl. oben, Anm. 151.
469 C. Burrichter, Fragen zu einer soziologischen Theorie..., S. 706.
470 D. Grille, »DDR-Forschung« im Wandel?, S. 161. Ähnlich Kielmansegg, Krise..., S. 318.
471 P. C. Ludz, Totalitarismus oder Totalität..., S. 136.
472 P. C. Ludz, Parteielite im Wandel, S. 12.
473 Ebenda, S. 152.
474 So z. B. ebenda, S. 257.
475 Ebenfalls noch 1968 spricht Ludz vom »aufgeklärten Totalitarismus« (P. C. Ludz, Politische Aspekte der kybernetischen Systemtheorie in der DDR, S. 3.).

Wenn wir unser Resumé der Ludzschen Argumentation bis hierher nochmals überblicken, so ergibt sich das Bild einer Kritik der Totalitarismus-Theorie, welche dem Anschein nach zunächst sehr prinzipiell ansetzt — nämlich an der konstitutiven Unfähigkeit der Totalitarismus-Theorie, ihren Gegenstand in seiner eigenen Spezifik und Gesetzmäßigkeit zu begreifen —, dann aber verflacht zu einer bloßen Relativierung oder Eingrenzung dieser Theorie bei ausdrücklicher Bekräftigung ihres Grundgehalts. Dieses affirmative Resultat einerseits und jene nicht weiterverfolgte prinzipiellere Kritik andererseits stehen in offenem Widerspruch zueinander. Denn wenn Ludz anerkennt, daß Sozialismus und Faschismus »historisch völlig verschiedene, ja konträre Funktionen hatten und haben«[476], wenn er »die *historisch-strukturellen* Unterschiede zwischen Faschismus... und Bolschewismus«[477] hervorhebt, und wenn er daher schließlich betont, der Sozialismus müsse in seinen »eigenen und sozialen historischen Gesetzmäßigkeiten und eigener ökonomisch-sozialen Dynamik«[478] begriffen und erforscht werden, dann schlägt es dem allem schlechterdings ins Gesicht, wenn Ludz trotzdem dem Drahtschen »Primärphänomen des Totalitarismus« weiterhin eine zentrale analytisch-begriffliche Bedeutung einräumen will — einer Kennzeichnung, welche doch gerade *nicht* die Spezifik des Sozialismus in seinem Gegensatz zum Faschismus erfaßt (noch erfassen will).

Hier gibt es nur ein klares Entweder-Oder. Entweder man geht bei der Erforschung der sozialistischen Gesellschaftsordnung von deren qualitativer Eigenart aus; dann ist der formale Ansatz eines M. Draht hinfällig, dem es im Kern gerade um die Gleichsetzung von Sozialismus und Faschismus geht.[479] Oder man bemüht weiter diesen formalen Ansatz; dann muß es aber eine leere Beteuerung werden, wenn man von der qualitativen Gegensätzlichkeit jener beiden Systeme spricht. Das letztere ist der Fall bei Ludz; seine — kritisch gegen die Totalitarismuskonzeption gewandten — Bemerkungen über den Gegensatz zwischen Faschismus und Sozialismus zeitigen keine Konsequenzen für die Formulierung eines trennscharfen Begriffs sozialistischer Herrschaft. Vergeblich suchen wir bei Ludz nach denjenigen Begriffselementen, in denen der besagte historisch-strukturelle Gegensatz zum Faschismus unmißverständlich festgehalten würde: Bezeichnungen wie etwa »bolschewistische Gesellschafts- und Herrschaftssysteme«[480] bleiben Bezeichnungen,

476 P. C. Ludz, Totalitarismus oder Totalität..., S. 133.
477 Offene Fragen..., S. 328.
478 Ebenda.
479 Vgl. oben, Anm. 424.
480 So im Untertitel von »Totalitarismus oder Totalität...«

umschreiben das Problem nur mit seinem äußerlichen Namen; der Begriff der »totalitär verfaßten Gesellschaft«[481], wie ihn Ludz lange Jahre über beibehält, schreibt die totalitarismustheoretische Identifizierung von Faschismus und Sozialismus gerade fort; und vom Begriff der »industriellen totalitär beziehungsweise autoritär verfaßten Gesellschaft«[482] schließlich ist ebenfalls keine Spezifizierung des Sozialismus in Absetzung vom Faschismus zu erwarten: eine »industriegesellschaftliche« Qualität können beide beanspruchen.

Der zuletzt genannte Punkt muß besonders hervorgehoben werden: Er besagt nämlich, daß der theoretische Schritt, den Ludz über die Totalitarismus-Konzeption hinaus tut (oder zu tun glaubt) und den er als so entscheidend hinstellt: nämlich die Berücksichtigung der (industrie-)gesellschaftlichen Dynamik, ihn ebenfalls *nicht* in die Lage versetzt, die unspezifische, unhistorische Betrachtungsweise der Totalitarismustheorie — samt der hierauf sich gründenden Identitätsthese — eindeutig zu überwinden. Denn im Verständnis der Industriegesellschaftslehre gibt es im Prinzip nur eine einzige Art und Richtung von »Dynamik«, welche nicht nur Kapitalismus und Sozialismus übergreift, sondern ebenso Faschismus und Sozialismus.[483] Es erstaunt daher auch nicht, sondern bestätigt nur unsere These, wenn Ludz durch sein industriegesellschaftstheoretisches Denken schließlich wieder bei der traditionellen Behauptung von der Wesensverwandtschaft zwischen Faschismus und Sozialismus (bzw. einer Variante dieser These) anlangt: »Eine historisch-soziologische Analyse vermag zu zeigen, daß der von den Nationalsozialisten in Gang gesetzte Prozeß einer umfassenden Mobilisation und damit auch der Modernisierung der deutschen Gesellschaft von der SED nach 1945 fortgesetzt worden ist.«[484]

Ludz' neuformulierter Ansatz erfüllt damit den selbstgesteckten Anspruch allenfalls insoweit, als er den Sozialismus als ein System mit »eigener ökonomisch-sozialer *Dynamik*«[485] faßt; er verfehlt seinen Anspruch aber, indem er diese Gesellschaftsordnung nicht als System mit »*eigener* ökonomisch-sozialer Dynamik« konzipiert. Die »industriege-

481 So schon im Titel von »Entwurf...«; der Ausdruck »totalitäre Herrschaft bolschewistischen Typs« (ebenda, S. 18) stellt eine weitere terminologische Umgehung der Sache dar.

482 P. C. Ludz, Entwurf..., S. 49.

483 Siehe zum Begriff der industriegesellschaftlichen Dynamik auch unten, Kap. 3.

484 P. C. Ludz, Die Entwicklung der DDR, S. 218. Bei Friedrich hatte es 1956/57, damals mit Blick auf die staatliche Bürokratie, geheißen, »daß die SED im wesentlichen die Verhaltensweisen und Praktiken der Nationalsozialisten fortgeführt« habe (C. J. Friedrich, Totalitäre Diktatur, S. 171).

485 Vgl. oben, Anm. 456 (Hervorhebung: O. C.).

sellschaftliche« Dynamik, wie Ludz sie versteht, trennt per definitionem kapitalistische und sozialistische Sozioökonomik gerade nicht voneinander, sondern bezeichnet dem Anspruch nach deren wesentlichen gemeinsamen Nenner. Ludz ist dementsprechend der Ansicht, »daß auch bolschewistische Gesellschaftsordnungen sich technisch-wirtschaftlich und sozial-strukturell den hochindustrialisierten Gesellschaftsordnungen des Westens annähern«.[486] Von diesen Prämissen her bleibt auch in Ludz' analytischem Ansatz für die Spezifik der sozialistischen Ordnung kein anderer Platz als jener, auf dem auch die Totalitarismustheorie diese Spezifik ansiedelt: nämlich im politisch-ideologischen Überbau, in der »totalitären Kruste des Systems«.[487] Im wesentlichen bleibt also alles beim alten. *Wie in der Totalitarismuskonzeption stehen sich auch bei Ludz Gesellschaftssphäre und Machtsphäre unverbunden einander gegenüber.* Letztere wird wie ehedem selbstgenügsam und formal aus sich selbst heraus definiert: M. Drahts »Primärphänomen«, diese »bisherige Grundthese der Totalitarismus-Analyse (bleibt) aufrechterhalten«.[488] Die Gesellschaftssphäre bleibt demgegenüber eine für die Bestimmung der Spezifik und des Wesens des Systems unmaßgebliche, neutrale Größe.

Erst jenseits dieses methodologischen Grundkonsenses mit der Totalitarismus-Theorie — also: der Wesensbestimmung des Gesellschaftssystems über die verselbständigte und formalisierte politische Machtsphäre unter Zugrundelegung einer systemneutral konzipierten Gesellschaftsstruktur ohne historisch-konkrete Eigentums- und Produktionsverhältnisse — beginnt die Besonderheit des Ludzschen Modells: Während in der klassischen Totalitarismuskonzeption der Akzent auf der »totalitären« Struktur und Politik liegt, zu der sich die Gesellschaft als eine gleichgültige, passive Unterlage verhält, verlagert sich bei Ludz der Akzent auf eben diese gesellschaftliche Unterlage, in welcher Ludz nun eine widerspenstige »Eigendynamik«[489] entdeckt, die die »totalitäre« Superstruktur des Systems relativiere, durchkreuze, ja letztlich ganz in Frage stelle. Neu ist also am Ludzschen Forschungsansatz nicht die Auffassung über das Herrschaftssystem selbst, sondern lediglich die Entdeckung und vorrangige Behandlung jener dynamischen, systemüberwindenden Kräfte. Es geht Ludz nun in erster Linie darum, »das Nicht-Totalitäre im Totalitären«[490] aufzuspüren, also die Grenzen der

486 P. C. Ludz, Totalitarismus oder Totalität..., S. 136.
487 Ebenda, S. 135.
488 Ebenda.
489 P. C. Ludz, Offene Fragen..., S. 338.
490 P. C. Ludz, Totalitarismus oder Totalität..., S. 136.

Herrschaft, die Konflikte, die sie erzeugt; er interessiert sich für die relative »Schwäche der totalitären Partei«[491], für alle Tendenzen, die eine »Schwächung der Machtsicherung«[492] signalisieren könnten. Unverkennbar äußert sich in diesen neuen Fragestellungen ein praktisch-politisches Interesse. Ludz spricht dies denn auch selbst aus; er hält seine Modifizierung des Totalitarismuskonzeptes sowohl »aus wissenschaftlichen wie aus politischen Gründen«[493] für überfällig. Die Unflexibilität der alten Konzeption habe sich u. a. auch in der Unfähigkeit gezeigt, »die Revolutionsversuche in Polen, Ungarn und Ostdeutschland«[494] theoretisch zu antizipieren und damit »ein optimales politisches Reagieren und Handeln«[495] westlicherseits zu ermöglichen.

Auf das hier offen zutage tretende strategische Erkenntnisinteresse muß zurückgeführt werden, daß Ludz seinen kritisch gegen die alte Spielart der Totalitarismus-Konzeption gewandten Anspruch, den Sozialismus in seiner »eigenen ökonomisch-sozialen Dynamik« zu erfassen, verfehlt. Unter der Wirkung dieses strategischen Erkenntnisinteresses verkürzt sich der Begriff der »eigenen Dynamik« auf den der (subversiv-antisozialistisch verstandenen) »Eigendynamik«. Dieser letztere Begriff richtet sich sozusagen programmatisch auf diejenigen Momente der gesellschaftlichen Entwicklung im Sozialismus, die der offiziell beabsichtigten Entwicklung zuwiderlaufen. Nicht die Dynamik der sozialistischen Gesellschaftsumwälzung ist Ludz' Thema, sondern die subversive Dynamik »spontaner Prozesse des Verhaltens und damit von Konfliktsituationen, ähnlich oder vergleichbar denen in westlichen Industriegesellschaften«[496], die Dynamik einer »Aufweichung« des sozialistischen »Organisationsgeflechtes«.[497] Zugespitzt gesagt: die spezifische Gesetzmäßigkeit, welche Ludz über das traditionelle, statische Totalitarismus-Konzept hinausgehend im sozialistischen Gesellschaftssystem aufzudecken meint, ist die Gesetzmäßigkeit der Zerstörung des

491 P. C. Ludz, Entwurf..., S. 21.
492 P. C. Ludz, Parteielite im Wandel, S. 8.
493 P. C. Ludz, Totalitarismus oder Totalität..., S. 143.
494 Ebenda, S. 134.
495 Ebenda, S. 143.
496 P. C. Ludz, Offene Fragen..., S. 339.
497 Ebenda. Die Verengung des Begriffs der Dynamik auf das Subversiv-Spontane führt unmittelbar dazu, daß bei Ausbleiben entsprechender Prozesse die reale sozialistische *Dynamik als Statik perzipiert* wird; so kommt es dann zu Sätzen wie: »Die Sowjetunion... lebt ihren Verbündeten das Bild steinerner Beständigkeit vor. Das Epizentrum der Bewegungslosigkeit im Lager ist Prag...« (FAZ v. 8. 8. 1974). Oder: »Die innere Situation der Sowjetunion ist von zunehmender Erstarrung, Stagnation und Immobilismus geprägt.« (FAZ v. 9. 2. 1977).

»Totalitarismus«. Die Totalitarismustheorie hat sich damit erweitert um die These vom notwendigen Verfallsprozeß des »Totalitarismus«.

Ludz' Beitrag erweist sich damit eher als eine vom Pragmatisch-Strategischen her motivierte Modifikation der Totalitarismustheorie denn als eine theoretische Grundsatzkritik derselben. »Das Modell der totalitären Herrschaft«, betont auch W. Schlangen, »erfährt durch diese Entwicklung der Kommunismusforschung keine Einbuße an theoretischer Gültigkeit, es wird nicht grundsätzlich in Frage gestellt. Vielmehr wird jene Konzeption dadurch ausdrücklich bestätigt, daß ihr theoretischer Geltungsbereich deutlich abgesteckt wird«.[498] Ludz steht gewissermaßen derart im Bann der Suche nach Konflikten, nach »immer wieder durchbrechender Spontaneität«[499], nach Zeichen der »Schwäche der totalitären Partei«, nach dem »Nicht-Totalitären im Totalitären« usw., daß demgegenüber das eigentliche Problem »spontan« in den Hintergrund gedrängt wird: ob nämlich der Begriff des »Totalitären« überhaupt wissenschaftlich Substanz habe.

In dieser seiner theoretischen Begrenztheit spiegelt Ludz' Konzeption unverkennbar die politisch-strategische Umorientierung in der Haltung des »Westens« gegenüber dem Sozialismus an der Wende von den fünfziger zu den sechziger Jahren — und die Begrenztheit dieser Umorientierung selbst — wider. Die Perpetuierung der totalitarismustheoretischen Grundkategorien bei Ludz entspricht der unveränderten politisch-strategischen Feindhaltung gegenüber dem Sozialismus.[500] Die neue Betonung des dynamischen Potentials und der Konfliktansatz entsprechen dem Übergang zur Strategie des »friedlichen Wandels«, nachdem die Möglichkeiten eines frontalen »roll back« des Sozialismus unrealistisch geworden waren. C. J. Friedrich hatte in den fünfziger Jahren noch ausdrücklich die Möglichkeit »einer etwaigen Liquidierung (des »Totalitarismus«, O. C.) im Verlauf eines Krieges«[501] offengelassen. Die Einwände, welche Ludz gegen die Totalitarismuskonzeption alten Schlages erhebt, korrespondieren sehr direkt mit denjenigen, die seit den späten fünfziger Jahren gegen die bisherige Politik der Stärke vorgebracht werden. »Sowohl die Politik des Eindämmens als auch die Politik der Befreiung waren... recht starr«, meint der amerikanische Forscher A.

---

498 W. Schlangen, Theorie..., S. 144.
499 P. C. Ludz, Offene Fragen..., S. 339.
500 Nicht zufällig verwahrt sich Ludz denn auch gegen die Vermutung, seine Analysen könnten etwas »mit einem falsch verstandenen Ko-Existenz-Denken zu tun« haben (Offene Fragen..., S. 322).
501 C. J. Friedrich, Totalitäre Diktatur, S. 266.

Korbinski[502]; ebenfalls die Starrheit ist es, die P. C. Ludz am alten Totalitarismus-Denken kritisiert.[503] »Es hat heute keinen Sinn, mit unserer Politik der massierten Vergeltung zur Konsolidierung des roten Blocks beizutragen — jetzt sollten wir nach Wegen zu seiner Spaltung suchen«, schreibt J. F. Kennedy im Jahre 1960[504]; dem entspricht präzise Ludz' Vorwurf gegenüber der alten Totalitarismustheorie, sie würde die Hermetik des »totalitären« Machtsystems »überschätzen«[505], statt die Konflikte und »tiefen Risse«[506] herauszuarbeiten.

So steht also am Beginn der modernisierten bundesdeutschen DDR-Forschung eine in Ansätzen steckengebliebene Kritik der Totalitarismus-Theorie. Deren wissenschaftliche Kardinalschwächen konnten dadurch in der DDR-Forschung relativ stark weiterwirken[507]: die formale, unhistorische Betrachtung von Macht und Politik, die faktorentheoretische Aufspaltung des gesellschaftlichen Gesamtzusammenhangs, die Vernachlässigung der konkreten sozioökonomischen Strukturen und — als jüngeres Moment — die industriegesellschaftstheoretische »Vorfixierung des Zielpunktes der innergesellschaftlichen Dynamik«[508], die Befangenheit in »westlichen« Basiskategorien und die dadurch bedingte negative Wertaufladung des fremden Forschungsgegenstands. *Derartige theoretische und methodologische Mechanismen — das verdient betont zu werden — sind nicht gebunden an die ausdrückliche Verwendung des Totalitarismusbegriffs.*[509] Noch in der modernen, system-

502 A. Korbinski, U.S. Policy in East Europe, in: Current History 3/1965, S. 132 (zit. nach J. S. Nowopaschin, Strategie der »friedlichen Einmischung«, S. 144).

503 Vgl. oben, Anm. 448. Für die sowohl praktisch-politische als auch begriffliche Starrheit des Totalitarismus-Denkens alter Provenienz könnte der Satz von G. Leibholz stehen: »Ein totaler Staat hat immer nur die Alternative: ein totaler Staat zu sein oder *nicht* zu sein.« (G. Leibholz, Das Phänomen des totalen Staates, S. 227).

504 J. F. Kennedy, The Strategy for Peace, N.Y. 1960, S. 44.

505 P. C. Ludz, Totalitarismus oder Totalität..., S. 130.

506 P. C. Ludz, Entwurf..., S. 18.

507 Die wesentlich konsequenter durchgeführte Totalitarismuskritik von H. Zimmermann aus dem Jahr 1961 (»Probleme der Analyse bolschewistischer Gesellschaftssysteme. Ein Diskussionsbeitrag zur Anwendbarkeit des Totalitarismusbegriffs«), auf die wir hier aus Platzgründen nicht mehr eingehen können, erlangte im Selbstverständigungsprozeß in der DDR-Forschung der 60er Jahre bezeichnenderweise bei weitem nicht die Bedeutung wie die von Ludz formulierte Linie. Der Grund hierfür muß darin gesucht werden, daß Zimmermanns radikale Verwerfung des totalitarismustheoretischen Kategoriensystems nicht den herrschenden politisch-ideologischen Bedürfnissen entsprach, ebenso wie sein sich im selben Aufsatz andeutender materialistischer Formationsbegriff strategischen Spekulationen keine Nahrung bot.

508 H. Zimmermann, Probleme der Analyse..., S. 199.

509 1971 bestätigte Ludz einmal mehr die Oberflächlichkeit seiner Kritik des Totalitarismus-Begriffs: Es heißt dort, »daß es sich bei der Analyse der DDR-Gesellschaft nicht emp-

theoretisch inspirierten und stark formalisierten Politikwissenschaft (und der sich hieran orientierenden Strömung in der Kommunismusforschung) bleibt das Denken in den Kategorien von »Demokratie« und »Totalitarismus« beherrschend; G. Schäfer hat dies etwa für den Almond/Powellschen Begriff der »Subsystemautonomie« gezeigt.[510] So wird das Beharrungsvermögen des Totalitarismus-*Begriffs* noch übertroffen vom Beharrungsvermögen des Totalitarismus-*Denkens.*

fiehlt, von der Totalitarismusvorstellung auszugehen. Denn offensichtlich... bleiben auch — der Intention nach — noch so totale politische und soziale Kontrollen in einer sich wandelnden sozialistischen Industriegesellschaft nicht in idealtypischer Reinheit bestehen...« (P. C. Ludz, Die soziologische Analyse der DDR-Gesellschaft, S. 14 f.). Mit anderen Worten: Es existiert »Totalitarismus«, aber nicht mehr »in idealtypischer Reinheit«; freilich erwartet die Lehre von den Idealtypen ohnehin nicht, daß diese in der Wirklichkeit »in idealtypischer Reinheit« aufträten.

510 G. Schäfer, Demokratie und Totalitarismus, S. 146 f.

Kapitel 3

Zur gesellschaftstheoretischen Leitkonzeption: Die Industriegesellschaftstheorie

Die Industriegesellschaftstheorie präsentiert sich nicht als streng systematisches, in sich geschlossenes Theoriegebäude, sondern als lockeres Bündel von Einzeltheorien zu verschiedenen Aspekten (historischen, ökonomischen, technologischen, soziologischen, sozialpsychologischen usw.), die wiederum in unterschiedlichem Grad wissenschaftlich ausgeformt und ausgereift sind, deren Akzentsetzungen verschiedenartig ausfallen und nicht selten einander widersprechen.[511] Dennoch lassen sich bestimmte allgemeine Grundzüge und zugleich Grundproblempunkte erkennen. Sie betreffen in erster Linie den Gesellschaftsbegriff sowie die Frage nach der Rolle von Wissenschaft und Technik. Die folgenden Erörterungen beziehen diese Probleme der Industriegesellschaftstheorie von vornherein auf die Kommunismusforschung (bzw. DDR-Forschung) als besonderes Anwendungsfeld. Dabei greifen wir wiederum in besonderem Maße auf die Schriften von P. C. Ludz zurück, die uns in diesem Zusammenhang sowohl als ergiebig als auch als repräsentativ erscheinen.

1. »Bürgerliche« und »industrielle« Gesellschaft

Die Industriegesellschaftstheorie beinhaltet außer der Interpretation der Strukturen der Gegenwartsgesellschaft auch eine übergreifende Deutung des Geschichtsprozesses und seiner Epochen, vor allem den Zeitraum etwa der letzten 150 Jahre betreffend. Und zwar wird der wesentliche Inhalt dieses Zeitraums im Übergang von der »vorindustriellen« in die »industrielle«, die »moderne Industriegesellschaft« gesehen. Dieses Schema finden wir auch bei P. C. Ludz wieder; es bildet den ent-

---

511 D. Bergner und R. Mocek schreiben, daß die Industriegesellschaftslehre »in ihren Grundgedanken von *mehreren* Vertretern geschichtsphilosophischer und sozialwissenschaftlicher Herkunft regelrecht zusammengetragen würde« (D. Bergner/R. Mocek, Bürgerliche Gesellschaftstheorien, S. 44; näheres dazu ebenda.). Ein Unterschied der Akzentsetzung besteht z. B. zwischen Theorievarianten, welche industriegesellschaftliche *Sachzwänge,* und solchen, die die Bedeutung von *Experten-Eliten* in den Mittelpunkt der Gesellschaftsdeutung rücken. (Vgl. G. Domin/H.-H. Lanfermann/R. Mocek/D. Pälike, Bürgerliche Wissenschaftstheorie und ideologischer Klassenkampf, S. 41.).

scheidenden geschichtsphilosophischen Hintergrund seiner Beiträge zur Kommunismusforschung. Dennoch bleiben Ludz' Ausführungen dazu sehr sporadisch und skizzenhaft. Wenn wir das wenige zusammentragen, so ergibt sich folgendes Bild von »vorindustriellem« und »industriellem« Stadium der Gesellschaft: Die sog. vorindustrielle Gesellschaft charakterisiert Ludz als »antagonistisch bzw. konfliktgeladen«[512]; in ihr seien heftige Interessenkämpfe zwischen »konkurrierenden ideologischen... Gruppen«[513] ausgetragen worden. Dieses antagonistische, kampferfüllte Wesen der sog. vorindustriellen Periode — die Ludz übrigens auch als Periode der »bürgerlichen Gesellschaft«[514] bezeichnet — siedelt Ludz allerdings in auffallender Weise mehr auf ideologischer als auf realgesellschaflicher Ebene an. Die Widersprüche und Kämpfe scheinen eher dem »extrem dichotomischen Gesellschaftsverständnis« gewisser intellektueller Organisationen, ihrem Hang zu »starkem Freund-Feind-Denken«, zur »apriorischen Depravierung jeder anderen sozialen Position«, kurz: ihrem »intentional-utopische(n) Denken« zu entspringen als dem realen Gesellschaftsprozeß selbst.[515] Zwar schickt sich Ludz an, jenes ideologisch-utopische Denken auf den sozialen Standort seiner Träger rückzubeziehen; dieser soziale Standort wird aber nur mit den abstrakten Kategorien von »Desintegration« bzw. »Integration« (in die bestehende Gesellschaft) gekennzeichnet.[516] Ludz fragt also lediglich danach, ob bestimmte soziale bzw. politische Gruppen (bei Ludz zudem reduziert auf die »ideologischen Eliten«[517]) in die Gesellschaft »integriert« sind oder nicht.[518] Er fragt nicht danach, wie diese Gesellschaft ihrerseits beschaffen ist. Wo er über die Gesellschaft selbst Andeutungen macht, verweist er uns in einem direkten Zirkel wieder auf die »ideologischen Eliten« zurück: »unter bürgerlicher Gesellschaft (sei) jene... soziale Formation verstanden, in der sozialer Status, soziale Differenzierung und sozialer Wandel unter dem sozialen und politischen Druck intentionaler Interessen von konkurrierenden ideologischen (intentionalen) Gruppen stehen.[519]

512 P. C. Ludz, Zur Frage nach den Bedingungen der Möglichkeit einer kritischen Gesellschaftstheorie, S. 421.

513 P. C. Ludz, Ideologie, Intelligenz und Organisation. Bemerkungen über ihren Zusammenhang in der frühbürgerlichen Gesellschaft, S. 111.

514 Ebenda.

515 Ebenda, S. 101, 99, 102.

516 Vgl. ebenda, S. 85.

517 Ebenda, S. 111.

518 Klare Kriterien für seine Begriffe der »Integration« («Entmarginalisierung«) bzw. der »Desintegration« (»Marginalität«) führt Ludz nicht ein; dies würde denn auch eine Analyse der Gesamtgesellschaft erfordern.

519 P. C. Ludz, Ideologie, Intelligenz und Organisation..., S. 111 (Druckfehler: »inter-

Von einer realanalytischen Bestimmung der sog. bürgerlichen oder vorindustriellen Gesellschaft kann bei Ludz also nicht die Rede sein.[520] Vielmehr liegt in seinen Ausführungen zu jener historischen Periode die Betonung fast ausschließlich auf dem (unvermittelt genommenen) Faktum, daß die Ideologie eine wichtige Rolle spielte. Wie sich schnell herausstellt, dient solcher Nachdruck auf der Ideologiedurchdrungenheit der sog. bürgerlichen Epoche dem Zweck, das heutige angeblich ideologiefreie Zeitalter vor diesem Hintergrund um so (ein)leuchtender erscheinen zu lassen. In der Tat proklamiert Ludz im Anschluß an D. Bell das »*Ende des ideologischen Zeitalters*«[521], welches um die Mitte unseres Jahrhunderts erreicht worden sei. »Die fünfziger Jahre haben erwiesen, daß der marxistische Ideologiebegriff in den europäischen sozialistischen und kommunistischen Bewegungen, besonders jedoch in der deutschen Sozialdemokratie, seine einstmals unbestrittene Rolle verloren hat.«[522] Entsprechend bildet die These von den sozial desintegrierten ideologischen Randgruppen der sog. bürgerlichen Gesellschaft den Hintergrund für ein Gegenwartsbild, wonach »die ideologischen Eliten in die demokratisch-pluralistischen Systeme des Westens mit einbezogen«[523] worden seien, und wonach auch »die ›neue Linke‹... heute sozial entmarginalisiert (sei) und... auf dem Boden des liberal-

nationaler« statt »intentionaler«). Dieselbe unbefriedigende Definition von »bürgerlicher Gesellschaft« findet sich bereits (im hier zitierten Teil wörtlich) in Ludz' »Entwurf einer Typologie des Ideologiebegriffs«, 1963, wieder abgedruckt in: ders., Ideologiebegriff und marxistische Theorie, S. 82 ff., hier S. 87 f.; hier beginnt die Definition übrigens mit den Worten: »Im begrenzten Zusammenhang unseres Themas sei unter dem Begriff der ›bürgerlichen Gesellschaft‹...« (ebenda); in: »Ideologie, Intelligenz...« heißt es: »Im begrenzten Zusammenhang unseres Themas sei arbeitshypothetisch unter bürgerlicher Gesellschaft...« (S. 111). Angesichts der enormen Tragweite, die bei Ludz die Unterscheidung zwischen »bürgerlicher« und »industrieller« Gesellschaft hat, können derartige Entschuldigungen nicht befriedigen. Freilich reproduziert Ludz hier nur ein Defizit, welches auch in der Fachhistoriographie herrscht. In einer Rezension des monumentalen zweibändigen »Handbuchs der deutschen Wirtschafts- und Sozialgeschichte« (Hrsg. v. H. Aubin und W. Zorn, Stuttgart 1971 und 1976) sieht sich H.-U. Wehler zu der Feststellung genötigt, der Leser des Abschnitts über die Sozialgeschichte des 19. Jahrhunderts wüßte »nicht einmal, in welcher Gesellschaft er sich bewegt, er wird es auch nie erfahren... Charakter und Struktur der sozialen Schichten, Stände und Klassen..., die Bedeutung der prinzipiellen Veränderungen... — alles das wird nicht ausdrücklich zur Debatte gestellt...« (H.-U. Wehler, in: FAZ v. 1. 3. 1977).

520 Ludz unterstreicht den idealistischen Zug seines Begriffs der »bürgerlicher Gesellschaft« noch, indem er in seiner Definition fortfährt: »Die bürgerliche Gesellschaft ist durch den — intentional-utopischen — Bezug auf Freiheit im Sinne von Hegels ›Reflexion des Geistigen in sich‹... bestimmt.« (Entwurf einer Typologie..., S. 88.).

521 Ebenda, S. 83; vgl. D. Bell, The End of Ideology. On the Exhaustion of Political Ideas in the Fifties, Glencoe 1960.

522 P. C. Ludz, Entwurf einer Typologie..., S. 84.

523 P. C. Ludz, Ideologie, Intelligenz und Organisation..., S. 111.

demokratischen Rechtsstaates und der industriellen Gesellschaft«[524] stehe. Hier werden übrigens Parallelen zu Gedankengängen im Godesberger Programm der SPD von 1959 erkennbar.

Die sog. industrielle Gesellschaft, in die Ludz zufolge das »bürgerliche«, »ideologische« Zeitalter übergegangen ist, zeichnet sich also durch die gelungene Integration der sozialen und ideologischen Gruppen aus. »Die Freund-Feind-Polarisierung... ist... geschwunden und hat einem Teilkonsens Platz gemacht.«[525] Wiederum erfahren wir bei Ludz kaum etwas über die zugrundeliegenden konkreten gesellschaftlichen Strukturen sowie über die realen historischen Prozesse, die deren Entstehung bewirkt haben. Dunkel heißt es: »›Industrielle Gesellschaft‹ ist das System synchronisierter, in sich infiniter und deshalb ›abstrakter‹ Bedürfnisse ›selbständiger Personen‹ im Sinne Hegels; sie ist tendenziell Massengesellschaft im Sinne Kornhausers.«[526]

Abgesehen von der Verschwommenheit dieser Charakterisierung — merkwürdig genug bei einem Forscher, der beansprucht, »die soziologische Analyse mit der politikwissenschaftlichen und historischen in Verbindung bringen« zu wollen[527] — überrascht auch der Rückgriff auf Hegel; denn Hegel wird von Ludz gerade dem *vor*industriellen Zeitalter zugeordnet, mehr noch: Ludz läßt diese bürgerlich-vorindustrielle Gesellschaftsentwicklung sogar erst mit Hegels Tod, 1831, beginnen.[528] Von daher ist es einigermaßen unerfindlich, wie gerade die Spezifik der »industriellen« Epoche mit Hegelschen Kategorien, die dieser doch aus der Gesellschaft seiner eigenen Zeit gewann, bezeichnet werden können soll.[529]

Überhaupt ist nicht einzusehen, warum Ludz das, was er »industrielle Gesellschaft« nennt, noch nicht in der ersten Hälfte des 19. Jahrhunderts beginnen läßt und statt dessen ein besonderes »bürgerliches« Stadium vorordnet; denn das einzige eindeutige ökonomische Kriterium des »industriellen« Stadiums, welches wir bei Ludz entdecken, liegt darin, daß in diesem Stadium »der sekundäre (industrielle) Sektor, durch den technischen Fortschritt bedingt, am schnellsten« wachse.[530] Diese

524 Ebenda, S. 112.
525 P. C. Ludz, Ideologie, Intelligenz..., S. 113.
526 P. C. Ludz, Entwurf einer Typologie..., S. 88.
527 P. C. Ludz, Intelligenz..., S. 86.
528 Vgl. P. C. Ludz, Entwurf einer Typologie..., S. 83.
529 In der Parallelstelle in »Ideologie, Intelligenz...« läßt Ludz denn auch diesen Rückgriff auf Hegel fallen wie interessanterweise auch die These von der »Massengesellschaft im Sinne Kornhausers« (siehe ebenda, S. 111). Freilich bleibt infolge dieser Bereinigung bloß noch der inhaltslose Satz übrig: »Bürgerliche Gesellschaft ist von industrieller Gesellschaft zu unterscheiden.« (Ebenda.).
530 P. C. Ludz, Entwurf einer Typologie..., S. 88.

Bedingung ist aber in Deutschland bekanntlich schon seit den 30er bzw. 40er Jahren des letzten Jahrhunderts gegeben.[531] Mithin hängt die gesamte Konstruktion einer Unterscheidung zwischen »bürgerlicher« und »industrieller« Gesellschaft, realhistorisch gesehen, in der Luft; Ludz bleibt jegliche konkrete Rechenschaft bezüglich der Behauptung schuldig, die Zeit etwa zwischen 1830 und 1950 umschließe »Aufstieg und Entfaltung der bürgerlichen Gesellschaft, schließlich ihre Ablösung von spät-, im Grunde jedoch schon nachbürgerlichen Gesellschaftsformen«.[532] Letztere Formulierung dokumentiert geradezu exemplarisch die Beliebigkeit des Ludzschen Begriffs der »industriellen Gesellschaft«: meint der Begriff nun *spät*bürgerliche oder meint er *nach*bürgerliche Verhältnisse? Was sind »im Grunde... nachbürgerliche« Verhältnisse?

Ludz zehrt bei dem, was er in der ersten Hälfte der 60er Jahre über »bürgerliche« und »nachbürgerliche«, »industrielle« Gesellschaft äußert, in starkem Maße von den gängigen Ansichten und Theorien, die die Zeit des »Wirtschaftswunders« in den fünfziger Jahren hervorbrachte: etwa von der Doktrin der »nivellierten Mittelstandsgesellschaft«, der »Klassengesellschaft im Schmelztiegel«, der »Verbürgerlichung des Proletariats«, der »Konsum-«, »Wohlstands-« oder »Überflußgesellschaft« usw.[533] Derartige Konzepte sind jedoch nicht nur wissenschaftlich widerlegt worden — die Wirklichkeit selbst ist sichtbar über sie hinweggegangen, weswegen sie heute auch einigermaßen antiquiert anmuten. Ludz würde heute schwerlich seine Behauptung aus dem Jahre 1961 bekräftigen wollen, daß die hochindustrialisierten Gesellschaften allenthalben »tendenziell auf materielle *Gleichheit* hindrängen«[534]; er würde heute nicht mehr ohne weiteres erklären, es gebe in unserer Gesellschaft keine vertikalen Konflikte mehr, sondern bloß noch horizontale[535], und daß die marxistische Ideologie und Bewegung in »der industriellen Gesellschaft... eine ständig kleiner werdende Rolle«[536] spiele, wird allein schon durch Ludz' eigene Forschertätigkeit und Veröffentlichungspraxis Lügen gestraft.[537]

531 Vgl. H. Mottek, Wirtschaftsgeschichte Deutschlands, Bd. II, Berlin 1969, S. 76.

532 P. C. Ludz, Entwurf einer Typologie..., S. 84.

533 Vgl. hierzu F. Deppe, Das Bewußtsein der Arbeiter. Studien zur politischen Soziologie des Arbeiterbewußtseins, Köln 1971, S. 13 ff.; W. S. Semjenow, Kapitalismus und Klassen, Berlin 1972, S. 229 ff.; G. Rose, Konvergenz der Systeme, Legende und Wirklichkeit, S. 94 ff.

534 P. C. Ludz, Offene Fragen..., S. 343.

535 Vgl. P. C. Ludz, Konflikttheoretische Ansätze im historischen Materialismus (1961), S. 662 f.

536 P. C. Ludz, Entwurf einer Typologie..., S. 88.

537 Die Veröffentlichung des umfangreichen Sammelbandes »Ideologiebegriff und mar-

Trotz dieses offenkundigen Verschleißes der damaligen soziologischen Theoreme, mit denen die Industriegesellschaftslehre zweifellos in enger Verquickung entstand, hat — auch bei Ludz — die letztere weiterhin ihren Platz behauptet. Nach allem, was unsere bisherigen Betrachtungen erbracht haben, verdankt sich diese hohe Beständigkeit dieser Theorie nicht ihrer Präzision, sondern im Gegenteil gerade ihrer begrifflichen Unschärfe.[538] Wir möchten ausdrücklich betonen, daß sich Ludz' Darlegungen über den allgemeinen Entwicklungsprozeß von »bürgerlicher« zu »industrieller« Gesellschaft tatsächlich weitgehend in dem erschöpfen, was hier referiert wurde. Wo Ludz hingegen mit industriegesellschaftstheoretischen Kategorien konkrete Sozialismusforschung betreibt, wird die Theorie jenes allgemeinen Entwicklungsprozesses immer bereits *vorausgesetzt*. Das heißt aber: Ludz' Sozialismusforschung ruht insgesamt auf tönernen Füßen. Dennoch bleibt dieser Frage gesondert nachzugehen. Im Schema »bürgerliche«/»industrielle« Gesellschaft stellt der Sozialismus ja einen Sonderfall dar, bei dem sich der Niedergang der Ideologie und das Platzgreifen industriegesellschaftlicher Formen historisch verzögern. Dennoch werde diese Gesellschaft, auch wenn sie vorerst noch nicht die Phase der westlichen Industriegesellschaft erreicht habe, mit dieser »in gewissen Kategorien tendenziell kommensurabel«.[539] Prüfen wir nun die Tragfähigkeit dieses industriegesellschaftstheoretischen Ansatzes in der Sozialismusforschung.

xistische Theorie« 1976 zeugt nicht eben von großer Gewißheit über das »Ende des ideologischen Zeitalters«. — Wie gründlich sich der »Zeitgeist« seit Anfang der 60er Jahre geändert hat, möge noch folgende Gegenüberstellung illustrieren: 1964 meinte Ludz: »Eine Grundlagenkritik des Politischen ist im offenen System industrieller Gesellschaft kaum möglich, weil die Funktionen dieser Kritik den Grundlagen zugehörig, gleichsam in sie integriert sind.« (Ideologie, Intelligenz..., S. 112) 1974 dagegen »ist der westdeutsche Staat... in eine Entwicklungsphase eingetreten, in der seine Grundlagen und die gesamte Gesellschafts- und Wirtschaftsordnung... in Frage gestellt werden«. (P. C. Ludz, Deutschlands doppelte Zukunft, S. 115). Und anstelle eines sozialen Nivellements beobachtet Ludz nun stärker »Tendenzen gesellschaftlicher Restauration und Klassenbildung« (ebenda, S. 116).

538 Dies gilt nicht erst für Ludz, sondern schon für die eigentlichen Urheber und Begründer der Industriegesellschaftskonzeption. W. Behr z. B. weist auf den »erstaunlichen Mangel an Präzision und exakter Definition der gebrauchten Begriffe der Gesellschaft bzw. Industriegesellschaft bei Rostow und Galbraith« und deren Hang zu »Leerformeln« hin (W. Behr, Bundesrepublik Deutschland — Deutsche Demokratische Republik, Grundkonflikte und Konvergenzerscheinungen, S. 15).

539 P. C. Ludz, Entwurf einer Typologie..., S. 84. Ludz beruft sich an dieser Stelle ausdrücklich auf W. W. Rostows Theorie der Wirtschaftsstadien (ebenso schon in »Offene Fragen...«, S. 322).

2. Industriegesellschaftsbegriff und Sozialismusanalyse

Ludz faßt selbst seine Auffassung vom Stellenwert des Begriffs der Industriegesellschaft in der Sozialismusanalyse mit den Worten zusammen: »Sozialistische Gesellschaften können u. E. nicht auf ihren industriegesellschaftlichen Charakter reduziert werden — sie sind jedoch *auch* und zwar sehr wesentlich Industriegesellschaften.«[540] Diese Formulierung scheint eher geeignet, die Problematik des industriegesellschaftlichen Ansatzes zu unterstreichen, als einen befriedigenden Lösungsweg anzugeben. Denn es folgt aus jenen Worten, daß der Sozialismus einerseits Industriegesellschaft ist und andererseits doch auch wieder nicht; oder daß er in zweierlei Bestandteile zerfällt, einen industriegesellschaftlichen und einen anderen. Das Verhältnis dieser zwei Seiten (oder Ebenen der gesellschaftlichen Realität) zueinander, die Frage, welche von ihnen bestimmend für das System und seine Eigengesetzlichkeit ist, bleibt ungeklärt; das Wörtchen »auch« läßt dieses entscheidende theoretische Problem in der Schwebe. Einerseits soll es sich etwa beim DDR-System »sehr wesentlich«[541] um eine Industriegesellschaft handeln — andererseits weiß aber Ludz um die dort vollzogene »gesamte Umstrukturierung der Gesellschaft«[542], um die Tatsche, daß in der DDR »eine neue Gesellschaft« entstand..., die... eine eigene Struktur und eine eigene Dynamik entwickelte«.[543]

Somit stoßen wir auf den Widerspruch, daß Ludz eine Komponente der DDR-Gesellschaft als »wesentlich« betrachtet, welche gleichwohl für eine Erklärung der *Eigenart* dieser Gesellschaft (etwa im Gegensatz zur Gesellschaft der Bundesrepublik) nichts hergibt. Denn soweit BRD und DDR Industriegesellschaften sind, sind sie identisch miteinander. Wenn wir voraussetzen, daß Ludz den Terminus »wesentlich« ernst gemeint hat, bleibt als Ausweg aus dem genannten Widerspruch nur die Erklärung übrig, daß Ludz für wesentlich und »eigenartig« an der DDR-Gesellschaft tatsächlich das hält, was sie mit der BRD-Gesellschaft *gemein* hat, nicht das, was ihre hierüber hinausgehende Spezifik ausmacht; allerdings hätte das wiederum zur Folge, daß der von Ludz ja nicht übersehene *Unterschied* der beiden Gesellschaftssy-

540 P. C. Ludz, Die soziologische Analyse der DDR-Gesellschaft, S. 14.

541 Die Steigerung von »wesentlich« ist im Grunde sinnlos; sie verwischt die klare und verbindliche Bedeutung des Begriffs »wesentlich« und zeugt so von Ludz' eigener theoretischer Unschlüssigkeit.

542 P. C. Ludz, Totalitarismus oder Totalität..., S. 134.

543 P. C. Ludz/J. Kuppe, Literatur zum politischen und gesellschaftlichen System der DDR, S. 331.

steme zu einer zufälligen Zutat zusammenschrumpft, daß also die konstatierte »gesamte Umstrukturierung der Gesellschaft« nichts mit ihrem wesentlichen Charakter, nämlich der Industriegesellschaftlichkeit, zu tun hat. Anders gesagt: Der Begriff der Industriegesellschaft beansprucht etwas über das Wesen der sozialistischen Gesellschaft auszusagen, ohne jedoch für die Erklärung ihrer Spezifik, ihrer konkreten, unverwechselbaren Form Zuständigkeit zu erheben; damit suspendiert er sich aber von der eigentlichen Funktion eines wissenschaftlichen Begriffs: Schlüssel zum Verständnis der Totalität des Gegenstands zu sein, den Vermittlungszusammenhang seiner Erscheinungsformen herzustellen bzw. zu reproduzieren. Wenn man sagen würde, der Mensch sei »auch, und zwar sehr wesentlich« Säugetier, hätte man damit weder die Spezifik des Menschen im Unterschied zum Affen erfaßt, noch besäße man damit immerhin einen wesentlichen »Teil« eines wissenschaftlichen Begriffs vom Menschen, dem lediglich nur noch einige zusätzliche Elemente fehlten; vielmehr suchte man diesen wissenschaftlichen Begriff überhaupt auf der falschen Abstraktionsebene. Ebenso verhält sich eine Sozialismusforschung, die den zentralen Zugang zu ihrem Gegenstand über den Industriegesellschaftsbegriff sucht, um dann festzustellen, daß ihr zum wirklichen Begreifen doch noch entscheidende Kategorien fehlen. Ganz offen gesteht H. Rudolph, dessen DDR-Analyse ebenfalls um die Industriegesellschaftstheorie zentriert ist, diesen Mangel ein, ohne sich freilich an ihm zu stören: »Die Industriegesellschaft und die Konsum- und Wohlstandsgesellschaft als ihr ›zweiter Schwerpunkt‹ (Freyer): in diesen beiden Schwerpunkten ist auch die DDR-Gesellschaft gelagert, *ohne daß damit, um im Bild zu bleiben, die Richtung ihrer Bewegung oder ihre Gestalt festgelegt ist.*«[544]

Halten wir also fest: der Begriff der Industriegesellschaft erfaßt weder die konkrete Entwicklungstendenz noch die konkrete Struktur einer gegebenen Gesellschaft. Er bezeichnet nicht mehr als eine Art Grundsubstanz, welche solchen »modernen« Gesellschaften wie denen von DDR und Bundesrepublik gemeinsam ist, ihren kleinsten gemeinsamen Nenner sozusagen, und interpretiert zugleich diese Grundsubstanz, diesen gemeinsamen Nenner als die Hauptsache schlechthin. Deutlich bestätigt sich dies wiederum bei H. Rudolph: Wenn die DDR-Gesellschaft, so schreibt er, anders sei als die der Bundesrepublik, dann »allemal nur (als) ein anderer Aggregatzustand desselben Stoffes, der auch die westdeutsche Gesellschaft wie die anderen Industriegesellschaften trägt.«[545]

544 H. Rudolph, Die Gesellschaft der DDR — eine deutsche Möglichkeit?, S. 29 (Hervorhebung: O. C.).

545 Ebenda, S. 130.

Was versteht nun die Industriegesellschaftstheorie unter jenem besonderen »Stoff«, welche gesellschaftlichen Grundzüge und Tendenzen werden von ihr als typisch industriegesellschaftliche hervorgehoben? Ludz verweist vor allem auf folgende Sachverhalte: auf den hohen Industrialisierungsgrad und eine entsprechende Verstädterung[546], die Ausbreitung gesellschaftlicher »Großorganisationen«[547], die »Bejahung des technischen Fortschritts«[548], die »steigende(n) Anforderung(en) an Erziehung und Ausbildung«[549], die Tendenz zur »Verfachlichung«[550] in den Leitungsapparaten, die Tendenz zur »Leistungsgesellschaft« und zum »Wohlfahrtsstaat«.[551] Fügen wir dem zur Abrundung hinzu, was H. Rudolph an wesentlichen Charakteristika und Trends der Industriegesellschft nennt: da sind einmal solche ökonomischen Entwicklungen wie »industrielle Expansion, Wandlungen der Wirtschaftsstruktur, das Entstehen von Ballungsgebieten oder das sprunghafte Ansteigen des Verkehrs«[552]; und da ist zum anderen eine vor diesem Hintergrund entstandene typisch industriegesellschaftliche »Lebensweise«[553], die sich hauptsächlich um die Kategorien des Berufes, der Spezialisierung, der Leistung, der Qualifizierung sowie des privaten Lebenskomforts zentriert.[554] Für all diese Erscheinungen wählt H. Rudolph den zusammenfassenden Begriff der »Arbeitsgesellschaft«[555] — im Grunde ein Synonym für Industriegesellschaft, nur stärker unter dem Blickwinkel der »Lebensweise« betrachtet.

Im Grunde macht diese kaleidoskopartige Aufzählung von Phänomenen, auf die sich die Industriegesellschaftskonzeption stützt, bereits deutlich, daß all diese Phänomene zwar durchaus real und nicht erfunden, daß sie jedoch allesamt in ganz bestimmter einseitiger Weise aus dem sozioökonomischen Gesamtzusammenhang herausgelöst sind. Quantitatives (»höher Industrialisierungsgrad«) verselbständigt sich gegenüber Qualitativem, die Form (»Großorganisation«) gegenüber dem Inhalt, die Mittel (»Qualifizierung«) erscheinen abstrahiert von den Zie-

546 Vgl. P. C. Ludz, DDR-Forschung und vergleichende Deutschlandforschung in den USA, S. 125.
547 P. C. Ludz, Parteielite im Wandel, S. 27.
548 Ebenda, S. 37.
549 Ebenda.
550 Z. B. P. C. Ludz, Politische Ziele der SED und gesellschaftlicher Wandel in der DDR, S. 1267 f.
551 P. C. Ludz, Die soziologische Analyse der DDR-Gesellschaft, S. 15.
552 H. Rudolph, Die Gesellschaft der DDR..., S. 97.
553 Ebenda, S. 28.
554 Vgl. ebenda, S. 28 f., S. 130 ff.
555 Ebenda, S. 129.

len, Problemlagen (»Ballungsgebiete«) abstrahiert von den spezifischen Lösungsmöglichkeiten des Systems, die Produktivkraftentwicklung (»technischer Fortschritt«) scheint ohne Entwicklung der Produktionsverhältnisse vor sich zu gehen, der technologische Prozeß ohne den gesellschaftlichen, die sachlich-dingliche Seite erscheint losgelöst von den historisch-gesellschaftlichen Verhältnissen der produzierenden Menschen. Im Extrem findet sich diese technizistische Blickverengung bei W. W. Rostow, der mit seiner Theorie der Wirtschaftsstadien zu den Begründern der Industriegesellschaftslehre zählt; treffend stellt W. Behr fest: »Zur kategorialen Bestimmung dessen, was Gesellschaft und Wirtschaft sein soll, trägt Rostow vornehmlich nur Produktionsziffern bei, wobei er sich der Mühe unterzieht, die in Gebrauch befindlichen Automobile in bestimmten Ländern in der Zeit von 1900—1958 quantitativ vergleichend zu erfassen.«[556]

Die Einseitigkeit und Abstraktheit der vom Industriegesellschaftsdenken herausgestellten Aspekte der Realität bleibt auch in den konkreten Untersuchungen selbst, die diesem Ansatz folgen, noch indirekt spürbar. Denn solche Untersuchungen können in der Regel nicht gänzlich den Überschuß an Realität jenseits des enggezogenen Rahmens industriegesellschaftlicher Betrachtungsweise verleugnen, so sehr dies auch in ihrer Tendenz liegt. Beispielsweise erwähnt Ludz schon Anfang der sechziger Jahre, daß in der DDR u. a. die »Angehörigen der ›Aktivisten-‹ und ›Neuererbewegung‹« eine bevorzugte Stellung in der Gesellschaft einnähmen, weshalb er sie sogar, zusammen mit den »verschiedensten (anderen, O. C.) Elementen einer veränderten Sozialstruktur«, zur »neue(n) Elite« der DDR-Gesellschaft rechnet[557], ohne sich an der in die Hunderttausende (inzwischen Millionen) gehenden Zahl einer derartigen »Elite« zu stören. In einem Aufsatz zehn Jahre später macht Ludz folgende recht bemerkenswerte Aufzählung derjenigen »sozialen Gruppen..., die von der SED bevorzugt in den Aufbau der DDR-Gesellschaft mit einbezogen wurden: die Arbeiter und ehemaligen Bauern, die jüngere technische Intelligenz, die im Arbeitsprozeß stehenden Frauen und die Jugend«.[558] Und schließlich zitiert Ludz widerspruchslos offizielle DDR-Angaben, aus denen der starke Anteil der aus der Arbeiterklasse rekrutierten Leitungskader hervorgeht.[559] Niemand wird

556 W. Behr, BRD—DDR. Grundkonflikte und Konvergenzerscheinungen, S. 15. Zu W. W. Rostow siehe auch: B. Tibi, Theorien der Konvergenz kapitalistischer und sozialistischer Industriegesellschaften, S. 125 ff.

557 P. C. Ludz, Totalitarismus oder Totalität..., S. 141.

558 P. C. Ludz, Die soziologische Analyse der DDR-Gesellschaft, S. 20.

559 P. C. Ludz, Politische Ziele der SED..., S. 1269.

wohl behaupten, daß derartige Phänomene schlichtweg dem industriegesellschaftlichen Charakter der DDR geschuldet oder womöglich in
den Industriegesellschaften vom »westlichen« Typ schon vorweggе-
nommen seien; ebensowenig wird man aber auch bestreiten können,
daß es sich hierbei um Phänomene von erstrangiger Bedeutung für die
Charakteristik der DDR-Gesellschaft handelt.

Fügen wir dem hinzu, was etwa H. Rudolph über die egalitären Züge
in Sozialstruktur und Alltagsleben der DDR bemerkt: »Diese Gesellschaft ist in ihrer überwiegenden Breite tatsächlich durch weitgehende
Gleichheit ihrer Lebensmöglichkeiten gekennzeichnet.« Auch »auf hö-
herer Ebene« der sozialen Skala »halten sich... die Vorteile, die aus Privilegien gezogen werden können, in relativ engen Grenzen — gemessen
jedenfalls an dem, was in westlichen Gesellschaften hinsichtlich des Le-
bensstils aus Unterschieden in Besitz, Ausbildung etc. gemacht werden
kann«. All das faßt H. Rudolph in dem Urteil zusammen: »Im sozialen
Gewebe (der DDR, O. C.) treten vor allem die solidarischen Züge hervor.«[560]

Wo immer in der DDR-Forschung von derartigen Tatsachen die Rede
ist, geschieht dies — begreiflicherweise — *ohne* Rekurs auf den
Industriegesellschafts-Begriff; denn hier würde er in der Tat deplaziert
wirken; die egalitäre Sozialstruktur der DDR läßt sich schwerlich daraus
erklären, daß die DDR aus industriegesellschaftlichem »Stoff«[561] besteht, wo doch die ebenfalls industriegesellschaftlich definierte bundesdeutsche Gesellschaft mitnichten egalitäre Züge aufweist. Angesichts
dieses Dilemmas bleibt es in besagten Untersuchungen meist bei der unvermittelten *Konstatierung* des qualitativ Andersartigen. Und wie der
Industriegesellchaftsansatz unbeteiligt bleibt bei der Interpretation des
qualitativ Andersartigen, so bleibt die Konstatierung des letzteren ihrerseits folgenlos für die Formulierung des allgemeinen (Industrie-)Gesell-
schafts-Begriffs. Letztlich verschwinden die gesellschaftlichen Spezifika eines Systems wie desjenigen der DDR, kaum daß man sie gewürdigt
hat, wieder in den abstrakt-allgemeinen Begriffshülsen der Industriegesellschaftstheorie. So werden bei Ludz die sozialen Prozesse in der
DDR, die, wie oben gestreift, unverwechselbar konkrete Klassenzüge

560 H. Rudolph, Die Gesellschaft der DDR..., S. 53, 54, 56. Bemerkenswerte Angaben
über die Einkommensdifferenzierung bzw. -egalisierung in der DDR machen F. Grätz/D.
Voigt, Der Einfluß materieller Stimuli auf sozial-strukturelle Veränderungen im Verlauf der
wissenschaftlich-technischen Revolution der DDR in: DA, SH 1976, S. 119 ff., bes. S. 126 f.
und S. 133. Grätz/Voigt halten die Bezahlung der Führungskräfte in der DDR-Wirtschaft sogar für tendenziell *zu niedrig* — nämlich hinsichtlich der Notwendigkeit, »eine Motivation
für die Übernahme von Führungspositionen zu schaffen«. (S. 133).

561 Vgl. oben, Anm. 545.

tragen, wiederum formalisiert zu der Aussage, die DDR-Gesellschaft sei »gekennzeichnet ... (durch) eine beachtliche horizontale und vertikale Mobilität«[562]; die Beobachtungen über den breiten sozialen Aufstieg der Arbeiterklasse und nicht nur der Arbeiterklasse werden neutralisiert mit Bemerkungen wie: »So sehr ... soziale Aufsteiger gefördert wurden, so wenig Rücksicht nahm man auf soziale Absteiger.«[563] Auch bei Rudolph absorbiert das Denken in den abstrakten industriegesellschaftlichen Kategorien letzten Endes alle zunächst konzedierten Besonderheiten der DDR-Gesellschaft. Zur Bedeutungslosigkeit sind die konstatierten gravierenden Unterschiede in den Sozialstrukturen zwischen DDR einerseits und Bundesrepublik andererseits zusammengeschrumpft, wenn es bei Rudolph resümierend heißt, die DDR-Gesellschaft stünde »im Banne des gleichen individuellen und gesellschaftlichen Selbstverständnisses, in dem auch die Gesellschaft der Bundesrepublik und darüber hinaus die meisten mitteleuropäischen Gesellschaften sich befinden. Es ist der Plausibilitätshorizont moderner Gesellschaftlichkeit . . .«.[564] Mit anderen Worten, die Gesellschaft der DDR sei »zuerst und vor allem nicht unter dem Aspekt des Sozialismus, sondern unter dem der Arbeitsgesellschaft« zu begreifen.[565]

Die Industriegesellschaftstheorie verwechselt das *Allgemeine* mit dem *Wesentlichen*. Sie hält den in ihrem Begriff zusammengefaßten »Stoff«, weil er das Übergreifende, Allgemeine gegenüber den besonderen Gesellschaftstypen darstellt, deshalb auch schon für das Wesentliche. Die nach wie vor gültige Erwiderung hierauf findet sich in Marxens Auseinandersetzung mit dem Begriff der »Produktion im allgemeinen«; Marx konzediert zunächst, daß es einige allgemeine Bestimmungen gebe, ohne die sich keine Produktion, auf welcher geschichtlichen Stufe auch immer, denken lasse, und fährt dann fort: »allein, wenn die ent-

---

562 P. C. Ludz, Die soziologische Analyse der DDR-Gesellschaft, S. 19. Paradoxerweise will Ludz mit dieser formalen Bestimmung eine charakteristische Tendenz der »DDR-Gesellschaft, *wie sie sich uns konkret darstellt*«, (ebenda, Hervorheb.: O. C.) benannt haben. Auf einem derartigen Abstraktionsniveau reduzieren sich die sozialen Systemunterschiede auf dem nichtssagenden Satz, »daß sich ... die DDR-Gesellschaft stärker gewandelt hat als die BRD« (P. C. Ludz, DDR-Forschung und vergleichende Deutschlandforschung in den USA, S. 123; Ludz referiert hier eine amerikanische Studie und bescheinigt deren Verfasser, im Niveau die (west-)»deutsche Forschung auf diesem Gebiet ... überholt« zu haben (ebenda, S. 122). Selbst die »Elitenrekrutierung« in beiden deutschen Staaten nach 1945 weist in solcher Sicht »gewisse Ähnlichkeiten« auf (ebenda, S. 125). UdSSR und USA haben, ebenfalls nach Ansicht von Ludz, eine »ähnliche Mobilitätsrate« (P. C. Ludz, Offene Fragen . . ., S. 323, Anm. 13).

563 P. C. Ludz, Politische Ziele der SED . . ., S. 1267.

564 H. Rudolph, Die Gesellschaft der DDR . . ., S. 129 f.

565 Ebenda, S. 130.

wickeltsten Sprachen Gesetze und Bestimmungen mit den unentwickeltsten gemein haben, so muß grade das, was ihre Entwicklung ausmacht, den Unterschied von diesem Allgemeinen und Gemeinsamen, die Bestimmungen, die für die Produktion überhaupt gelten, müssen grade gesondert werden, damit über der Einheit ... die wesentliche Verschiedenheit nicht vergessen wird.«[566] Und resumierend schreibt er: »... die sogenannten allgemeinen Bedingungen aller Produktion sind nichts als diese abstrakten Momente, mit denen keine wirkliche geschichtliche Produktionsstufe begriffen ist.«[567]

Daß mit Begriffen wie Industriegesellschaft oder Arbeitsgesellschaft — letzterer bringt seinen überhistorischen, abstrakt-allgemeinen Charakter schon buchstäblich im Wort zum Ausdruck: denn in welcher Gesellschaft wäre Arbeit keine Grundtatsache?[568] — der Sozialismus als »wirkliche geschichtliche Produktionsstufe« tatsächlich nicht zu begreifen ist, dokumentieren ihre Verfechter selbst, indem sie in der konkreten Untersuchung gänzlich andere Erklärungsmomente hinzuzuziehen genötigt sind, Momente, welche nicht etwa aus dem Industriegesellschaftsbegriff abgeleitet sind, sondern die nur eine äußere Ergänzung zu diesem bilden. Aus dieser inneren theoretischen *Unverbundenheit* der verschiedenen Erklärungsfaktoren untereinander resultiert auch eine

566 K. Marx, Grundrisse der Kritik der politischen Ökonomie. Einleitung, S. 7.
567 Ebenda, S. 10. — Hegel sagt über allgemeine Bezeichnungen wie »z. B. Mensch, Haus, usf.«, dies seien »Abstraktionen, die vom Begriffe nur das Moment der Allgemeinheit nehmen und die Besonderheit und Einzelheit weglassen, so nicht an ihnen entwickelt sind und damit gerade vom Begriff abstrahieren«. (G. W. F. Hegel, Encyclopädie der philosophischen Wissenschaften, Leipzig 1949, S. 157.) Dies scheint uns eine treffende Kennzeichnung auch des Industriegesellschaftsbegriffs; auch er ist nicht entwickelt an einer konkreten historischen Gesellschaft samt deren »Besonderheit« und abstrahiert daher gerade von deren wissenschaftlichem Begriff.
568 H. Rudolph sieht das spezifische Moderne der »Arbeitsgesellschaft« in der Herrschaft der »oberste(n) Maxime, daß jeder arbeiten muß; wer nicht arbeitet und vom Ertrag dieser Arbeit lebt, gilt als verächtlich«; demgegenüber sei in den »historischen Gesellschaften bis zur Schwelle des 19. Jahrhunderts die Arbeit ... eine keineswegs hoch bewertete, eher verächtliche Notwendigkeit ... (gewesen) gegenüber dem, was die eigentlichen Zwecke des Lebens ausmachte«. (Die Gesellschaft der DDR ..., S. 131.) Diese Auffassung erinnert lebhaft an den Einwand, der gegenüber der Marxschen Schrift »Zur Kritik der Politischen Ökonomie« nach deren Erscheinen 1859 erhoben wurde (Marx geht darauf in einer Fußnote im »Kapital«, Bd. I, ein): Marxens These, wonach »die Produktionsweise des materiellen Lebens den sozialen, politischen und geistigen Lebensprozeß überhaupt bedinge«, sei zwar — so der Einwand — »richtig für die heutige Welt, wo die materiellen Interessen, aber weder für das Mittelalter, wo der Katholizismus, noch für Athen und Rom, wo die Politik herrschte«. Marx antwortet kurz und bündig: »So viel ist klar, daß das Mittelalter nicht vom Katholizismus und die antike Welt nicht von der Politik *leben* konnte. Die Art und Weise, wie sie ihr Leben gewannen, erklärt umgekehrt, warum dort die Politik, hier der Katholizismus die Hauptrolle spielte.« (K. Marx, Das Kapital, Bd. I, MEW 23, S. 96, Anm. 33).

gewisse *Unverbindlichkeit,* welchen Faktoren denn hierbei überhaupt Beachtung gebühre. So sind es für H. Rudolph vier Gesichtspunkte, mit deren Hilfe er das Wesen der DDR-Gesellschaft erfassen zu können glaubt: Sie ist für ihn »erstens, im Ansatz eine Industriegesellschaft ...; sie ist, zweitens, eine Gesellschaft, die vor allem durch das politische System geformt wird, das ihre politische Führung durchzusetzen versucht; sie ist, drittens, eine deutsche Gesellschaft und, viertens, eine Gesellschaft, die tief von den Erfahrungen der Nachkriegszeit geprägt ist«.[569] Bei Ludz ist von dem letztgenannten Aspekt nicht die Rede, und der Faktor der deutschen Tradition erscheint in etwas anderer Form: Ludz beobachtet in der DDR-Gesellschaft erstens »Erscheinungen, die aus den Industriegesellschaften des Westens bekannt sind ...; zum anderen die nach wie vor wirksamen traditionellen Verhaltensmuster einer eher konservativ-mittelständischen Lebenshaltung ... Schließlich ... die ideologische Dauerprägung«.[570] In der Darstellung von K. Sontheimer und W. Bleek, um ein letztes Beispiel zu nehmen, bemerkt man ein unschlüssiges Pendeln zwischen einerseits der Deutung der DDR-Gesellschaft als eines »eigentümliche(n) Amalgam(s) deutscher Gesellschaftstradition mit universalen industriegesellschaftlichen Tendenzen«[571] und andererseits als Verknüpfung des Faktors »Sozialismus« mit »allgemeinen industriestaatlichen Entwicklungen«.[572]

Was sich bei aller, recht willkürlich anmutenden, Unterschiedlichkeit in der Auswahl der Bestimmungsfaktoren dennoch als Grundmuster herausschält, ist das Nebeneinander (bzw. dann auch: Gegeneinander) von Industriegesellschaft einerseits und politisch-ideologischem Überbau andererseits. Diesem letzteren wird nun im Industriegesellschaftsdenken all das an gesellschaftlicher Realität zugeordnet, was sich nicht mit der Schablone des Industriegesellschafts-Begriffs deckt. Die Spezifik des Sozialismus ist hiernach allemal seinem aufgesetzten Überbau geschuldet. Das theoretische Dilemma dieses Ansatzes besteht darin, daß ihm jede Möglichkeit genommen ist, jene Spezifik ihrerseits *zu erklären;* ohne kausalen Rückbezug auf die gesellschaftliche Basis bleiben Politik und Ideologie tautologisch auf sich selbst beruhende Größen.

569 H. Rudolph, Die Gesellschaft der DDR . . ., S. 26.

570 P. C. Ludz, Politische Ziele der SED . . ., S. 1268. In einer popularisierten Kurzfassung dieses Aufsatzes schreibt Ludz: In der DDR-Gesellschaft »sind neben der ideologischen Dauerprägung typische Erscheinungen einer modernen Industriegesellschaft sowie überkommene Verhaltensmuster nur allzu deutlich erkennbar.« (P. C. Ludz, Wie funktioniert die DDR, in: Stern Nr. 41 v. 3. 10. 1974, S. 55).

571 K. Sontheimer/W. Bleek, Die DDR. Politik, Gesellschaft, Wirtschaft, (1. Aufl.), S. 141. (Auch im folgenden nach dieser Aufl.)

572 Ebenda, S. 176.

Marx weist in Auseinandersetzung mit einem bürgerlichen Ökonomen darauf hin, daß diese Unfähigkeit, den gesellschaftlichen Überbau zu erklären, die unvermittelte Folge eines im Abstrakt-Allgemeinen verharrenden Gesellschaftsbegriffs ist: »Indem Storch die materielle Produktion selbst nicht *historisch* faßt — sie als Produktion von materiellen Gütern überhaupt faßt, nicht als eine bestimmte historisch entwickelte und spezifische Form dieser Produktion —, zieht er sich selbst den Boden unter den Füßen weg, auf dem allein teils die ideologischen Bestandteile der herrschenden Klasse, teils die freie geistige Produktion dieser gegebenen Gesellschaftsformation begriffen werden kann. Er kann nicht über allgemeine schlechte Redensarten hinauskommen . . .«[573]

Man könnte auch sagen, in der Industriegesellschaftskonzeption, zumal wo sie sich auf das sozialistische System richtet, gerät der politisch-ideologische Überbau[574] unversehens in die Rolle des allesbewirkenden (genauer gesagt: alles System-Spezifische bewirkenden) *»deux ex machina«,* mit dessen Einfluß sich alles (und nichts) erklären läßt.[575] Demgemäß bemüht man sich, sämtliche über das Industriegesellschaftsmodell bzw. über die gewohnte »westliche« Norm hinausgehende, ihr widersprechende Züge in der ökonomischen und sozialen Struktur der sozialistischen Gesellschaft als Ausdruck und Resultat eines äußerlichen, von »oben« kommenden politisch-ideologischen Drucks«, als sozusagen mutwillige Verfremdung der eigentlichen, universalen industriegesellschaftlichen Realität zu interpretieren. So erscheint dann beispielsweise die — auch von Ludz in gewissem Grade gesehene — neue Stellung der Arbeiterklasse in der DDR-Gesellschaft nicht etwa als Teil und Ausdruck eines vollzogenen grundlegenden *»sozialen Wandels«* — diese Begrifflichkeit bleibt vielmehr den vermeintlichen oder tatsächlichen Industriegesellschafts-Prozessen vorbehalten —, sondern grundsätzlich nur als ein Stück *»Gesellschaftspolitik der SED«.* Ebenso heißt es über »die Arbeiter und ehemaligen Bauern, . . . die im Arbeitsprozeß stehenden Frauen und die Jugend«, daß sie »*von der SED bevorzugt* in den Aufbau der DDR-Gesellschaft *mit einbezogen«* worden seien und würden[577]; die umgekehrte Möglichkeit, daß nämlich die SED selbst der

573 K. Marx, Theorien über den Mehrwert, I. Teil, MEW 26, S. 257.

574 »Überbau« hier nicht im marxistischen Sinn gebraucht.

575 H. Rudolph: »Daß die DDR-Gesellschaft dennoch keine Industriegesellschaft vom Typ westlicher Industriegesellschaften ist, und zwar in augenfälliger Weise, hat seinen Grund zweifellos in der Formung dieser Gesellschaft durch das politische System.« (Die Gesellschaft der DDR . . ., S. 29).

576 Vgl. diese Trennung in den Zwischenüberschriften bei P. C. Ludz, Politische Ziele der SED . . ., S. 1268.

577 P. C. Ludz, Die soziologische Analyse der DDR-Gesellschaft, S. 20 (Hervorheb.: O. C.).

Interessenausdruck jener sozialer Klassen und Gruppen ist — wodurch der beobachtete Tatbestand überhaupt erst eine Erklärung fände, die zwingender wäre als der bloße Hinweis auf die unerforschlichen Ratschlüsse und Präferenzen der SED —, bleibt außerhalb des Denkhorizonts. Die gesamte gesellschaftliche Dynamik (außer es wäre die industriegesellschaftliche »Eigendynamik«[578]) wird hier also, statt von ihren objektiven sozialen Wurzeln, von einer als voluntaristisch schaltend und waltend vorgestellten SED her gedacht. *Die Arbeiterklasse und andere soziale Gruppen sind von diesem Interpretationsansatz automatisch in den Status passiver Objekte gesetzt, noch bevor überhaupt die konkrete Realität hierzu befragt worden ist.* Man billigt zwar der Gesellschafts*politik* der DDR zu, in hohem Maße ihren selbstgesteckten sozialen Zielsetzungen gerecht zu werden[579] — aber ist unter keinen Umständen bereit, hierin den Ausdruck entsprechender Gesellschaftsverhältnisse, insbesondere der Herrschaft der Arbeiterklasse, zu sehen.[580] Einen gewissen Höhepunkt erreicht dieses strikte vom-Überbau-her-Denken bei E. Richert, der die Arbeiterklasse samt der übrigen werktätigen Bevölkerung der DDR schlicht zur »Staatsbelegschaft« erklärt, zu »Angestellten der Planexekutive«, die im »Dienst des Staatseigentums und seiner weitgehenden bürokratisierten Kommandostruktur« stehen.[581]

578 Vgl. ebenda, S. 1270.

579 Vgl. etwa E. Richert, Revolutionäre und evolutionäre Tendenzen im DDR-Gesellschaftsprozeß . . ., S. 38. Oder Bundesministerium für innerdeutsche Beziehungen (Hrsg.), DDR-Handbuch: ». . . Dennoch ist die weitere Existenz der Block-Parteien keineswegs gesichert, da ihre Legitimationsgrundlage in dem Maße schwindet, wie die von der SED verfolgte, auf politische und soziale Homogenisierung der Gesellschaft abzielende Politik Realität wird.« (S. 615).

580 Grob gesagt: Man muß die Tatsache der »Arbeiterpolitik« anerkennen, ohne eine »Arbeitergesellschaft« (vgl. E. Richert, ebenda, S. 27) anerkennen zu können. Dieser Widerspruch läßt sich noch stärker zuspitzen: Zwar billigt man der Gesellschaftspolitik der DDR zu, *»ein entschiedenes Konzept der Gesellschaftsumgestaltung«* zu verfolgen (K. Sontheimer/W. Bleek, Die DDR. . ., S. 139, Hervorheb.: O. C.); andererseits aber hütet man sich sorgfältig davor, die solcherart *umgestaltete Gesellschaft* selbst als die Grundlage, Bedingung, Ursache jener Gesellschaftspolitik zu nehmen. Das Ausweichen vor dieser Konsequenz wirkt sich bei Sontheimer/Bleek bis in die Terminologie aus: Sprechen sie im Zusammenhang der DDR-Gesellschafts*politik* noch ohne weiteres von »Gesellschaftsumgestaltung«, so ist im Zusammenhang mit der Frage nach dem Wesen der Gesellschaftsordnung nurmehr die Rede von der »sozialistischen *Staatsordnung*« (ebenda, S. 142). Es entsteht also die Paradoxie, daß es zwar eine kontinuierliche Gesellschaftsumgestaltung, jedoch keine umgestaltete Gesellschaft gibt.

581 E. Richert, Revolutionäre und evolutionäre Tendenzen im DDR-Gesellschaftsprozeß . . ., S. 27. Von den »staatseigenen Bürgern« in der DDR spricht E.-O. Maetzke (FAZ v. 30. 3. 1977). Und T. Wybrankiec meint: »Durch die Kollektivierung sind die russischen Bauern . . . letzten Endes wieder ›Leibeigene‹ eines neuen Herrschaftssystems geworden«. (FAZ v. 17. 3. 1976).

Hier hat »der Staat«, hat »die SED« die konkrete Gesellschaft gewissermaßen samt und sonders in sich verschlungen; nicht aus der Gesellschaft heraus wird der ihr entsprechende Staat definiert, sondern die Gesellschaft wird aus »dem Staat« heraus definiert: sie wird »Staatsbelegschaft«.

Durch die methodische Auflösung gesellschaftlicher Gesetzmäßigkeiten in pure Akte von Gesellschafts*politik* verliert die Interpretation den Boden des Objektiven unter ihren Füßen und hält tendenziell nur noch Subjektives in Händen; damit begibt sie sich aber zugleich, wie bereits angedeutet, der wichtigsten Grundlagen der wissenschaftlichen *Erklärung* des Beobachteten. Es geht ihr wie jenem bürgerlichen Ökonomen, von dem Marx sagte, die »ganze Geschichte der Produktionsverhältnisse« erscheine ihm »als eine durch die Regierungen böswillig veranlaßte Verfälschung«.[582] Das Sozialistische am Sozialismus, samt seiner Entwicklung, ist so, wie es ist, weil die Führung es so *will*. Es macht bei dieser voluntaristischen Sicht einen nur zweitrangigen Unterschied, ob der fragliche Wille extrem eng auf eine einzige Führerperson[583] oder ob er auf die Institution der Partei insgesamt (oder wenigstens ihrer Spitzenkollektive) bezogen wird, oder ob es, wie bei Rudolph, ganz vage »das politische System« ist, welches seine ausgedachten »Strukturen« in die Gesellschaft »hineindrückt«.[584] In jedem Falle bleibt es ein der Gesellschaft äußerlicher, ihr konfrontierter Wille.

Ein Beispiel dafür, wie der Rekurs auf diesen politisch-ideologischen Willen zur Erklärung objektiver Tatbestände in Wirklichkeit überhaupt nichts erklärt, liefert I. Hanke in ihrem Beitrag zur einführenden DDR-Darstellung von H. Rausch und T. Stammen. Auf die Bildungspolitik eingehend stellt Hanke fest: »Viele der Fragen, die man beispielsweise in der Bundesrepublik erst vor wenigen Jahren zu diskutieren begann, sind in der DDR schon lange und konsequent in Angriff genommen worden: so Fragen der Benachteiligung von Arbeiterkindern, der Kindergärten

---

582 K. Marx, Grundrisse der Kritik der politischen Ökonomie. Einleitung, S. 7.

583 Der amerikanische Kommunismusforscher E. J. Salter schrieb 1963: »Entgegen den theoretischen Prämissen des Marxismus-Leninismus, nach welchen die Führer Ausdruck oder Figurationen eines gesellschaftlichen Zustandes sein sollen, verhält es sich vielmehr umgekehrt. Die gesellschaftliche Verfasssung und die politische Seele des Landes werden durch die individuelle Psychologie und den spezifischen Charakter des jeweiligen Führers weitgehend bestimmt. Dies galt für Lenin, dies galt für Stalin, es gilt auch für Chruschtschow.« (E. J. Salter, in: Was kommt nach Chruschtschow? Eine Umfrage, in: Der Monat, Heft 174, März 1963, S. 25).

584 H. Rudolph, Die Gesellschaft der DDR ..., S. 42. Die Vorstellung, die sozialistische Politik »drücke« etwas in die Gesellschaft »hinein«, taucht bei Rudolph immer wieder auf, auch in dieser Formulierung (vgl. z. B. ebenda, S. 50, S. 130).

und der Vorschulerziehung, der Berufsausbildung, der Erwachsenen-
bildung, der Studentenorganisation, der Bildungsökonomie und Curri-
culumforschung.« Und nun folgt Hankes Erklärungsversuch: »Die
Ideologie des Marxismus-Leninismus begünstigte eine solche Entwicklung, weil sie dogmatische Positionen als Zielsetzungen vorgab, die
durchgesetzt werden mußten ...«[585] Von dem Dogmatismusvorwurf
einmal abgesehen, der sich im vorliegenden Zusammenhang einigermaßen grotesk ausnimmt (impliziert er doch, daß Dogmatismus bildungs-
politisch segensreich ist und die Bundesrepublik einen Nachholbedarf
an Dogmatismus hat), wird hier also die erfolgreiche Durchsetzung von
Gesellschaftspolitik damit »erklärt«, daß die Ideologie es eben so verlangt habe. Ein Erfolg wurde deshalb erzielt, weil er laut Ideologie erzielt werden »mußte«. Warum er jedoch überhaupt erzielt werden
konnte, welche Bedingungen ihn *ermöglicht* habe, diese Frage bleibt unbeantwortet, obwohl es doch alles andere als selbstverständlich ist, daß
eine Gesellschaft tatsächlich ihre Zielsetzungen verwirklicht (und die
DDR-Forschung im allgemeinen denn auch nach Kräften nach Widersprüchen zwischen ideologischem Anspruch und realisierter Wirklichkeit in der DDR sucht). I. Hanke fährt in dieser Logik noch fort, indem
sie die oben aufgezählten bildungspolitischen Errungenschaften als
»Ausdruck der Bemühung, die Überlegenheit des sozialistischen Systems ... unter Beweis zu stellen«[586], wertet — nicht also als Ausdruck
gewisser objektiver Systemeigenschaften, sondern als Resultat gewissermaßen des schieren Ehrgeizes der politischen Führung. Unerklärlich
bleibt bei einer solchen Interpretation, warum denn nun im vorliegenden konkreten Fall die zweifellos auch bei den Verantwortlichen *der
Bundesrepublik* vorhandene Bemühtheit, »die Überlegenheit« des eigenen Systems »unter Beweis zu stellen«[587], *nicht* die entsprechenden Ergebnisse in der Bildungspolitik gezeigt hat. Offensichtlich müssen zur
Beantwortung einer solchen Frage ganz andere Gegebenheiten mitein-
kalkuliert werden als nur subjektiver Wille und ideologische Vorgaben.
Andernfalls bleibt die Betrachtung in etwa derselben Tautologie gefan-
gen, die F. Engels an Dührings Gewalttheorie aufdeckte: »Es kommt
darauf an, die Entstehung der Klassen und der Herrschaftsverhältnisse

585 I. Hanke, Die politische Kultur, in: H. Rausch/T. Stammen, DDR — Das politische,
wirtschaftliche und soziale System, S. 108.

586 Ebenda, S. 109 (Hervorheb.: O. C.).

587 »Der Anspruch, *der* deutsche Staat, der Modellstaat auf deutschem Boden zu sein, ist
von der Bundesregierung explizit, jedoch nicht implizit aufgegeben worden.« (P. C. Ludz,
Deutschlands doppelte Zukunft, S. 99).

zu erklären, und wenn Herr Dühring dafür immer nur das eine Wort ›Gewalt‹ hat, so sind wir damit genausoweit wie am Anfang.«[588]

Da das Industriegesellschaftsdenken über einen unvermittelten Dualismus von Politik und Gesellschaft nicht hinauskommt, daher über keinen Begriff der sozialistischen Gesellschaft als eines *Systems* verfügt, müssen alle noch so ernst gemeinten Beteuerungen, es gelte in der Analyse den komplexen Charakter, »die besonders enge Verzahnung der gesellschaftlichen Teilsysteme in den Staaten sowjetkommunistischen Typs — der Wirtschaft, Politik und Ideologie«[589] — zu berücksichtigen, unweigerlich uneingelöst bleiben.[590] In der Regel figuriert der Hinweis auf die Komplexität der zu untersuchenden Gesellschaftsordnung ohnehin nur als Leerformel, welche die unbewältigte theoretische Situation zudecken muß. Wenn etwa Sontheimer/Bleek schreiben, »daß die DDR weder ein von allgemeinen industriestaatlichen Entwicklungen abgehobener Staat des Sozialismus noch ein dem Sozialismus entfremdeter Industriestaat ist. Seine Wirklichkeit ist komplexer und fragiler ...«[591], so steht hier die Formel von der Komplexität sichtlich nur für das theoretische Unvermögen, die — in der Tat eben völlig inkompatiblen — Größen »Industriegesellschaft« und »Sozialismus« zu einem in sich geschlossenen Begriff zu verbinden.[592]

Das Ungenügen am theoretischen Dualismus des Konzepts der »Indu-

---

588 F. Engels, Herrn Eugen Dührings Umwälzung der Wissenschaft, MEW Bd. 20, S. 165. — Wie die DDR-Forschung dazu tendiert, *Erfolge* der DDR auf Subjektiv-Zufälliges zurückzuführen, so tendiert die System-Apologetik in der Bundesrepublik umgekehrt dazu, die *Mißerfolge* der BRD auf solch Subjektiv-Zufälliges zurückzuführen: »Zu den Fehlentwicklungen, die offen einzugestehen sind, nannte Narjes (CDU — O. C.) einen Kernsatz: ›Wenn wirtschaftspolitisch etwas schiefgeht, dann ist daran nicht die Wirtschaftsordnung, sondern das Versagen der Wirtschaftspolitiker schuld.‹« (FAZ v. 13. 1. 1975).

589 J. Kosta, Rezension zu O. Sik, Das kommunistische Machtsystem, in: FR v. 26. 2. 1977.

590 D. Bell, einer der Schöpfer der Industriegesellschaftslehre, setzt in seinem jüngsten Buch (Die Zukunft der westlichen Welt, Ffm. 1976) »voraus, daß komplexe und dynamische Gesellschaften nicht als einheitliche Systeme beschreibbar sind, *sondern als Nebeneinander der drei Bereiche Politik, Wirtschaft und Kultur*«. (So in einer Rezension J. Quack, in: FAZ v. 9. 4. 1977; Hervorheb.: O. C.).

591 K. Sontheimer/W. Bleek, Die DDR ..., S. 176. Ähnlich ebenda, S. 138 u. 141 f.

592 F. Ronneberger bestreitet prinzipiell die Möglichkeit, bei der Analyse von Gesellschaftssystemen »gewissermaßen zum ›Kern‹ oder zum ›Grundverständnis‹ vorzudringen... Wir wissen ... aus der Analyse von modernen Industriegesellschaften, daß die Suche nach einem einzigen ›Baugesetz‹ vergeblich ist; solche Gesellschaften haben einen so hohen Grad an Komplexität erreicht, daß ihre Erklärung aus *einem* Prinzip versagen muß«. (F. Ronneberger, Vergleichbarkeit östlicher und westlicher politischer Systeme, S. 29) All dies hindert Ronneberger jedoch keineswegs, selber das »Prinzip«, den »Kern«, das »Grundverständnis« der sog. »*modernen Industriegesellschaft*« vorauszusetzen.

striegesellschaft sozialistischen Typs« artikulierte vor einiger Zeit kein anderer als der Antimarxist Detlef Herrmann. Er wertet das Überstülpen »westliche(r) Erfahrungen« der Industriegesellschaft über die sozialistische Wirklichkeit und eine davon gänzlich abgesonderte Betrachtung der »ideologischen Phänomene« als Anwendung bloßer *Hilfskonstruktionen«.* Der Kernsatz seiner Kritik lautet: »Das Ideologische bildet eben nicht nur den propagandistischen Vorhang vor einer ansonsten normalen Industriegesellschaft; es ist in Institutionen und zwischenmenschlichen Beziehungen geronnen und bestimmend geworden.«[593] Mit dieser Feststellung trifft Herrmann die Industriegesellschaftskonzeption in der Tat in ihrem Zentrum. Den gesellschaftlichen Verhältnissen, so lautet seine Aussage materialistisch gewendet, kommt tatsächlich von Grund auf und in »bestimmender« Weise *sozialistische Qualität* zu; der Sozialismus ist nicht zu reduzieren auf eine ideologische Dreingabe zur Industriegesellschaft. In der Art und Weise, wie D. Herrmann diese Einsicht formuliert, trägt sie zwar auch ihrerseits noch Züge einer »Hilfskonstruktion« — indem nämlich die sozialen Beziehungen nicht direkt, sondern nur über den Umweg der Ideologie bestimmt werden, als geronnene Form von etwas Ideellem —, aber dennoch ist hier die Betrachtungsweise bis zu einem Punkt getrieben, wo sie schon fast ins Materialistische umschlägt, wo es nur noch ein Schritt ist, die Spezifik des Sozialismus eben in seinen gesellschaftlichen Verhältnissen festzumachen und an die Stelle der undialektischen Hilfskonstruktion »Industriegesellschaft/Ideologie« einen Systembegriff zu setzen, dessen Kern die Kategorie der gesellschaftlichen *Produktionsverhältnisse* bildet. [594]

D. Herrmann formuliert seine Kritik am Industriegesellschaftsansatz nicht aus Sympathie für die marxistische Herangehensweise. Sein Motiv ist vielmehr, davor zu warnen, daß durch den Industriegesellschaftsansatz mit seiner Ausklammerung des »Ideologischen« (d. h. im Grunde: des spezifisch Sozialistischen) aus dem Bereich des für realgesellschaftlich relevant gehaltenen die »Herrschaft der Kommunisten in der DDR ... *ungewollt verharmlost«* würde[595]; tatsächlich sei die DDR-Gesellschaft von kompakter Qualität, »eine harte Nuß«, die industrie-

---

593 D. Herrmann, Mit der Stange im Nebel (Hervorheb.: O. C.).

594 Zur analytischen Bedeutung des Begriffs der Produktionsverhältnisse vgl. bes. E. Hahn, Historischer Materialismus und marxistische Soziologie, Berlin 1968, S. 57 ff.; ders., Soziale Wirklichkeit und soziologische Erkenntnis, Berlin 1965, S. 151 ff.; in Annäherung daran aber auch z. B. C. W. Mills, Kritik der soziologischen Denkweise, Neuwied — (West-)Berlin 1963, bes. S. 91, 199.

595 D. Herrmann, Mit der Stange im Nebel (Hervorheb.: O. C.).

gesellschaftstheoretisch nicht »geknackt« werden könne.[596] Aus dieser
Einschätzung spricht nicht zuletzt auch D. Herrmanns eigene Erfahrung mit der Wirklichkeit sozialistischer Vergesellschaftung, eine Erfahrung, die er für zu gravierend hält, als daß antisozialistisches Engagement, ob in der wissenschaftlichen Forschung oder in anderen Bereichen, sie aus dem Kalkül ausklammern dürfte.[597] Wie schon bei der Frage der Parteilichkeit[598] erweist sich hier auch die Position von D. Herrmann als die stringentere, verglichen mit der »normalen« bürgerlichen
DDR-Forschung. Eine neue theoretische Perspektive freilich eröffnet
sie dieser dennoch nicht. Denn Herrmanns Alternative ist nichts anderes
als die nachgerade absolut gesetzte Totalitarismustheorie; absolut gesetzt insofern, als die Kategorie des »Ideologischen« (des »totalitären«
Anspruchs) ausdrücklich auch auf die Sphäre der Gesellschaft selbst
(von Herrmann als die »zwischenmenschlichen Beziehungen« bezeichnet) ausgedehnt wird, also vor dieser nicht haltmacht, wie im Indu-
striegesellschaftskonzept. Damit aber wäre die Kommunismusforschung wieder beim theoretischen Ausgangspunkt der fünfziger Jahre
angekommen, den sie in der Folgezeit, wie wir sahen, aus durchaus
zwingenden Gründen verlassen hatte.[599]

596 Ebenda.
597 Vgl. etwa auch die Nachdrücklichkeit, mit welcher der als »Systemkritiker« geltende
J. Orlow feststellt: »Die *Kompaktheit* der totalitär-sozialistischen Struktur, die gegenseitige
Verknüpfung ihrer Eigenschaften miteinander ... spricht für deren außerordentliche Stabilität. Das allein bietet einen ausreichenden Grund dafür, *diese Struktur als eine Fallgrube zu
sehen,* worin die Völker hinabgleiten können, falls sie sich ihr unvorsichtig nähern.« (J. Orlow, Über die Unmöglichkeit des nicht-totalitären Sozialismus, S. 366.)
598 Vgl. oben, Kapitel 1.3.
599 D. Herrmann scheint in jüngster Zeit diesen theoretischen Prozeß individuell nach-
vollzogen zu haben. Er spricht nunmehr auch davon, daß die DDR »nichts anderes als eine
ideologisch überfremdete ... Industriegesellschaft« sei, und versucht, »das Übergestülpte,
Aufgesetzte dieser Ideologie« zu entlarven (D. Herrmann, Mondgestein aus dem ›fernen
Land‹, in: FAZ v. 21. 6. 1977). Damit hat D. Herrmann seine frühere Auffassung (vgl. oben,
Anm. 593) de facto widerrufen.

3. Die Entwicklungsprognose der »Entideologisierung«

Die geschilderten theoretischen Schwächen des Industriegesellschafts-Ansatzes werden besonders spürbar dort, wo er sich — was von einer Theorie auch verlangt werden muß — auf ganz bestimmte Trendeinschätzungen und *Entwicklungsprognosen* festlegt. Im folgenden soll die Industriegesellschaftstheorie (als Komponente der Kommunismusforschung) auf ihre zwei wohl wichtigsten prognostischen Hauptschlußfolgerungen hin untersucht werden: das ist einmal die *Entideologisierungs*-These, zum anderen die These von der *Konvergenz* der Systeme.

Es könnte zunächst scheinen, als stellte dies eine Beschäftigung mit ohnehin obsoleten, heute von niemand mehr ernsthaft vertretenen Theoremen dar. Dem ist jedoch entgegenzuhalten, erstens, daß selbst im unterstellten Fall ein kritischer Rückblick aufschlußreich genug wäre, allein schon um einen Eindruck davon zu geben, in welch hohem Grad sich die Kommunismus- und DDR-Forschung seinerzeit von Entideologisierungs- und Konvergenzerwartungen leiten ließ; zweitens, daß beide Prognosen ja durchaus konsequent aus dem allgemeinen Industriegesellschaftsansatz abgeleitet sind, mithin ihre praktisch erwiesene Fragwürdigkeit auf die Fragwürdigkeit dieses Grundansatzes selbst verweist (eine Folgerung, der die Kommunismusforschung aber bis heute aus dem Weg geht); drittens jedoch *sind die Vorstellungen von einer Entideologisierung und von einer Konvergenz (bzw. einer Rückentwicklung des Sozialismus) in der aktuellen Kommunismusforschung mitnichten ad acta gelegt und können es auch gar nicht sein* — eben aufgrund der Tatsache, daß sie im Industriegesellschaftsdenken notwendig angelegt sind; mögen auch die apodiktischen Schlagworte vom »Zeitalter der Entideologisierung« und der »Konvergenz der Systeme« heute aus dem Gebrauch gekommen sein — im Kern bestehen derartige Vorstellungen weiter. Gerade deshalb ist es notwendig, daran zu erinnern, daß es sich hierbei um Vorstellungen handelt, welche ihre Bewährungsprobe in der Realität nirgends bestanden haben.

Die Vorstellungen von einer säkularen »Entideologisierung« wurde von Ludz in den sechziger Jahren explizit und mit Nachdruck vertreten. Das »*Ende des ideologischen Zeitalters*«[600] war für ihn wesentlicher Hintergrund und leitender Gesichtspunkt seiner Sozialismusforschung. »In der industriellen Gesellschaft spielt das Ideologieproblem... eine ständig kleiner werdende Rolle«.[601] Und: »Die Entideologisierung von

---

600 Vgl. P. C. Ludz, Entwurf einer Typologie ..., S. 83; ders., Entwurf einer soziologischen Theorie ..., S. 36.

601 P. C. Ludz, Entwurf einer Typologie ..., S. 88.

Organisationen, deren Form einst gerade durch Ideologie konstituiert wurde, scheint ein ebenso charakteristisches Moment bürgerlich-kapitalistischer wie bolschewistischer Industriegesellschaften zu sein ...«[602] Allenthalben und in zahllosen Variationen taucht der Gedanke der Entideologisierung in Ludz' Sozialismusforschung auf: Die Dynamik der Industriegesellschaft erzwinge nun auch im Sozialismus eine »Versachlichung in der Lösung von Problemen«[603] und unterwerfe die Partei dem »Zwang zur Information«[604]; immer unentbehrlicher werde das »Expertenwissen«, die »funktionale Autorität« der Fachleute[605]; diesen neuen »Erfahrungsgehalten der industriellen Gesellschaft« öffne sich die alte politische Führung nur widerwillig[606]; an den »Leitbildern der vorindustriellen Gesellschaft« und »noch stark an der Geheimbund-Tradition« orientiert[607], nehme sie eine »zögernde Haltung ... bei der Einführung von Neuerungen« ein, könne sich aber der industriegesellschaftlichen Dynamik auf die Dauer »nicht mehr verschließen«[608]; als Folge dieses Prozesses werde schließlich »jedes Dogma ... ›von unten‹ durchlöchert«[609], die Ideologie »stirbt ab und wird rationalisiert«[610], sie bleibe nur pro forma erhalten, indem sie immer stärker zum »Leerformelhaften«[611] tendiere, usw. usf.

Alle diese Einschätzungen sind von der Grundüberzeugung getragen, daß Ideologie und Wissenschaft, Ideologie und »technische Zivilisation«[612] einen unvereinbaren Gegensatz bilden würden. Die Gegenüberstellung von Ideologie und Wissenschaft zieht sich wie ein roter Faden durch die Arbeiten von Ludz (und nicht nur von Ludz); sie erscheint als Konfrontation von »Herrschaftswissen und Expertenwissen«, von »politischer und funktionaler Autorität«, von »Dogmatikern und Pragmatikern«, von »Marxismus und Kybernetik«, usw.

Das Gegeneinanderausspielen von Ideologie und Wissenschaft kommt im Grunde tautologisch vermittels eines antithetisch zur Wissenschaft(lichkeit) definierten Ideologiebegriffs wie eines antithetisch zur

602 P. C. Ludz, Religionskritik und utopische Revolution, S. 115.
603 P. C. Ludz, Widerspruchsprinzip und Soziologie, S. 310 (zit. nach dem Erstabdruck).
604 P. C. Ludz, Entwurf einer soziologischen Theorie ..., S. 26.
605 P. C. Ludz, Parteielite im Wandel, S. 77, 33.
606 Ebenda, S. 54.
607 Ebenda, S. 151, 2.
608 Ebenda, S. 34, 122.
609 P. C. Ludz, Entwurf einer Typologie ..., S. 84.
610 P. C. Ludz, Offene Fragen ..., S. 336.
611 P. C. Ludz, Entwurf einer soziologischen Theorie ..., S. 35 f.
612 P. C. Ludz, Der politische Aspekt der Entfremdung, S. 6. Der Begriff der »technischen Zivilisation« wurde vor allem durch H. Schelsky bekannt.

Ideologie definierten Wissenschaftsbegriffs zustande. Ideologie vermittelt für Ludz per definitionem ein »verzerrtes Bild« von der Wirklichkeit[613], stellt per definitionem ein »System von Glaubenssätzen«[614] dar. Ursache dieser Irrationalität, so suggeriert Ludz, sei die Interessenhaftigkeit von Ideologie als solcher, ihr gesellschaftlich-politischer Praxisbezug an sich.[615]

Betrachtet man konkret, welche Inhalte von Ludz mit dem Verdikt des Unwissenschaftlichen oder Leerformelhaften belegt werden, so stößt man jedesmal gerade auf solche Begriffe und Aussagen des Marxismus, in denen die Formulierung allgemeiner Zusammenhänge und Gesetzmäßigkeiten der Gesellschaft angestrebt ist: seien dies der Zusammenhang von gesellschaftlicher Praxis und Bewußtsein[616], die Begriffe »Klasse« und »Produktionsverhältnisse«[617], sei dies die Prognose der geschichtlichen Durchsetzung des Sozialismus[618]; bereits die Vorstellung von der Gesellschaft als einem »sozialen Ganzen«[619] wird für irrational erklärt. Ludz erhebt hier ein Wissenschaftsverständnis zum obersten Maßstab, dem alle grundlegenden Verallgemeinerungen über die Gesellschaft und ihre Entwicklung, alle Begriffe, die über empirische Teilbeobachtungen hinausgehen, von vornherein als suspekt gelten. Freilich läßt sich Ludz von diesem Wissenschaftsbegriff bei seinen eigenen Forschungen nicht die Hände binden.[620]

Die Beliebigkeit, mit der Ludz den Tatbestand der Irrationalität und Leerformelhaftigkeit im einen Fall als erfüllt betrachtet, im anderen nicht einmal entfernt vermutet, mag hier noch ein Beispiel demonstrieren: Über die Entwicklung der Ideologie in der DDR heißt es bei ihm einmal: »Weiterhin ist in zentralen Bereichen der Ideologie eine Ausdehnung des ursprünglichen Inhalts von Begriffen gegeben (z. B. ›Revolution‹, ›Praxis‹, ›Arbeitsmoral‹). Die ständige interpretatorische Einbeziehung neuer Lebenstatsachen vergrößert den Begriffsinhalt

613 P. C. Ludz, Ideologie, Intelligenz und Organisation ..., S. 86.

614 P. C. Ludz, Parteielite im Wandel, S. 45.

615 Beispielsweise schreibt er: »Marxistisch-leninistische Ideologie wird ... seit Marx als ›geistiger Reflex‹, als Widerspiegelung der ›sozialistischen Bewegung ...‹ bestimmt. *Damit* liegt dem marxistisch-leninistischen Ideologiebegriff ein dogmatisches Muster von Rationalität zugrunde ...« (P. C. Ludz, Ideologie und Ideologiebegriff (Einleitung zu: ders., Ideologiebegriff und marxistische Theorie), S. 10; Hervorhebung: O. C.).

616 Vgl. ebenda, S. 313.

617 Vgl. ebenda.

618 Vgl. P. C. Ludz, Widerspruchsprinzip und Soziologie, S. 312.

619 Vgl. P. C. Ludz, Widerspruchstheorie und entwickelte sozialistische Gesellschaft, S. 515. Ludz setzt dem die sogenannte »empirische Auffassung von Gesellschaft« (ebenda) entgegen.

620 Vgl. z. B. oben, Kap. 1.4.

ursprünglich historisch festgelegter Kategorien immer mehr. — Die *damit gegebene Tendenz zur Leerformelhaftigkeit* der Ideologie erweitert jedoch auch den Spielraum für das Handeln.«[621] Hier baut Ludz seine These von der Leerformelhaftigkeit also auf der Tatsache auf, daß der Marxismus kontinuierlich neue Erfahrungen verarbeitet, seine Begriffe ständig konkret-historisch bereichert. Diese Argumentation, die dem Marxismus im Grunde seine historische Offenheit (d. h. Aufgeschlossenheit) zum Vorwurf macht, erscheint an sich schon wenig schlüssig, zumal doch dem Marxismus sonst immer, und auch von Ludz selbst[622], gerade seine Geschlossenheit vorgeworfen wird. Noch schwerwiegender jedoch ist, daß Ludz in einer anderen Veröffentlichung — die zufällig auch noch aus demselben Jahr stammt — jenen Tatbestand, der ihm im Fall des Marxismus Beleg für Leerformelhaftigkeit ist, im Fall der von ihm favorisierten Ideologie des »demokratischen Sozialismus« als Ausdruck besonderer Realitätsnähe feiert: hier spricht er nämlich vom »demokratischen Sozialismus als eine(r) prinzipiell offene(n) Theorie ..., *welche die vielfältigen Erscheinungen des Alltagslebens ... in sich aufnimmt ...*«[623]

Die Kehrseite der geschilderten Auffassung von marxistischer Ideologie als irrationalem System von Leerformeln ist — das sprach bereits aus den weiter oben angeführten Zitatproben (»Versachlichung«, »Information«, »Expertenwissen« usw.) — ein Begriff von Wissenschaft, der diese »von den wirklichen gesellschaftlichen Verhältnissen, auf deren Grundlage sich Wissenschaft entwickelt, los...löst«[624] und die solcherart autonom gesetzte Wissenschaft ihrerseits in den Rang der entscheidenden geschichtlichen Determinante erhebt. »Die Wissenschaft ist ... zum entscheidenden Faktor im System der Industriekultur geworden«, heißt es etwa bei H. Freyer.[625] Und H. Schelsky erklärt, konsequent weiterdenkend, die Politik für letztlich überflüssig: »Je besser die Technik und Wissenschaft, um so geringer der Spielraum politischer Entscheidungen.«[626]

621 P. C. Ludz, Zur gesellschaftlichen Situation in der DDR, S. 24 (Hervorhebung: O. C.).

622 Vgl. etwa P. C. Ludz, Ideologie, Intelligenz ..., S. 86.

623 P. C. Ludz, Die Ideologie des »Sozialdemokratismus« aus der Sicht der Kommunisten, S. 359 (Hervorhebung: O. C.).

624 G. Domin/H.-H. Lanfermann u. a., Bürgerliche Wissenschaftstheorie ..., S. 40.

625 H. Freyer, Entwicklungstendenzen und Probleme der modernen Industriegesellschaft, in: H. Freyer/L. Bossle/J. Filipec, Die Industriegesellschaft in Ost und West. Konvergenzen und Divergenzen, Mainz o. J., S. 22.

626 H. Schelsky, Der Mensch in der wissenschaftlichen Zivilisation, in: ders., Auf der Suche nach der Wirklichkeit, Düsseldorf—Köln 1965, S. 458.

Ludz' DDR-Forschung besteht in der Tat wesentlich in der Übertragung derartiger szientistisch-technokratischer Gedankengänge auf ihren speziellen Gegenstand. In seinem Hauptwerk »Parteielite im Wandel« sieht Ludz den unaufhaltsamen »Aufstieg einer technokratischen Elite«[627] im Gange, woraus eine immer größere »Bedrohung der strategischen Clique«[628] der SED erwachse; der Prozeß laufe in Richtung auf eine stetige »Aufwertung des Experten- beziehungsweise ... Abwertung des ideologisch-politischen Herrschaftswissens«.[629]

Untersucht man die bei Ludz als absolute Größen dastehenden Begriffe des Sachverstandes, Expertentums usw. genauer, so stellt sich heraus, daß auch sie eine bestimmte gesellschaftliche Zweckorientierung, eine bestimmte politische Vorentscheidung keineswegs verleugnen können.[630] Die Kräfte und Tendenzen, deren Durchbruch sich Ludz wünscht, gehen ihrerseits mit bestimmten gesellschaftlichen Interessen einher; sie bedeuten nicht die Aufhebung der Politik, sondern die Ersetzung der einen durch eine andere Politik; nicht der Durchbruch »politisch neutrale(r) Leistungseliten«[631] ist der eigentliche Inhalt der von Ludz erwarteten Transformation des DDR-Systems, sondern dessen Ausrichtung an einem veränderten System gesellschaftlicher Zwecke. Bei aller Zurückhaltung vor einer positiven Formulierung dieses anzusteuernden Ziels geben Ludz' Ausführungen, namentlich die über die DDR-internen Auseinandersetzungen im Zusammenhang mit der Entwicklung der Betriebsdemokratie, hinreichend Aufschluß über den parteilichen Gehalt des Ludzschen Expertokratie-Modells. So schreibt Ludz z. B., Probleme der Betriebsökonomie, etwa mit »Rationalisierungsmaßnahmen« zusammenhängende, könnten »schwerlich in Massenversammlungen, sie müssen vielmehr in den Büros der Werkleitungen, in enger Kooperation mit den Wirtschaftlern, sachgerecht gelöst werden«.[632] Den starken Protest aus den Belegschaften, den es hervorrief, als 1963/64 tatsächlich solche technokratischen Tendenzen um sich griffen, wie sie Ludz hier als Inbegriff von »Versachlichung« hinstellt, deutet er psychologisierend als Ausdruck eines »Gefühl(s) der Zurücksetzung unter den älteren Funktionären«.[633] Und die ab Herbst 1964

627 P. C. Ludz, Parteielite im Wandel, S. 70.

628 Ebenda, S. 77.

629 Ebenda, S. 122.

630 Vgl. Zur allgemeinen Problematik H.-H. Holz, Technik und gesellschaftliche Wertordnung, bes. S. 179 f.

631 P. C. Ludz, Parteielite im Wandel, S. 40.

632 P. C. Ludz, Funktionsaufbau und Wandel der Sozialstruktur der SED-Führung, S. 507.

633 Ebenda.

einsetzende Kursberichtigung, die mit den damals gefallenen Worten charakterisiert werden kann: »Die Plandiskussion umfaßt nicht nur die Fragen der Produktion, sondern unseres ganzen gesellschaftlichen Lebens«[634], wird von Ludz mit dem herablassenden Kommentar beschieden, nun sei »in den innerbetrieblich geführten ›Perspektivplandiskussionen‹ das Schwergewicht von der Erörterung volks- und betriebswirtschaftlicher Probleme wieder auf die agitatorisch-propagandistische Ebene verschoben« worden.[635] Der Tatbestand ideologischer Unsachlichkeit ist demnach für Ludz bereits dann gegeben, wenn Produktionsfragen im größeren gesellschaftlichen Zusammenhang betrachtet werden, wenn Plandiskussionen auch sozialpolitische Fragen mitumfassen und wenn diese Beratungen im Betrieb bewußt zu Kristallisationspunkten demokratischer Beteiligung gemacht werden. »Ohne Rücksicht«, erklärt Ludz in vorwurfsvollem Ton, hätten seinerzeit »einige Betriebsparteisekretäre als Vertreter der ›Linie‹« — d. h. für Ludz: die Dogmatiker — gegen »die Parteifachleute« — d. h. für Ludz: die nüchternen Pragmatiker — polemisiert; wiederum ist die von Ludz als Beleg solcher Rücksichtslosigkeit betrachtete Passage sehr aufschlußreich. Es heißt dort: »Die Plandiskussion ist selbst ein Ausdruck unserer sozialistischen Demokratie. Schließlich berät hier nicht eine kleine Anzahl Experten über Zahlen, sondern alle Werktätigen beraten die Gestaltung aller Lebensbereiche in den nächsten Jahren. Deshalb ist es ... so bedeutungsvoll, daß ... in jedem Betrieb jede Möglichkeit zur Teilnahme der Werktätigen genutzt und weiterentwickelt wird.«[336] Indem Ludz die hier artikulierte politische Orientierung in das Licht des Unsachlichen, Propagandistischen rückt, beweist er damit nur, welchen ausgeprägt elitären Zug sein Konzept der »Versachlichung« und des »Pragmatismus« besitzt.[637]

Wie steht es nun um die reale, empirische Bewährung der Ludzschen Zentralthese vom unversöhnlichen, letztlich systemsprengenden Gegensatz zwischen sozialistischer Herrschaft und wissenschaftlicher Moder-

634 Zit. bei P. C. Ludz, Parteielite im Wandel, S. 144.

635 Ebenda; wohlgemerkt fungiert bei Ludz jene Feststellung eines SED-Funktionärs (siehe vorige Anm.) unmittelbar als »Beleg« für die zitierte Einschätzung.

636 Zit. bei P. C. Ludz, Parteielite im Wandel, S. 144.

637 Ludz betrachtet die DDR aus dem Blickwinkel der konservativen »Theorie demokratischer Elitenherrschaft«, die M. Greiffenhagen in folgender Weise charakterisiert hat: »Gerade moderne Gesellschaften sind nach Meinung der Elitetheoretiker auf den Sachverstand von Experten angewiesen, so daß die Forderung nach möglichst hoher politischer Beteiligung aller Bürger für das politische System lebensgefährlich sei. Ein gewisser Grad politischer Apathie sei geradezu wünschenswert.« (M. Greiffenhagen, Rezension von F. Grube/G. Richter (Hrsg.), Demokratietheorien, Hamburg 1975, in: FAZ v. 15. 10. 1975).

nisierung, zwischen Funktionären und Fachleuten, usw., in den zehn Jahren seit Erscheinen von »Parteielite im Wandel« — des Werks, in dem die These mit besonders hohem wissenschaftlichen Aufwand entwickelt worden war?

Es fällt auf, daß die besagte Gegenüberstellung schon in »Parteielite im Wandel« nicht ohne mannigfache Relativierung gehandhabt wird. Beispielsweise muß Ludz in verschiedenen Fällen eingestehen, daß sich Funktionäre der SED nicht eindeutig entweder dem Typus des Ideologen oder dem Typus des Experten zuordnen lassen.[638] Ludz gibt zu, daß sich die Eigenschaften des einen und des anderen Typs (»allerdings«) *»nicht auszuschließen«* bräuchten[639], ja, er konstatiert gelegentlich sogar eine gewisse Verschmelzung politischer und fachlicher Qualifikation bei den Führungskadern.[640] Insgesamt läßt sich Ludz durch derartige Beobachtungen aber nicht davon abbringen, beide Aspekte weiterhin antithetisch einander gegenüber zu stellen. Grundsätzlich bleiben für ihn »Expertenwissen« und »ideologisches Herrschaftswissen« unversöhnliche Qualitäten, Größen, die sich gewissermaßen umgekehrt proportional zueinander verhalten: »Dem Aufstiegswillen und dem Selbstbewußtsein der Fachleute, besonders der Wirtschaftsfachleute, in der SED entspricht deren Aufwertung des Experten- beziehungsweise ihre Abwertung des ideologisch-politischen Herrschaftswissens.«[641]

Erscheint diese Leitthese bereits in »Parteielite im Wandel« also nicht frei von Irritationen durch die DDR-Realität, so kommt es in der Folgezeit zu einer noch stärkeren Aushöhlung. 1970 entschließt sich Ludz, in einer popularisierenden Zusammenfassung seiner SED-Studie für eine amerikanische Zeitschrift, zu einer beträchtlichen Modifizierung. Herrschaftswissen und Expertenwissen werden hier nämlich nicht mehr als auseinanderstrebende Kräfte gefaßt, sondern lediglich noch als idealtypische Aspekte, die sich im Grunde beliebig mischen: »All groups in the East German leadership«, heißt es hier, »advocate a mix of stability *cum* modernization.«[642] Im selben Jahr kommt Ludz zu der desillusionierten

638 Vgl. P. C. Ludz, Parteielite im Wandel, z. B. S. 87.
639 Ebenda, S. 55 (Hervorhebung: O. C.).
640 Vgl. ebenda, S. 175.
641 Ebenda, S. 122.
642 P. C. Ludz, The SED Leadership in Transition, S. 25. — Schon zuvor, unter dem Eindruck des VII. Parteitags der SED, hatte Ludz geschrieben: »Die politische Entscheidungselite hat von den Parteifachleuten gelernt und begonnen, ... einen ihr ergebenen fachlich gebildeten Nachwuchs ... heranzubilden ... Sie hat die Reformer (Mittag, Heuer, Kleiber) in ihre Reihen aufgenommen und sie damit, so paradox es klingen mag, gegenwärtig eher isoliert.« (P. C. Ludz, Politische Aspekte der kybernetischen Systemtheorie in der DDR [1968], S. 10).

politischen Einschätzung, daß die wissenschaftlich-technisch qualifizierten Kader »weder eine ›führende Kraft‹ im Prozeß der politischen Liberalisierung des Systems noch eine politische Gefahr für die Parteiführung«[643] darstellen. 1971 dann scheint Ludz schon nahe daran, die fragliche dichotomische Gegenüberstellung ganz aufzugeben: »*Fachwissen* steht im Gegensatz zum Herrschaftswissen des traditionellen Typs«, heißt es hier zunächst zwar in gewohnter Manier, doch Ludz fährt fort: »... es *koinzidiert mit dem Herrschaftswissen der jüngeren SED-Kader*.«[644]

Der VIII. Parteitag der SED und die durch ihn geprägte Entwicklung der DDR in den Jahren darauf ließen die Spekulationen um einen Konflikt zwischen Pragmatismus und Ideologie vollends fragwürdig werden. DDR-Forscher und andere Beobachter der Lage registrierten nun übereinstimmend *sowohl* einen verstärkten Zug zur Sachlichkeit *als auch* eine stärkere Betonung der sozialistischen Ideologie in dem Sinne, daß man in der DDR der Rolle und Entwicklung der Arbeiterklasse vermehrt Aufmerksamkeit schenkte. Dieses Sowohl-als-auch, zumal da es in der DDR-Praxis sichtlich eine durchaus organische Einheit zu bilden schien, bedeutete im Grunde, daß die bisherigen Begriffe der Entideologisierungs- und Modernisierungs-Theoretiker ad absurdum geführt waren. Wenn z. B. E. Schneider in seiner DDR-Monographie schreibt, »unter Honecker« sei eine »Zunahme des ideologischen Elements« zu verzeichnen, praktisch im selben Atemzug jedoch feststellt, es sei an »die Stelle abstrakter und schönfärberischer wissenschaftsgläubiger Formeln unter Ulbricht ... unter Honecker eine nüchterne Lagebeurteilung getreten«[645], so steht diese Diagnose in radikalem Gegensatz zu dem vormaligen begrifflichen Gegeneinander von Ideologie und Sachlichkeit. Offensichtlich, das beweist Schneiders Betrachtung, sichert also Verwissenschaftlichung per se nicht unbedingt Nüchternheit der Einschätzung, und offensichtlich wird solche Nüchternheit nicht per se durch Betonung einer Ideologie verhindert.

643 P. C. Ludz, DDR-Forschung und vergleichende Deutschlandforschung in den USA, S. 119. — Zum Vergleich damit eine Prognose von Ludz, wenige Jahre zuvor: »Zur politischen Macht drängende wirtschaftliche und technische Fachleute, die gegenwärtig in der Sowjetunion zu einem immer wichtigeren Faktor werden und zum Sturz Chruschtschows wesentlich mit beigetragen haben dürften, besetzen mehr und mehr auch in der DDR die politisch relevanten Funktionen.« (P. C. Ludz, Funktionsaufbau und Wandel der Sozialstruktur der SED-Führung [1966], S. 510).

644 P. C. Ludz, Die Soziologische Analyse der DDR-Gesellschaft, S. 21 (Hervorhebung: O. C.).

645 E. Schneider, Die DDR. Geschichte, Politik, Wirtschaft, Gesellschaft, S. 46.

Bei Ludz selbst erfolgt der radikale Bruch mit den alten Grundprämissen (jedenfalls verbal) im Jahr 1974. Mit der Feststellung: »*Verfachlichung bedeutet heute allerdings nicht mehr Entpolitisierung, sondern, im Gegenteil, wachsende Politisierung*«[646], dementiert er im Grunde all das, was er ein Jahrzehnt lang über die Entwicklung und die Perspektiven der DDR gemutmaßt hatte, dementiert er die Hauptthese, auf der seine umfangreiche Studie über die »Parteielite im Wandel« basiert. »Verfachlichung« und »Politisierung« (resp. »Ideologisierung«), diese vormals als letztlich unverträglich, reziprok, gegensätzlich interpretierten Tendenzen, werden nunmehr als miteinander vereinbar, als zwei Seiten einer Medaille anerkannt. Die »Wissenschaft« hat in dieser revidierten Interpretation faktisch aufgehört, eine subversive Antithese zur sozialistischen »Ideologie« zu sein. *Das wiederum bedeutet, konsequent zu Ende gedacht, daß die grundlegende Prämisse vom Widerspruch zwischen »Industriegesellschaft« und Sozialismus in sich zusammenbricht.*

In Abwehr dieser ideologisch-theoretisch schwerwiegenden Konsequenz verfällt man in der DDR-Forschung immer wieder von neuem auf die Entgegensetzung von Wissenschaft und Ideologie, Pragmatismus und Dogmatismus, unbeschadet ihres längst sinnfällig erwiesenen spekulativen Charakters. So mag denn z. B. Ludz ebenjenen Artikel, worin er die reibungslose Verbindung von »Verfachlichung« und »Politisierung« in der heutigen DDR eingesteht, nicht ohne die Verheißung beschließen, auch in der DDR würden letztlich die industriegesellschaftlichen und intersystemaren Tendenzen »vor den dogmatischen Sätzen des Marxismus-Leninismus nicht Halt (machen). Auch die Parteidoktrin wird modernisiert werden müssen ...«.[647] Wiewohl die Entideologisierungsthese sich als irreal erwiesen hat, bestimmt sie also im Ansatz weiterhin die Interpretation.

Die Vorstellung von der Dichotomie zwischen Sachverstand und Ideologie, Experten und Funktionären führt weiterhin das zähe Eigenle-

646 P. C. Ludz, Politische Ziele der SED ..., S. 1268 (Hervorhebung: O. C.). Gleichsam als Vorstufe zu dieser neuen Erkenntnis formuliert Ludz ein Jahr zuvor: »Die Bedingungen und konkreten Anforderungen einer leistungsorientierten Laufbahngesellschaft haben als Lernziel (in der Kaderausbildung, O. C.) *neben* der politischen Indoktrination in erster Linie das spezialisierte fachliche Können gesetzt.« (P. C. Ludz, Experten und kritische Intelligenz in der DDR [Neuauflage 1976], S. 182; Hervorhebung: O. C.).

647 P. C. Ludz, Politische Ziele der SED..., S. 1270. 1977 erklärt P. C. Ludz sogar, daß »nach Helsinki eine Erosion des Ideologischen, ein Absinken der Überzeugungskraft der Ideologie des Marxismus-Leninismus ... zu erkennen sind.« (P. C. Ludz, Die Neuordnung der Führungsspitze der DDR. Beweggründe und Auswirkungen der Machtkonzentration bei Erich Honecker, S. 119) Damit ist Ludz wieder bei seiner vor anderthalb Jahrzehnten vertretenen Position angelangt.

ben einer Legende. Noch wo sie aus der beobachteten Realität keinerlei Anhaltspunkte zu gewinnen vermag, wo ihr im Gegenteil geradezu die eigene Fragwürdigkeit entgegengehalten wird, bildet sie das unerschütterliche Interpretationsmuster. Eher äußert man seine Verwunderung darüber, daß die Wirklichkeit nicht so ist wie dieses dichotomische Raster es vorschreibt, als daß man anfinge, an seiner Verwendungsfähigkeit zu zweifeln: So kann etwa die »FAZ« es sich nur als »Kuriosität«, als etwas eigentlich widersinniges erklären, »daß gerade dieser Minister, Nikolai Patolitschew, ... unermüdlich daran arbeitete, den Handel mit den Vereinigten Staaten zu normalisieren«. Denn, so meint die Zeitung, »*gleichzeitig gehört er ausgerechnet* zu jener Gruppe sowjetischer Spitzenfunktionäre, die durch starres Festhalten an dogmatischen, stalinistischen Traditionen das freie Spiel zwischen Moskau und Washington erschweren«.[648]

Die Kategorien »Pragmatismus«, »Ideologie« usw. verselbständigen sich als Leerformeln schließlich derart, daß ihr Gebrauch gänzlich unkontrolliert wird. Anders ist es nicht zu erklären, daß die gegenwärtige SED-Führung teils mit dem Attribut des »Ideologischen« bzw. »Dogmatischen«, teils aber mit dem gegenteiligen Attribut des »Pragmatischen« versehen wird. Einmal kann man z. B. lesen, ein »harter Kern von SED-Spitzenfunktionären aus Ulbrichts Zeiten bestimm(e) auch unter Honecker, gegenwärtig und in naher Zukunft, die Geschicke der SED ... und der DDR«[649], ein anderes Mal wird das direkte Gegenteil behauptet: Die Männer um Honecker »repräsentieren gegenüber den ›Pionieren der ersten Stunde‹ eine neue Generation. Es sind Pragmatiker, die sich weder über die kommunistische Zukunft noch über den ›neuen Menschen‹ den Kopf zerbrechen. Sie scheren sich nicht um Visionen und Utopien. Es sind Handwerker der Macht ...«.[650] Dieses verwirrende (und verwirrte) Oszillieren der Interpretation zwischen der Auffassung einerseits, die SED-Führung insistiere gegenüber den Prag-

648 FAZ v. 24. 8. 1976 (Hervorhebung: O. C.).

649 P. C. Ludz, Der IX. Parteitag der SED: Ein Rückblick, S. 12.

650 DZ v. 28. 5. 1976. Entsprechend vertritt ein Artikel in der FAZ die These: »*Technokraten regieren die Sowjetunion*« (FAZ v. 19. 10. 1976). Andererseits meint wiederum P. J. Winters: »Unter Honecker sind Technokraten wenig gefragt. Seit Ulbrichts Abgang ist die Parteikarriere wieder wichtiger als Fachwissen.« (FAZ v. 10. 6. 1976) Direkt entgegengesetzt der »Spiegel«: »Walter Ulbricht (so referiert der »Spiegel« zustimmend die Meinung gewisser »nachdenkliche(r) SED-Funktionäre«, O. C.) habe es immerhin noch verstanden, einen Rest von Glauben an kommunistische Ideale lebendig zu erhalten. Unter Honecker hingegen sei das Leben in der DDR ›völlig merkantilisiert‹, Hebung des Lebensstandards einziges politisches Ziel. Folge dieses Vorrangs der Ökonomie vor der Ideologie müsse eine geistige Leere sein ...« (Der Spiegel v. 29. 8. 1977).

matikern und Technokraten auf ihrem Dogma, und der Auffassung andererseits, sie bestünde heute gerade selbst aus Pragmatikern und Technokraten, stellt im Grunde einen deutlichen Beweis eigener, unfreiwilliger Art dar, daß die DDR-Wirklichkeit auf der Basis einer kategorialen Auseinanderreißung von Ideologie und Wissenschaft, Sozialismus und Sachlichkeit eben nicht einzufangen ist, daß man vielmehr von der realen Einheit beider Seiten auszugehen hat.

Entsprechend ihrer tiefen theoretischen Unschlüssigkeit hält sich die DDR-Forschung in letzter Zeit auffallend mit konkreten Prognosen zurück. Weder zeigt man sich allzu überzeugt von der Annahme, der Sozialismus bzw. seine Ideologie würde in Zukunft die weitere wissenschaftlich-technische Modernisierung verunmöglichen[651], noch scheint man sich sonderlich sicher darüber zu sein, daß umgekehrt von diesem Modernisierungsprozeß eine reale Bedrohung des Sozialismus, eine »Entideologisierung« ausgehe. Was das letztere betrifft, so sparen beispielsweise C. Burrichter u. a. in einem Aufsatz über die wissenschaftlich-technische Revolution (WTR) zwar nicht mit Paraphrasen ihrer Grundthese, »daß die aktuelle Entwicklungsdynamik von Wissenschaft und Technik zum Überdenken der traditionellen ökonomischen und gesellschaftlichen Ziele und Grundstrukturen« des Sozialismus zwinge[652], können diesen angeblichen Widerspruch aber in keinem Punkt konkret machen, weswegen sie dann auch nichts in der Hand haben, woraus sich die klare Prognose ableiten ließe, daß die WTR tatsächlich zur Sprengung der sozialistischen Strukturen führen müsse. Charakteristisch für dieses prognostische Defizit sind mehrfach wiederkehrende Formulierungen, in denen die realgesellschaftliche Wirkung, die laut Burrichter von der WTR ausgeht, relativiert wird zugunsten einer unverbindlicheren, mehr ideellen Bedeutung derselben: »Wissenschaft verändert *bzw. problematisiert* gegenwärtig die verschiedensten gesellschaftlichen Teilbereiche bis hin zu den gesamtgesellschaftlichen Grundnormen und Grundstrukturen.«[653] Oder: »Der struktursprengende *oder zumindest strukturkritische* Charakter der gesellschaftlichen Folgewirkungen der WTR kommt ... (bei den sozialistischen

---

651 P. C. Ludz: »Die Toleranzbreite des politisch-ideologischen Systems wächst ... nur langsam — zu langsam, um der *an sich gegebenen* wirtschaftlichen und technologischen Modernisierung zu entsprechen, geschweige denn, ihr zusätzliche Impulse zu verleihen.« (Deutschlands doppelte Zukunft, S. 89; Hervorhebung: O. C.). Das politisch-ideologische System *verhindert* also die Modernisierung *nicht* — diese ist vielmehr »an sich gegeben«! —, es »*entspricht*« dieser Modernisierung lediglich nicht (was immer das heißt).

652 C. Burrichter/E. Förtsch/H.-J. Müller: die WTR ..., S. 524.

653 Ebenda (Hervorhebung: O. C.).

Theoretikern, O. C.) nicht in Sicht.«[654] Was also bei Burrichter und anderen »nicht in Sicht« ist, das ist der Nachweis, daß der Versuch der Verbindung von Sozialismus und WTR letzten Endes praktisch scheitern müsse. Burrichter u. a. legen sich nirgends auf eine derartige Aussage (die doch gleichwohl implizit durch ihre gesamten Ausführungen durchscheint) fest; sie begnügen sich mit der wenig originellen Feststellung, daß im Zuge der WTR auf die politische Führung der DDR und »den etablierten Sozialismus noch erhebliche Verarbeitungsprobleme zukommen« werden.[655]

654 Ebenda, S. 529 (Hervorhebung: O. C.).

655 Ebenda, S. 526. Bezeichnenderweise ist dieses Urteil über die zukünftige Problemverarbeitungsfähigkeit des Sozialismus weit zurückhaltender und positiver als dasjenige, welches Burrichter — freilich nicht im selben Aufsatz— über den Kapitalismus fällt (wobei er sich eines Zitats von H. Klages bedient): »Es zeichnet sich die Gefahr ab, daß die industriellen Gesellschaften (des Westens) in eine krisenhafte Situation hineintreiben, weil ihnen die Sensibilität und Kapazität für eine rechtzeitige Früherkennung von aufkommenden Problemen fehlen.« (C. Burrichter, Präliminarien zu einer Theorie internationaler Wissenschaftskooperation, S. 12) Offensichtlich sehen Burrichter u. a. keinen ausreichenden Grund, eine solche Krisenprognose auch analog für den Sozialismus aufzustellen.

4. Die Entwicklungsprognose der »Konvergenz«

Wie das Konzept der Entideologisierung im Laufe der letzten anderthalb Jahrzehnte in die Krise geriet, so parallel dazu auch die Theorie der Konvergenz der Systeme. Beide Konzepte stehen, da sie sich ihrerseits jeweils auf die Industriegesellschaftstheorie gründen, auch untereinander in einem engen Wechselverhältnis: Die Konvergenz der Systeme in Richtung auf eine einheitliche Industriegesellschaft ist, nach dem Verständnis der Anhänger dieser Theorien, ja gerade ermöglicht oder mitbewirkt durch den Prozeß der Entideologisierung im Sozialismus, oder anders gesagt, die Entideologisierung bildet einen (oder den) wesentlichen Inhalt der Konvergenz. Das Ausbleiben der Entideologisierung in der Realität des Sozialismus verweist damit auch schon auf die Krise der Konvergenz-Erwartungen. (Insofern handelten die bisherigen Ausführungen unausgesprochen auch von diesem zweiten Aspekt. Wir können uns daher im folgenden kurz fassen.)

Im Jahre 1960 sah Ludz im Sozialismus »eine Gesellschaft, die sich technisch und wirtschaftlich und somit sozialstrukturell schnell den hochindustrialisierten Wirtschaftssystemen des Westens annähert«.[656] Bereits ein Jahr später relativiert er diese Aussage: er sieht nurmehr gewisse »Anzeichen« einer solchen Annäherung.[657] Dennoch bleibt auch noch in den folgenden Jahren die Konvergenzerwartung ein deutlicher Grundtenor der Ludzschen Sozialismusforschung. Ludz sieht in den »durch die wirtschaftlichen Prozesse initiierten Massenrationalisierungen des täglichen Verhaltens«[658] eine Ursache bzw. ein Symptom der Systemkonvergenz. In Anlehnung an eine Großuntersuchung mehrerer amerikanischer Kommunismusforschungszentren in den fünfziger Jahren, das sog. »Harvard-Project«[659], spricht Ludz von den »außerordentliche(n) Ähnlichkeiten des Verhaltens vergleichbarer sowjetrussischer und westlicher Individuen«.[660] 1963 schreibt er: »Die Sowjetgesellschaft ist zwar keine spätbürgerliche Gesellschaft, doch bedingt die Industrialisierung eine spezifische Form der sozialen Vermassung und gleichzeitigen Differenzierung, eine Form der Integration des Verhal-

---

656 P. C. Ludz, Das Sowjetsystem als Gegenstand der Wissenschaft von der Politik. Bericht, vorgelegt der Deutschen Vereinigung für Politische Wissenschaft (DVPW) in Tutzing am 1./2. März 1960 (hektogr.). (Zit. nach H. Zimmermann, Probleme der Analyse bolschewistischer Gesellschaftssysteme, S. 199).

657 P. C. Ludz, Totalitarismus oder Totalität ..., S. 136.

658 P. C. Ludz, Totalitarismus oder Totalität ..., S. 136.

659 Dieses Projekt basierte vor allem auf Befragungen von sowjetischen Emigranten. An ihm war auch die US-Airforce beteiligt (Quelle: Siehe nächste Anm.).

660 P. C. Ludz, Offene Fragen in der Totalitarismus-Forschung, S. 323, Anm. 13.

tens, die jedes Dogma, also auch den marxistischen Ideologiebegriff, ›von unten‹ durchlöchert. Dadurch aber werden Gesellschaftsordnungen, auch wenn sie soziologisch-historisch in verschiedenen Phasen stehen, in gewissen Kategorien tendenziell kommensurabel.«[661] Ludz vermeidet hier, wie auch sonst, den Begriff der Konvergenz, dennoch laufen seine Ausführungen zweifellos darauf hinaus, zumal er sich nirgends ausdrücklich von der Konvergenztheorie abgrenzt, im Gegenteil, solche Konvergenztheoretiker wie R. Aron und W. W. Rostow positiv als Bezugspunkte seiner eigenen Überlegungen anführt.[662]

In der zweiten Hälfte der sechziger Jahre dann macht sich bei Ludz Skepsis gegenüber der Konvergenzvorstellung bemerkbar. In »Parteielite im Wandel« meldet er erhebliche Vorbehalte an; allerdings zieht er sich hier letzten Endes auf den Bereich nur »kurzfristiger Voraussagen« zurück und läßt die Frage nach »globale(n) Deutungszusammenhänge(n)«[663], nach Konvergenz oder Divergenz offen.

Die skeptische Position gegenüber der Konvergenztheorie hatten zuvor schon Z. K. Brzezinski und S. P. Hutington in einem einflußreichen Buch formuliert.[664] Sie bezweifeln hier vor allem einen direkten Zusammenhang zwischen wirtschaftlich-technischem Entwicklungsstadium und politisch-ideologischem Überbau und sagen daher für die nähere Zukunft »ein Nebeneinander sowohl wirtschaftlicher Weiterentwicklung als auch der Beibehaltung der ideologischen und politischen Struktur« voraus.[665] Dieser Auffassung schließt sich dann auch Ludz 1969 an.

Die Abkehr von der »naiven Konvergenzthese«[667] bedeutet objektiv eine theoretische Infragestellung und Entwertung der Industriegesellschaftskonzeption. Denn im Begriff der Industriegesellschaft ist die fundamentale These formuliert, wonach die industriell-technologische Entwicklungsstufe einer Gesellschaft ihren *wesentlichen* Charakter ausmacht, d. h. aber auch: diese Gesellschaft tendenziell in ihrer Gesamt-

661 P. C. Ludz, Entwurf einer Typologie …, S. 84. Bei W. W. Rostow hatte es geheißen: »Das Wesen des Kommunismus wird im Zeitalter des Massenkonsums wahrscheinlich dahinschwinden, und das hat auch Moskau schon begriffen …« (W. W. Rostow, Stadien wirtschaftlichen Wachstums, S. 161).

662 Vgl. P. C. Ludz, Entwurf einer Typologie …, S. 99, Anm. 6; Totalitarismus oder Totalität …, S. 145, Anm. 45, usw.

663 P. C. Ludz, Parteielite im Wandel, S. 23, 21.

664 Z. K. Brzezinski/S. P. Hutington, Political Power: USA/USSR, N.Y. 1964; Deutsche Ausgabe: Politische Macht. USA/UdSSR. Ein Vergleich, Köln—(West)Berlin 1966.

665 Ebenda (dt. Ausgabe), S. 455.

666 Vgl. P. C. Ludz, Art. »Konvergenz, Konvergenztheorie«, S. 896.

667 Chr. Graf von Krockow. Der Wettkampf der Systeme. Betrachtungen über eine mögliche Konvergenz, in: Geist und Tat, Ffm., Heft 3/1971, S. 148.

heit prägt und die Richtung ihrer Weiterentwicklung (eben hin zur — »normalen«, »entideologisierten« — modernen Industriegesellschaft) bestimmt. Ohne diesen Anspruch, *Entwicklungs*theorie zu sein, verlöre die Industriegesellschaftslehre in der Tat ihren Sinn; sie verkümmerte zu der These, daß die modernen Gesellschaften ihrer *Struktur* nach als wesentlich durch den Industrialismus determiniert anzusehen seien, ohne daß jedoch ausgemacht sei, ob sich ihr weiterer *Wandel,* ihre innere Entwicklung ebenfalls gemäß dieser Determination vollziehe. Strukturaspekt und Entwicklungsaspekt fielen schroff auseinander; damit aber wäre die Theorie insgesamt in Frage gestellt (weil sich die Strukturen ihrerseits nicht ohne historisch-dynamische Kategorien begreifen lassen). Genau um eine solche Infragestellung des Gehalts der Industriegesellschaftstheorie handelt es sich, wenn Brzezinski/Hutington — und mittlerweile der Großteil der bürgerlichen Kommunismusforschung — von einem dauerhaften *Nebeneinander* einerseits industrieller Modernisierung und andererseits der Konstanz der politisch-ideologischen (sowie auch sozialen)[668] Qualitätsmerkmale in den sozialistischen Systemen ausgehen. Hier verliert die Kommunismusforschung nicht lediglich im politisch-moralischen Sinn ihren vormaligen »schlichten Optimismus«[669] hinsichtlich einer Systemkonvergenz — sie verliert vor allem in *theoretischer* Hinsicht an Aussagekraft und prognostischem Erklärungswert. An die Stelle des ursprünglich angenommenen dynamischen Determinationsverhältnisses zwischen industriegesellschaftlicher »Basis« und (der Erosion preisgegebenem) politisch-ideologischem »Überbau« tritt ein in sich beziehungsloses Nebeneinander beider Seiten. Wir kennen es bereits als den unaufgelösten Dualismus von Industriegesellschaftslehre und Totalitarismustheorie. Hier nun wird erkennbar, daß sich dieser Dualismus theoriegeschichtlich über die Dazwischenkunft einer (»naiv«) konvergenztheoretischen Phase samt deren Scheiterns entfaltet hat; die Abfolge lautet schematisiert: Totalitarismustheorie — Konvergenztheorie — »gemischter« industriegesellschafts- und totalitarismustheoretischer Ansatz.[670] *Jede theoretische Entwicklungsstufe*

668 Zu den Vertretern der Konvergenztheorie, welche »grundlegende Unterschiede der Sozialstruktur« in den beiden Systemen sehen, vgl. P. C. Ludz, Art. »Konvergenz, Konvergenztheorie«, S. 895.

669 »... es wäre gut, den schlichten Optimismus der sechziger Jahre zu vermeiden — besonders insoweit, als er sich auf die angebliche ›Konvergenz‹ des kommunistischen und demokratischen Systems bezog.« (Z. K. Brzezinski, Entspannungspolitik im Schatten Prags, S. 49).

670 In der Realität verlief dieser Theoriebildungsprozeß freilich weit widersprüchlicher und unübersichtlicher. Z. B. stand ein Teil der Kommunismusforscher der Konvergenzvorstellung von Anfang an reserviert gegenüber.

stellt dabei eine Reaktion auf das Scheitern der jeweils vorhergehenden dar. Methodologisch bedeutet diese Abfolge das Übergehen von einer wesentlich *idealistischen* Betrachtungsweise der Gesellschaft (Totalitarismustheorie) zu einer wesentlich *vulgär-materialistischen,* nämlich technizistischen Herangehensweise (Konvergenztheorie) und von da wiederum zu einem eklektischen *Gemisch* aus beiden.[671]

Wie die bürgerliche Kommunismusforschung in ihrer dritten, bis heute anhaltenden Etappe an entwicklungstheoretischer (d. h. auch: prognostischer) Stringenz und Aussagekraft verloren hat, so hat sich umgekehrt ihr pragmatisch-politischer Zug verstärkt. Das verlorengegangene Vertrauen in eine objektiv-industriegesellschaftlich bedingte Konvergenz, d. h. eine allmähliche Erosion der spezifisch sozialistischen Systemmerkmale, wird nun wettgemacht durch die intensivierte Suche nach Ansatzpunkten und Wegen, wie praktisch-politisch, von außen ein solcher Wandlungsprozeß ausgelöst oder unterstützt werden könne. »Konvergenz«, sofern man diesen Begriff überhaupt noch verwendet, wird aus einer sozialwissenschaftlichen, objektiv begründeten Gesetzeshypothese tendenziell zu einem voluntaristischen Aktionsprogramm. Es gibt »keinen Sachzwang zur Konvergenz, der zielstrebiges politisches Handeln überflüssig macht«, schreibt H. Heimann; Konvergenz kann »nur das Ergebnis bewußten und zielstrebigen politischen Handelns« sein.[672] Zum anderen kompensiert die Kommunismusforschung ihr Prognosedilemma damit, daß sie die Konvergenz, resp. die Erosion des Sozialismus, tendenziell immer weiter *in die Zukunft hinausverlegt.* Man entwirft einen langfristigen Entwicklungszyklus, welcher erst nach Durchlaufen bestimmter Zwischenetappen zur Überwindung der sozialistischen Gesellschaftsordnung führe. Anfangs, so wird zugestanden, erfülle die sozialistischen Gesellschaftsordnung führe. Anfangs, so wird zugestanden, erfülle die sozialistische Macht noch eine echte historische

671 G. Rose schreibt: »Bei einigen Autoren, z. B. bei Walt Whitman Rostow, gehen subjektiv-idealistische und vulgärmaterialistische Entstellungen der Gesellschaft und der Triebkräfte des historischen Prozesses ständig ineinander über.« (G. Rose, Konvergenz der Systeme ..., S. 71).

D. Bell hat sich in jüngerer Zeit vom technischen Determinismus abgewandt und hält nun die Erneuerung der Religion für das Grundproblem der »westlichen« Gesellschaft. In »Die Zukunft der westlichen Welt« (1976) »hat die Kultur die führende Rolle im Prozeß der sozialen Wandlungen; sie erscheint dynamischer als selbst die Technologie«. (J. Quack, in: FAZ v. 9. 4. 1977).

672 H. Heimann, Demokratischer Sozialismus in Ost und West. Die Deutschland- und Ostpolitik: Anregungen zu einer konkreten Utopie, S. 17. »Die Sowjetunion soll sich dem Westen anverwandeln können.« Zu diesem Zweck gilt es »gegenüber dem Sowjetsystem hohe Verformungsdrucke auf(zu)bauen und aufrecht(zu)erhalten.« (FAZ v. 11. 10. 1977).

Aufgabe; dann aber entwickle sie sich mehr und mehr zu einem »Hemmschuh der gesellschaftlichen Weiterentwicklung«.[673] Diese Vorstellung wird etwa im sog. Mobilisierungs-Modell dahingehend systematisiert, daß man die Phasen »Mobilisierung« — »Postmobilisierung« — »Demobilisierung« unterscheidet.[674] In dieses zyklische Modell lassen sich auch Ludz' Gedankengänge bruchlos einordnen; auch er verkennt z. B. nicht die ursprünglich mobilisierende und modernisierende Rolle der kommunistischen Partei[675], auch er postuliert für die zweite (»Postmobilisierungs«-)Phase einen Bedeutungsverlust der Partei infolge des wachsenden »Bedürfnis(ses) nach mehr Experten und weniger nach Partei-Apparatschiks«[676], und auch er glaubt an die schließliche »Selbstzerstörung« des sozialistischen Systems.[677]

Wenn wir insgesamt noch einmal zurückblicken auf das Schicksal der Entideologisierungsdoktrin und der Konvergenztheorie (bzw. deren Modifikationen), so erscheint der Schluß erlaubt, daß hier das Industriegesellschaftsdenken hinsichtlich zweier seiner entscheidenden Einzelhypothesen die Probe aufs Exempel nicht bestanden hat. Weder hat bislang eine Entideologisierung, noch hat eine Konvergenz stattgefunden. Die Industriegesellschaftstheoretiker müssen sich mit der dauerhaften Existenz des sozialistischen Überbaus abfinden. Zu einer befriedigenden Erklärung dieser Tatsache können sie jedoch aus immanenten theoretischen Gründen nicht vorstoßen; sie eröffnet sich nur, wenn jener sozialistische Überbau nicht verselbständigt, sondern als Überbau einer sozialistischen gesellschaftlichen Basis begriffen wird; dies hieße

673 »Die Anzeichen häufen sich, daß maßgebende Gruppen innerhalb der sowjetischen Gesellschaft die kommunistische Partei allmählich als Hemmschuh der gesellschaftlichen Weiterentwicklung betrachten.« (Z. K. Brzezinski, Entspannungspolitik im Schatten Prags, S. 45). Ein Beispiel dafür, wie bürgerliche Theoretiker und Geschichtsphilosophen den Niedergang des Sozialismus gewissermaßen ständig vor sich herschieben, ist W. W. Rostow selbst. Er, der sich ehedem diesen Niedergang vom Einbruch des Massenkonsum-Zeitalters versprach, hat es seit Beginn der siebziger Jahre vorgezogen, erst einmal ein weiteres Zeitalter auszurufen: er »bezeichnet inzwischen ›die Suche nach neuen Qualitäten‹ als das kommende Entwicklungsstadium reicher Gesellschaften, welches das Stadium des Massenkonsums ablösen muß und wird« (W. Zapf, Zur Messung der Lebensqualität, in: ZfS 4/1972, S. 353). Geradezu modellhaft zeigte sich auch schon in den Ausarbeitungen des »Forschungsbeirats für Fragen der Wiedervereinigung Deutschlands« der Trend zu (erzwungenermaßen) immer längerfristigen, immer stärker in einzelne Etappen auseinandergelegten Zukunftskonstruktionen (vgl. K. H. Roth, Invasionsziel DDR, S. 34 ff.).

674 Vgl. dazu H. Richter, »Kommunismusforschung« in den USA, S. 945 ff.; H. Kaiser, vom »Totalitarismus« zum »Mobilisierungs«-Modell, S. 162 ff.

675 Vgl. z. B. P. C. Ludz, Offene Fragen . . ., S. 339; ders., Die Entwicklung der DDR, S. 218.

676 So R. V. Burks, Neue Wege der Kommunismusforschung in Amerika, S. 405.

677 Vgl. oben, Anm. 256.

154

aber den abstrakt-allgemeinen Begriff der Industriegesellschaft durch den der konkret-historischen, in unserem Falle der sozialistisch-kommunistischen Gesellschaftsformation zu ersetzen. Stattdessen jedoch behilft sich die bürgerliche Kommunismusforschung mit der theoretischen Zweigleisigkeit von Industriegesellschaftsbegriff und Totalitarismus- (resp. Autoritarismus-)Konzept. Die Stabilität des sozialistischen Überbaus, vom Standpunkt des Industriegesellschaftsdenkens an sich nicht einsehbar, wird tautologisch als Stabilität und Behauptungswille des Totalitarismus »erklärt«.[678] Die gleichwohl, in einer Art von geschichtsphilosophischem Zweckoptimismus, mitgeschleppte Vorstellung von der schließlichen Selbstauflösung der sozialistischen Gesellschaft[679] nimmt damit zunehmend phantastische, irrationale Züge an. »*Wer nicht an Wunder glaubt, ist kein Realist*« — dieser Ausspruch markiert sinnfällig den schmal gewordenen Bewegungsraum antisozialistischer Ostpolitik nicht weniger als der ihr zurechenbaren Kommunismusforschung.[680]

678 Um die, von bürgerlicher Warte betrachtet, frappierende Krisenlosigkeit oder zumindest Krisenfestigkeit des sozialistischen politischen Systems (frappierend, weil nach bürgerlichem Verständnis der Sozialismus ja an sich ein unheilbarer Widerspruch in sich selbst ist) theoretisch zu verarbeiten, versieht die Kommunismusforschung die sozialistische politische Macht mit geradezu mystischen Selbstbehauptungskräften. So auch M. Jänicke, der auf der einen Seite in der DDR ein »Legitimationsdilemma« von »krisentheoretische(r) Relevanz« ausmacht, auf der anderen Seite dann aber vor prognostischen Schlußfolgerungen hieraus entschieden zurückschreckt: »Das Attestieren eines tendenziell zunehmenden Legitimationsdilemmas *darf nun allerdings keineswegs mit einer Krisenprognose verwechselt werden* ...« Seine Begründung hierfür lautet: »*Legitimationsprobleme werden überspielt, solange stabile Machtverhältnisse bestehen.*« (M. Jänicke, Krise und Entwicklung in der DDR — der 17. Juni 1953 und seine Folgen, S. 164, 165) Die Macht des »bürokratisch-autoritären Einparteistaates« (ebenda, S. 149) wird von Jänicke also einfach konstant gesetzt gegenüber den (angeblichen) gesamtgesellschaftlichen Konflikten und Problemen; sie wird *absolut* gesetzt. Das »Legitimationsdilemma« nimmt zwar laut Jänicke zu, doch läßt dies die Macht unangefochten, weil sie die Macht hat ...
679 »Rückkehr der Sowjetunion in die Gemeinschaft der zivilisierten ... Länder« nennt dies Z. K. Brzezinski (Entspannungspolitik im Schatten Prags, S. 45).
680 L. Pachmann auf dem »Deutschland-Tag« der CDU in Düsseldorf, März 1977 (zit. nach FAZ v. 9. 3. 1977). »... hoffe nicht ohne Zweifel und zweifle nicht ohne Hoffnung«, hatte H. Lades bereits früher geraten (Prag und das Problem des Wandels kommunistischer Regime, S. 121).

Kapitel 4

Zur Darstellung der politischen Struktur der DDR

Die Frage des politischen Systems des Sozialismus spielt in der DDR-Forschung — nicht anders als in der herrschenden »öffentlichen Meinung« und ihrem DDR-Bild — eine Schlüsselrolle. Hier mündet letztlich jede Beschäftigung mit irgendeinem gesellschaftlichen Teilgebiet der DDR, irgendeinem spezielleren Problem ein. Von hier beziehen alle Teiluntersuchungen über die DDR, alle Einzeldarstellungen letztlich ihre Wertungen.

Um so wichtiger erscheint die wissenschaftliche Kontrolle der Prämissen, Kategorien und Interpretationsraster, auf deren Grundlage sich in der hiesigen DDR-Forschung das — weithin als selbstverständlich akzeptierte — Bild vom politischen System des Sozialismus ausformt. Gerade für diese Thematik gewinnt die Forderung von P. C. Ludz besondere Dringlichkeit, daß »die DDR-Forschung stets bemüht sein sollte, sich dem Bedürfnis nach (schein-)wissenschaftlicher Bestätigung von Glaubenssätzen oder tagespolitischen Interessenlagen zu entziehen«.[681] Während wir in den vorangegangenen Kapiteln zu einer solchen (selbst-)kritischen Überprüfung der DDR-Forschung bereits dadurch beizutragen versucht haben, daß wir ihre tragenden gesellschaftstheoretischen Konzeptionen problematisierten, gehen wir im folgenden umgekehrt von einigen konkreten Kernthemen im Zusammenhang mit dem politischen System der DDR aus.

1. Die Frage nach dem Herrschaftssubjekt

Beginnen wir mit dem grundlegenden Problem der Herrschaftsstruktur in der DDR. Der springende Punkt in der Auseinandersetzung ist hier die These von der Herrschaft der Arbeiterklasse. Man wird keine Veröffentlichung aus der herkömmlichen DDR-Forschung finden, welche ebendieser These zustimmen würde. Es definiert geradezu diese DDR-Forschung, daß sie die These von der Herrschaft der Arbeiterklasse bestreitet.

Wie gut ist die DDR-Forschung in dieser so dezidiert vertretenen Position abgesichert? Zunächst einmal kann man feststellen, daß die DDR-

---

681 P. C. Ludz, Die Zukunft der DDR-Forschung, S. 489.

Forschung im allgemeinen durchaus davon ausgeht, daß in der DDR eine grundlegende Umwälzung der Gesellschafts- und Herrschaftsstruktur stattgefunden hat. Es wird im allgemeinen nicht bestritten, daß die vormaligen kapitalistischen Strukturen durch etwas Neues abgelöst worden sind. In diesem Sinne stellen Sontheimer/Bleek fest, in der DDR seien »ganze Klassen verschwunden«[682]; in diesem Sinne schreibt I. Hanke nicht nur, die »alte Führungsschicht (sei) vollständig und systematisch ausgewechselt« worden, sondern sie betont auch: »die diese Führungsschicht stützende Klassenstruktur, beruhend auf dem Prinzip des Privateigentums an den Produktionsmitteln, wurde zerstört«.[683]

Wenn dem so ist, wenn sich in der DDR tatsächlich eine »Umstülpung der Klassenstruktur durch die Vergesellschaftung der Produktionsmittel«[684] vollzogen hat, dann stellt sich unmittelbar die Frage, welche sozialen Kräfte, wessen sozialen Interessen denn nunmehr positiv zum Tragen kamen, welche Klassen anstelle der großen Privateigentümer hinter der neuen, wie I. Hanke sagt, »vollständig und systematisch ausgewechselten Führungsschicht« standen. Hier werden die Aussagen der bürgerlichen DDR-Forschung brüchig. Zunächst fällt die weitverbreitete Neigung auf, einer Beantwortung des Problems aus dem Weg zu gehen, indem man die gesellschaftlichen Umwälzungen in der DDR (bzw. SBZ) einseitig nur als Negation der alten, nicht aber als Etablierung neuer Verhältnisse betrachtet. E. Richert etwa bezeichnet die sozioökonomische Umwälzung ex negativo als »*Entprivatisierung* ökonomischer Macht«[685]; ein anderer DDR-Forscher faßt die Klassenumwälzung auf dem Land schlicht als Prozeß, in dem (»aus ideologischen Gründen«) »der Typus ›selbständiger Bauer‹ der *Vernichtung* anheimfallen mußte«.[686]

682 K. Sontheimer/W. Bleek, Die DDR ..., S. 140 (vgl. auch ihre Bemerkung S. 32, niemand hätte in Potsdam 1945 annehmen dürfen, daß die westlichen Besatzungsmächte so wie »die Russen« »das deutsche Bürgertum völlig entmachten würden zugunsten der Herrschaft einer kommunistisch geführten Arbeiterklasse«.).

683 I. Hanke, in: H. Rausch/T. Stammen, DDR ..., S. 57.

684 I, Hanke, in: H. Rausch/T. Stammen, DDR ..., S. 61.

685 E. Richert, Revolutionäre und evolutionäre Tendenzen ..., S. 45 (Hervorhebung: O. C.) Dieselbe Negativsicht spricht aus folgendem Satz: »Die DDR-Revolution ... war ... nicht im mindesten eine ›proletarische Revolution‹, sondern die weitgehende Herausnahme aus westlich-abendländischer Geschichte.« (ebenda).

686 »Bauern dürfen sie nicht mehr sein«, in: FAZ v. 25. 1. 1977 (Hervorhebung: O. C.). Der Artikel ist anonym geschrieben. Im gleichen Tenor schrieb P. C. Ludz 1964: »... die Partei (versucht) weiter, die tradierten bäuerlichen Arbeits- und Lebensformen zu untergraben.« Und: »Dem einzelnen (LPG-, O. C.) Bauern ist ein eigentliches Objekt seines Interesses nicht mehr gegeben, der auf dem Lande noch häufig gegebene Kreislauf zwischen Subjekt und Objekt ist unterbrochen.« (Entwurf einer soziologischen Theorie ..., S. 43).

Wo jedoch in der Charakterisierung der in der DDR vollzogenen Umwälzung positive Bestimmungen nötig werden, da siedelt die DDR-Forschung diese auf der abstrakt und selbstgenügsam gefaßten politischen Ebene an. Es wird gesagt, »der Staat (habe) die Arbeitgeberfunktionen übernommen«, und es ist die Rede von der »Übernahme der entscheidenden Führungspositionen durch die SED«.[687] Die Antwort auf die Frage nach den neuen herrschenden sozialen Kräften, nach den dominant gewordenen Interessen lautet also: »*der Staat*«, bzw. »*die SED*«. Dies kann jedoch nicht befriedigen, wirft es doch notwendig die weitere Frage auf: Wer ist der Staat, wer ist die SED? Immerhin deutet z. B. I. Hanke selbst an, daß zwischen der jeweiligen sozioökonomischen Struktur einerseits und dem Charakter der politisch tonangebenden Führungsschicht(en) andererseits ein innerer Zusammenhang besteht: die die alte »Führungsschicht *stützende* Klassenstruktur, beruhend auf dem Prinzip des Privateigentums an den Produktionsmitteln«, so heißt es ja bei ihr, »wurde zerstört«.[688] Entsprechend muß also auch »die Übernahme der entscheidenden Führungspositionen durch die SED« direkt zu tun haben mit der »Umstülpung der Klassenstruktur durch die Vergesellschaftung der Produktionsmittel«[689], anders gesagt: mit den neuen Klassenverhältnissen. Das aber heißt, daß ein solcher isoliert für sich genommener Tatbestand wie die »Führung durch die SED« (oder auch die »Verstaatlichung der ökonomischen Macht«) noch nichts aussagt über das Wesen dieser Führung, über den gesellschaftlichen Inhalt und die Funktion dieser Macht.

Zwar wird in der DDR-Forschung die Frage nach dem neuen herrschenden gesellschaftlichen Subjekt allgemein in der eben skizzierten, verkürzten Art und Weise beantwortet (oder besser gesagt: abgebogen), indem schlechthin von der »SED-Herrschaft«, vom »SED-Staat« u. ä. m. gesprochen wird.[690] Aber die konkretere Betrachtung erbringt doch unweigerlich immer auch Fakten, welche etwas über den — nicht ausdrücklich thematisierten — sozialen Inhalt jener politischen Formen aussagen. So referiert beispielsweise I. Hanke Statistiken über den An-

687 I. Hanke, iɪ: H. Rausch/T. Stammen, DDR ..., S. 58, 61.
688 Ebenda, S. 57 (Hervorhebung: O. C.).
689 Ebenda, S. 61.
690 Das Ausscheren von der umfassend gesellschaftlichen Betrachtungsebene auf die isoliert politische ist letztlich diktiert vom geschichtsphilosophischen Standpunkt der bürgerlichen Forschung: die historische Ablösung der bürgerlichen Gesellschaft kraft gesellschaftlicher Gesetzmäßigkeiten muß undenkbar bleiben; folglich kann der Sozialismus nur in Kategorien politischer Okkupation und Usurpation, als Willkür der Macht und Macht der Willkür interpretiert werden. Während die bürgerliche Revolution noch als Durchbruch objektiver gesellschaftlicher Interessen, als Durchsetzung einer neuen Gesellschaftsordnung ver-

teil von Angehörigen der Arbeiterklasse in den Machtorganen der DDR und schlußfolgert daraus: »*... die Überwindung des ›bürgerlichen‹ Staates dokumentieren sie* (die Zahlen, O. C.) *eindringlich.*«[691] Eine nicht minder interessante Bemerkung, aus der sich wichtige Schlüsse über den Charakter der Führungsfunktion der SED ziehen lassen, fällt bei Sontheimer/Bleek; ausgehend von dem Faktum der Trennung von Partei und Staat in der DDR stellen sie fest: »Ein Herrschaftsgebilde, in dem Partei und Staat auch in ihren Institutionen völlig miteinander verschmolzen wären, wäre im Endeffekt ein Staatswesen ohne Dynamik, ohne die Impulse vermittelnde und mobilisierende Kraft einer politischen Bewegung. Es wäre ein relativ starres Herrschaftsgebilde, das sich, wie das in autoritären Regimen und Militärdiktaturen der Fall ist, in erster Linie an den privaten Machtinteressen der gerade Herrschenden orientieren würde.«[692]

An solchen Punkten — und wir haben relativ wahllos zwei Beispiele herausgegriffen — nähert sich die bürgerliche DDR-Forschung im Grunde recht weit der These von der Herrschaft der Arbeiterklasse: man konzediert immerhin das starke Gewicht der Arbeiterklasse in der Struktur des politischen Systems; die zuletzt zitierte Passage von Sontheimer/Bleek, worin u. a. ausgedrückt wird, daß sich das DDR-Herrschaftssystem nicht an »privaten Machtinteressen« orientiert, sondern an den Interessen einer »politischen Bewegung«, läßt sich bruchlos in die These überführen, daß das DDR-Herrschaftssystem eben nichts anderes sei als die Fortsetzung der Arbeiterbewegung unter neuen Vorzeichen, nämlich unter den Bedingungen ihrer eigenen Machtausübung.

Aber vor einer derartigen Schlußfolgerung schreckt die DDR-Forschung stets zurück. So kommt es dann, daß einerseits die relevanten Beobachtungen, die an sich dafür sprechen, die These von der Herrschaft der Arbeiterklasse zumindest ernstzunehmen, unerörtert stehen bleiben[693], während man wiederum bei anderen Gelegenheiten eine Kritik an dieser These anzubringen sucht. Derartige Einwände bleiben jedoch punktuell und unsystematisch. I. Hanke verweist darauf, daß der

standen werden kann und darf, verbietet sich entsprechendes im Falle der proletarischen Revolution. Die Logik der Aussage: »die bürgerlichen Gesellschaftsstrukturen wurden umgewälzt, an ihre Stelle trat die Herrschaft der SED«, ist genauso, als würde man sagen: »die französische Revolution beseitigte den Feudalismus, an seine Stelle trat die Herrschaft Napoléons«. Zur geschichtsphilosophischen Schranke des bürgerlichen Denkens vgl. K. Marx, Das Elend der Philosophie, in: MEW, Bd. 4, S. 139 f.

691 I. Hanke, in: H. Rausch/T. Stammen, DDR ..., S. 59. (Hervorhebung: O. C.).

692 K. Sontheimer/W. Bleek, Die DDR ..., S. 102.

693 Sehr kraß ist dies auch der Fall bei P. C. Ludz, Politische Ziele der SED ..., S. 1269.

Anteil der unmittelbar in der Produktion Tätigen abnehme zugunsten der Beschäftigten im Dienstleistungssektor u. ä.; von daher, so lautet ihre Behauptung, sei der »Vorrang« der Arbeiterklasse in Frage zu stellen.[694] Abgesehen davon, daß hier der Begriff der Arbeiterklasse unzulässig verengt wird auf die Produktionsarbeiterschaft[695], kann die Beobachtung von I. Hanke ohnehin nicht als Einwand gegen die These von der Herrschaft der Arbeiterklasse gewertet werden, weil sie nur eine rein soziologische Einzeltatsache betrifft, von der aus sich keinesfalls das politisch-gesamtgesellschaftliche Problem der Herrschaft der Arbeiterklasse beleuchten und problematisieren läßt; offenbar will I. Hanke damit auch weniger die *Existenz* dieser Herrschaft in Frage stellen als vielmehr ihre Existenz*berechtigung*; zur Debatte steht jedoch in der Tat zunächst einmal die Existenz der Herrschaft der Arbeiterklasse.[696] Einen anderen punktuellen Einwand steuern Sontheimer/Bleek bei; sie erklären, die Arbeiterklasse der DDR habe keinerlei Bewußtsein ihrer — angeblichen — Herrschaft: »Die Vergesellschaftung hat praktisch die Wirkung einer Verstaatlichung ... Der Slogan ›Was des Volkes Hände schaffen, bleibt des Volkes Eigentum‹ ist eine tönende Leerformel, der *keine Realität im Bewußtsein* entspricht: Die meisten Arbeiter in der DDR haben nicht das ... Gefühl ...« usw.[697] Zum einen befremdet an dieser Argumentation die umstandslose Ineinssetzung von »Realität« und »Bewußtsein« bzw. »Gefühl«, anders gesagt, die hier zutage tretende Vorstellung, die Frage nach der Herrschaftsstruktur ließe sich gewissermaßen einfach durch Meinungsumfragen u. ä. beantworten[698]; zum anderen aber weckt auch der Pauschalismus Zweifel, mit dem Sontheimer/Bleek über das in der DDR herrschende Bewußtsein urteilen, setzen sie sich doch nirgends mit den empirisch vorfindlichen positiven Ausdrucksformen eines Eigentümer- und Selbstbewußtseins der Arbeiterklasse in der DDR (mag man seinen erreichten historischen Entwick-

694 Vgl. I. Hanke, in: H. Rausch/T. Stammen, DDR ..., S. 59.

695 Vgl. dazu etwa R. Weidig, Die Entwicklung der Arbeiterklasse und der Persönlichkeit bei der Gestaltung der entwickelten sozialistischen Gesellschaft in der DDR, in: Soziologische Probleme der Klassenentwicklung in der DDR, Berlin 1975, S. 9 ff.; M. Zimek, Die Produktionsarbeiter — soziale Hauptgruppierung der Arbeiterklasse, in: a. a. O., S. 111 ff.

696 Es zeugt von einer gewissen Konzeptionslosigkeit der DDR-Forschung gegenüber dem Theorem von der Herrschaft der Arbeiterklasse, wenn man die Existenzberechtigung dieser Herrschaft angreift, andererseits aber immer von deren Nichtexistenz ausgeht.

697 K. Sontheimer/W. Bleek, Die DDR ..., S. 146. (Hervorhebung: O. C.).

698 Bereits auf S. 66 ihres Buches identifizieren Sontheimer und Bleek die »Lebenswirklichkeit« der DDR mit dem »realen Verständnis, das die Bürger der DDR von ihrer Gesellschaft und ihren besonderen Lebensumständen haben«, identifizieren sie also letztlich Sein und Bewußtsein.

lungsgrad auch noch so vorsichtig und differenziert beurteilen)[699] auseinander.

Die unsystematische Art und Weise, in der sich die DDR-Forschung
auseinandersetzt mit der These von der Herrschaft der Arbeiterklasse,
wird besonders sichtbar in der (oben schon gestreiften) Frage der sozialen Zusammensetzung in den Machtinstitutionen und Führungsgrup-
pen der DDR. Einerseits wird hier nämlich die Tatsache der breiten Re-
präsentation der Arbeiterklasse bzw. anderer werktätiger Gruppen gelassen zur Kenntnis genommen, so als sage dies so gut wie nichts über
den Charakter des Herrschaftssystems. Andererseits jedoch erhebt man
jedesmal da, wo vermeintlich oder wirklich die Fakten »günstig« stehen,
durchaus den Vorwurf, die Arbeiterklasse sei in diesem oder jenem Gre-
mium unterrepräsentiert, womit bewiesen wäre, daß von einer Herrschaft der Arbeiterklasse nicht die Rede sein könne. Anders gesagt, was
man als Indiz *für* die Herrschaft der Arbeiterklasse nicht gelten läßt, beansprucht man im umgekehrten Fall durchaus als Indiz *gegen* die These
von der Herrschaft der Arbeiterklasse. In diesem Sinne wurde in der
»FAZ« voller Genugtuung erklärt, das ZK der SED weise kaum Arbeiter auf[700], und N. Nor-Mesek schrieb in bezug auf die Sowjetunion:
»Proletarier haben kaum noch Aufstiegschancen im Machtapparat.«[701]
Sachlich beruhen derartige Urteile auf der Ignorierung des Kriteriums
der *sozialen Herkunft* der betreffenden Kader — Nor-Mesek macht in
seinem gesamten Artikel keine Angaben hierüber[702] — sowie auf der
Prämisse, wer studiert habe, habe per se mit der Arbeiterklasse nichts
mehr gemein. Unmittelbar sichtbar wird diese Prämisse, wenn Nor-
Mesek schreibt: »Tor zum Aufstieg im Bereich von Partei und Staat in
der Sowjetunion ist in aller Regel die Tür eines Hörsaals. Die Zeit der
Proletarier ist vorbei.«[703]

Die wenigen hier angeführten Belege dürften bereits deutlich machen,
daß die etablierte DDR-Forschung über keine geschlossene, umfassende

699 Dies geschieht übrigens auch meist im DDR-Schrifttum selbst. Vgl. etwa R. Weidig,
Die Entwicklung der Arbeiterklasse und der Persönlichkeit ..., bes. S. 36 ff.; G. Nolepa/L.
Steitz, Wissenschaftlich-technischer Fortschritt — Arbeiterklasse — Schöpfertum, Berlin
1975, bes. S. 123 ff. — Von seiten der aufkommenden bundesdeutschen marxistischen DDR-
Forschung vgl. C. Ziegenrücker, Wissenschaftlich-technischer Fortschritt und Partizipation
in der DDR. Die Entwicklung in den 70er Jahren, in: DA, SH 1976, S. 79 ff.

700 Vgl. FAZ v. 10. 6. 1976.

701 N. Nor-Mesek, Technokraten regieren die Sowjetunion, in: FAZ v. 19. 10. 1976.

702 Die einzige derartige Angabe fällt nicht im Zusammenhang mit der Frage nach den
Kadern im Partei- oder Staatsapparat, sondern bezüglich der Militärs: »Die meisten Generäle
sind Bauernsöhne ...« (ebenda).

703 N. Nor-Mesek, a. a. O.

Kritik an der These von der Herrschaft der Arbeiterklasse verfügt — obwohl doch die Ablehnung ebendieser These geradezu das Wesen ihrer Haltung ausmacht. Mehr noch, es zeigte sich oben, daß die DDR-Forschung punktuell selbst Beobachtungen und Urteile liefert, die für eine Herrschaft der Arbeiterklasse sprechen, womit sich die Beweislast für den von ihr eingenommenen Standpunkt eindeutig erhöht.

Hinzu kommt ein weiteres. Zur Gewißheit, daß in der DDR allemal nicht die Arbeiterklasse herrsche, kontrastiert auffällig die Unsicherheit in der Frage, wer denn nun statt dessen die Macht ausübe. Nehmen wir als ein Beispiel P. C. Ludz. Er spricht einerseits von der »Kaste der Herrschenden«[704] in der DDR, was zwar nicht sehr viel Konkretes aussagt, aber doch zumindest soviel, daß die »Herrschenden« der DDR eine relativ kleine, abgekapselte Gruppe bilden. Andererseits aber sieht Ludz — in unmittelbarer Nähe dieses Zitats — die DDR von einer neuen »Dienstklasse« dominiert, welche er wie folgt umreißt: »Zur Spitze dieser Dienstklasse gehören die Funktionäre der SED, der anderen Parteien, der Massenorganisationen, der Intelligenz in Technik, Wirtschaft, Kultur und Kunst — eine sicherlich die Millionengrenze weit übersteigende Zahl.«[705] Man fragt sich, wo nun in diesem Zusammenhang die »Kaste der Herrschenden« zu suchen ist — zumal wenn Ludz mit der hier umrissenen, nach Hunderttausenden zählenden Gruppierung überhaupt erst die »Spitze« der neuen »Dienstklasse« erfaßt haben will.[706] Auch was die »eigentliche politische Führungsgruppe« in den »Spitzenpositionen« betrifft[707], so widerstreiten Ludz' eigene Beobachtungen der These, es handele sich dabei um eine Herrscherkaste; diese Positionen sind nämlich laut Ludz mit einem »großen Feld unspezialisierter sozialer Normen und damit politisch und sozial ungeschützter Verhaltens-

704 P. C. Ludz, Politische Ziele der SED ..., S. 1270.

705 Ebenda.

706 Den Status der Angehörigen dieser herausgehobenen Funktionselite präzisiert Ludz noch mit folgendem Satz: »Sie werden durch nachweisbare und ständig kontrollierte berufliche Leistung und Erfolge definiert.« (ebenda) Es fragt sich, inwiefern diese Kennzeichnung eigentlich nicht für die gesamte Erwerbsbevölkerung der DDR zutreffen soll. Offenbar erschien sie Ludz selbst als zu unscharf, denn in einer gekürzten Fassung desselben Aufsatzes in der »Zeit« fügt er einen zusätzlichen Aspekt in seine »Definition« ein: »Die Funktionsträger werden durch Parteizugehörigkeit, das ›richtige‹ (Klassen-)Bewußtsein wie durch ständig kontrollierte berufliche Leistung und Erfolge definiert.« (P. C. Ludz, Von der Zone zum ostdeutschen Staat, in: Die Zeit v. 4. 10. 1974). Hier stellt sich wiederum die Frage, ob durch die Einbeziehung des Kriteriums »Bewußtsein« etwas Wesentliches für die Analyse der Herrschaftsstruktur der DDR gewonnen wird; daß das DDR-System die Herrschaft derer mit »richtigem« Bewußtsein über diejenigen mit »falschem« Bewußtsein bedeute, hat bisher kein DDR-Forscher behauptet.

707 P. C. Ludz, Experten und kritische Intelligenz in der DDR, S. 181.

weisen« verknüpft[708] — eine bezüglich einer herrschenden Kaste sicherlich widersinnige Charakteristik.

Ähnlich schwankt die Einschätzung bei K. Sontheimer und W. Bleek. Einmal erklären sie ausdrücklich, die SED sei keine von den Interessen der Intelligenz dominierte Partei.[709] An anderer Stelle heißt es dagegen umgekehrt, in der DDR herrsche eine »Elite« mit »Schwerpunkt in der Intelligenz«.[710] Wiederum einige Seiten weiter wird diese These entscheidend relativiert: ». . . eine geschlossene Elite im Sinne einer ›neuen Klasse‹ würde voraussetzen, daß sich ihre Mitglieder weitgehend aus sich selbst rekrutieren und im Gesellschaftsbild wie im Karrieremodell sichtbar von der übrigen Bevölkerung absetzen. Das ist trotz mancher Anzeichen . . . in der DDR nicht der Fall.«[711] Aus diesem Dilemma der Einschätzung heraus beschränken sich Sontheimer/Bleek darauf, von der Existenz einer »Leistungselite«[712] zu sprechen. Damit lassen sie freilich die Frage nach dem *Herrschafts*subjekt in der DDR weiterhin unbeantwortet; denn Leistung ist schwerlich per se identisch mit Herrschaft, vielmehr steht sie jeweils im Dienst einer bestimmten Herrschaftsordnung.[713]

Wenn wir hier nochmals insgesamt überblicken, in welcher Art und Weise die bürgerliche DDR-Forschung der These von der Herrschaft der Arbeiterklasse in der DDR entgegentritt, dann bleibt der Eindruck, daß sie weder eine konsequente Kritik noch eine schlüssige Alternativthese zu entwickeln vermag; obwohl sie sogar vielfach zu Einzelurteilen gezwungen ist, welche nicht gegen, sondern durchaus *für* die Möglichkeit sprechen, daß das System der DDR auf der Herrschaft der Arbeiterklasse beruht, bleibt ihr Gesamturteil demgegenüber immun. Die Dezidiertheit dieses Gesamturteils kann sich keinesfalls auf die tatsächlich aufgewandte wissenschaftliche Sorgfalt in der Auseinandersetzung mit

---

708 Ebenda.

709 Vgl. K. Sontheimer/W. Bleek, Die DDR . . ., S. 89; es sei »völlig abwegig«, so heißt es hier, die wachsende Zahl von akademisch qualifizierten Parteifunktionären als »Gegensatz zum Klassencharakter der Partei« zu interpretieren.

710 Ebenda, S. 146.

711 Ebenda, S. 149.

712 Ebenda.

713 Z. B. sieht der DDR-Forscher D. Voigt »die Gruppe der Spitzensportler der DDR als neuartige soziale Elite« an (vgl. die Rezension seiner Studie über »Soziologie in der DDR«. Eine exemplarische Untersuchung, Köln 1975, in: FAZ v. 23. 4. 1976). Daraus wird aber sicherlich niemand den Schluß ziehen, diese (im wahrsten Sinne des Wortes) »Leistungselite« der Spitzensportler der DDR gehöre wesentlich zu den Herrschaftsinhabern. — Woraus deutlich wird, daß der gängige Elitebegriff nicht hinreicht bezüglich der herrschaftstheoretischen Fragestellung. Er liegt nicht auf der theoretischen Ebene, auf der die These von der Herrschaft der Arbeiterklasse angesiedelt ist.

den Fakten und den Argumenten der Gegenseite berufen. Vielmehr wird ein vorgängiges Bestreben deutlich, den tatsächlichen sozialen Träger der Herrschaft in der DDR auszublenden, ihn einer regelrechten »*Ent-Nennung*« (R. Barthes) zu unterziehen.

In der Benennung der bürgerlichen Gesellschaft, so schreibt R. Barthes, tritt »ein bemerkenswertes Phänomen auf: als ökonomisches System wird die Bourgeoisie ohne Schwierigkeiten *benannt*, der Kapitalismus bekennt sich ... als politisches System ist sie schlecht zu erkennen; es gibt keine ›bourgeoise‹ Partei im Parlament. Als ideologisches Phänomen verschwindet sie vollkommen. Die Bourgeoisie hat beim Übergang vom Realen zu seiner Repräsentierung, vom Ökonomischen zum Geistigen ihren Namen ausgelöscht: sie paßt sich den Fakten an, findet sich aber nicht mit den Worten ab, sie unterwirft ihren Status einer regelrechten Operation der *Ent-Nennung*. Die Bourgeoisie wird definiert als die soziale Klasse, die nicht benannt werden will«.[714] Analog verfährt, wie wir nachvollziehen konnten, die DDR-Forschung mit der herrschenden Arbeiterklasse in der sozialistischen Gesellschaft: die Tatsache, daß dort die ökonomische Struktur von Grund auf umgewälzt wurde, wird, mehr oder minder deutlich, anerkannt; in der Darstellung des politischen Herrschaftssystems jedoch tilgt man die Bezüge zur ökonomisch herrschenden Stellung der Arbeiterklasse (analog zu R. Barthes gesprochen: »es gibt keine Arbeiterpartei in der Volkskammer« — sondern nur »die SED«); vollends entleert vom gesellschaftlichen Interesseninhalt erscheint schließlich die Ideologie der sozialistischen Gesellschaft: sie figuriert als »Parteidoktrin« an und für sich.[715] Alles in allem wird so die sozialistische Arbeiterklasse zu derjenigen Größe, die von der bürgerlichen DDR-Forschung »nicht benannt werden will«. Zumal als politische Kraft ist sie tabu.

714 Barthes, Mythen des Alltags, Ffm., 2. Aufl. 1970, S. 124.
715 P. C. Ludz, Politische Ziele der SED ..., S. 1270.

2. Führende Partei und Gesamtgesellschaft

Wie nun der Mechanismus der Ent-Nennung im Fall der bürgerlichen Herrschaft von dieser nur noch die Fassade des Parlamentarismus, des Parteien-Pluralismus usw. stehen läßt, so im Fall der Sozialismusbetrachtung nur noch das isoliert genommene Faktum der Abwesenheit dieses Pluralismus im hergebrachten Sinne, also die führende Rolle der sozialistischen Partei und die Anerkennung dieser Rolle von seiten der übrigen politischen und gesellschaftlichen Kräfte. Und wie die bürgerliche politische Ideologie dazu tendiert, das Prinzip des Pluralismus, die parlamentarischen Spielregeln, den Wechsel der Mehrheiten als *Selbstzweck* darzustellen, so erscheint ihr entsprechend auch das Prinzip der führenden Rolle der sozialistischen Partei als Selbstzweck. Es erscheint bar eines objektiven sozialen Inhalts und Sinns. Führung als Selbstzweck aber besagt, wenn man auf dieser abgehobenen Ebene weiterdenkt, nichts anderes als Führung zum Zwecke der Erhaltung der eigenen Führungsposition, Machtausübung um der Erhaltung der Macht willen; dies wiederum setzt aber ein besonderes *Machtinteresse* voraus. So führt die Entleerung der politischen Strukturprinzipien des Sozialismus von ihrem realen, der gesellschaftlichen Basis entspringenden Interesseninhalt (eben die »Ent-Nennung«) mit innerer Folgerichtigkeit zur Konstruktion und Unterstellung besonderer, der Gesellschaft entgegengesetzter Machtinteressen der sozialistischen Führung. Anders gesprochen, *vordergründige* Darstellung des politischen Führungssystems des Sozialismus (mit der Kennzeichnung »anti-pluralistisch« oder »antiliberal«[716] als einziger und wesentlicher Bestimmung) und Unterstellung gewisser *hintergründiger* Interessen und Motive der Führung bilden zwei Seiten einer Medaille, bedingen sich gegenseitig.

Mehr oder weniger allen Ausführungen der DDR-Forschung über die Rolle der SED liegt diese Prämisse vom »verborgenen Machtzweck« (W. Hofmann) zugrunde. Im Grunde stellt sie die Umkehrung des bekannten Satzes aus dem »Kommunistischen Manifest« dar: »Die Kommunisten ... haben keine von den Interessen des ganzen Proletariats getrennten Interessen.«[717] Daraus macht die DDR-Forschung die selten ausgesprochene, aber in der Intepretation allgegenwärtige Prämisse, die Kommunisten hätten eben doch eigene, von den Interessen der ganzen Arbeiterklasse (und vollends denen anderer werktätiger Gesellschafts-

---

716 Vom »antiliberalen« Charakter des Totalitarismus spricht K. D. Bracher (Der umstrittene Totalitarismus ..., S. 41) — im Grunde eine Tautologie, definiert sich doch der Begriff des Totalitären gerade aus dem Gegensatz zu den Normen des Liberalismus.

717 K. Marx/F. Engels, Manifest der Kommunistischen Partei, Berlin 1967, S. 57 f.

gruppen) getrennte Interessen.[718] Hieraus leiten sich logisch zwei weitere Sätze, gewissermaßen Sub-Prämissen, ab: erstens, was »im Sinne der SED« liegt und geschieht, steht schwerlich im Einklang mit den Interessen der großen Masse[719]; zweitens, die Arbeiterklasse handelt folglich nur dann im Einklang mit ihren Interessen, wenn sie ohne Partei, ohne führende Avantgarde bzw. gegen diese handelt.

Einige Beispiele mögen die Wirksamkeit dieser Prämissen im konkreten Interpretationszusammenhang illustrieren. Als Selbstverständlichkeit setzen etwa die Autoren der »Materialien« 1974 ihre Ansicht voraus, daß Sozialismus einerseits und Bevölkerungsinteresse andererseits sich sozusagen reziprok zueinander verhielten, wenn sie den Satz formulieren: »Die DDR bezeichnet sich seit 1949 als ein ›sozialistischer Staat‹, *auch wenn* in den frühen 50er Jahren mit der ›Nationalen Front des demokratischen Deutschland‹ eine alle Parteien und Bevölkerungsteile umfassende Staats- und Gesellschaftsorganisation aufrechterhalten worden war.«[720] Abgesehen davon, daß die Verfasser hier den Eindruck erwecken, als hätte die Nationale Front die frühen 50er Jahre nicht überlebt, stellen sie die Sache so dar, als sei ein von breitesten Schichten unterstützter sozialistischer Staat im Grunde ein Widerspruch in sich. Insbesondere wird in der DDR-Forschungs-Literatur aber da ein solcher Widerspruch vorausgestzt, wo die *führende Rolle der sozialistischen Partei* thematisiert ist. Diese gilt den Interpreten per se als Verhinderung massenhafter »Selbstbestimmung«[721], als Aufrichtung von »Grenzen«[722] gegenüber den demokratischen Ansprüchen der Masse, wodurch statt wahrhafter Freiheit »nur die verordnete Freiheit«[723] übrigbleibe, usw. Von solchen Voraussetzungen her bezieht die Inter-

718 »Die Kluft zwischen Partei und Volk ist in dieser Gesellschaft ein Essential« (D. Herrmann, in: FAZ v. 21. 6. 1977).

719 Vgl. Sätze wie: Die DDR-Mitbestimmungs- und Mitgestaltungsrechte formieren »die Bürger auf ein *im Sinne der SED* gesellschaftlich notwendiges Handeln«; sie sollen »eine weitgehende Identifizierung der Bürger mit *den Zielen der SED* ... erreichen«; »die Machtverhältnisse auf ... Tagungen der ›Nationalen Front‹ (werden) *im Sinne der SED* gestaltet«; jede Vereinigung in der DDR »muß ... dazu beitragen, gesellschaftliche Erfordernisse *im Sinne der SED* zu befriedigen«, usw. (alle Zitate aus: K. Wolf, »Mitbestimmung« und »Mitgestaltung« in der DDR, S. 32, ebenda, S. 34, S. 37; Hervorhebung: O. C.). Im ganzen Aufsatz von K. Wolf findet sich jedoch kein konkreter Hinweis darauf, wonach denn nun der SED der »Sinn« steht.

720 Zit. nach DA 10/1974, S. 1113 (Hervorhebung: O. C.).

721 I. Hanke, Sozialistische Demokratie als Einheit von Politik, Ökonomie und Moral, S. 26, 31; vgl. auch ebenda, S. 34, 37.

722 Ebenda, S. 26. Vgl. auch A. Freiburg, Organisatorische Möglichkeiten und Grenzen betrieblicher Mitbestimmung der werktätigen Jugend in der DDR, bes. S. 43, 45, 45 f., 48.

723 I. Hanke, in: H. Rausch/T. Stammen, DDR ..., S. 70.

pretation sehr häufig ihren geringschätzigen Ton, sobald von gesellschaftlichen Prozessen die Rede ist, die — was in der DDR ja die Regel ist — unter bewußter Steuerung durch die SED ablaufen: Die sozialistische Kulturrevolution, so schreibt E. Richert, sei »*lediglich* ein planmäßig von der Führung gesteuerter Prozeß der sozialen und insbesondere kulturellen Förderung breitester Massen ...«[724]; man habe damit »*nur* ... allmähliche, in der Regie der Führung liegende und im wesentlichen nach Plan verlaufende, ganz gewiß nicht sprunghafte ... Entwicklungen«[725] im Sinn. Das Ideal, woran sich solche Interpretationen ausrichten, ist der ungesteuerte, spontane Gesellschaftsprozeß, die Herrschaft des »wildwachsenden Willens«[726]; der Sozialismus wird gemessen am Wunschbild, daß die Führung »den Prozeß ... aus der Hand gibt«.[727]

Wie man an die Tatsache der sozialistischen Partei und ihrer Führungsrolle (zumeist als Führungs*anspruch* bezeichnet) generell negative Assoziationen knüpft, so versieht man die Vorstellung von einer Arbeiterklasse, die voraussetzungslos »aus sich heraus und selbst handelt«[728] und sich jeglicher Führung entledigt, mit entsprechend positiven Vorzeichen. Selbständigkeit, Selbstbestimmung, Autonomie usw. sind in diesem Zusammenhang mit Vorliebe verwendete Attribute. »Eine selbständige Rolle hat die Arbeiterschaft seither (nach dem 17. Juni 1953, O. C.) nicht gespielt. Ihr durch die eigenständigen Traditionen der deutschen Arbeiterbewegung gespeistes Selbstbewußtsein wurde erschüttert«, erklärt M. Jänicke.[729] K. Sontheimer und W. Bleek bemängeln, daß die Werktätigen der DDR ihr Mitwirkungsrecht »in der Regel *nicht direkt*« ausüben, »sondern durch die Vermittlung der betrieblichen Gewerkschaftsleitungen«.[730] H. Conert und W. Eichwede vermissen die

724 E. Richert, Revolutionäre und evolutionäre Tendenzen ..., S. 21 (Hervorhebung: O. C.).

725 Ebenda (Hervorhebung: O. C.).

726 Ebenda, S. 32.

727 Ebenda.

728 H. Rausch/T. Stammen, DDR ..., S. 178.

729 M. Jänicke, Krise und Entwicklung in der DDR ..., S. 148. Fast gleichlautend E. Richert: »Die Arbeiterschaft hat sich nur einmal als Faktor zu relativer Geltung gebracht: beim mitteldeutschen Juni-Aufstand von 1953 ...« (Revolutionäre und evolutionäre Tendenzen ..., S. 27).

730 K. Sontheimer/W. Bleek, Die DDR ..., S. 144 (Hervorhebung: O. C.). In allen konkreten organisatorischen *Vermittlungsformen* der sozialistischen Demokratie vermuten die DDR-Forscher per se eine Freiheitsbeschneidung. C. Krebs begründet seine These vom Abbau der Mitbestimmungsmöglichkeiten in der DDR-Landwirtschaft mit dem Hinweis, daß mit wachsender Betriebsgröße zunehmend das *Delegiertenprinzip* angewandt werde (vgl. C.

»Selbstorganisation«[731] der sowjetischen Werktätigen in ihren Betrieben, usw. usf. Derartige Beurteilungen — und sie repräsentieren in der Tat einen Grundzug der gesamten DDR-Forschung — setzen stets als selbstverständlich voraus, daß es sich auf keinen Fall bei den »offiziellen« Organisationsformen, namentlich Partei und Gewerkschaft, um diejenigen eigenständigen kollektiven Interessenorgane handelt, welche die Interpreten in abstracto für so wichtig und wünschenswert halten. Vielmehr werden diese Organisationen von vornherein achtlos beiseite geschoben, so als stünde fest, daß sie nichts als (gigantische) Fremdkörper inmitten der »eigentlichen« Interessen und Bestrebungen seien. »Selbsttätigkeit« und »Selbstorganisation« der Massen wird a priori in Antithese zu den konkret vorhandenen, »offiziellen« Aktions- und Organisationsformen definiert. Auch hier steht wieder die Prämisse dahinter: Die Kommunisten haben eigene, von den Interessen der ganzen Klasse getrennte Interessen.

Nun wären die skizzierten Prämissen eventuell vertretbar, sofern sie ihrerseits tatsächlich empirisch und argumentativ untermauert würden. Wie man jedoch feststellen muß, sieht die bürgerliche DDR- und Kommunismusforschung hierzu keine dringende Veranlassung. Der »verborgene Machtzweck«, obwohl in den Interpretationen unterschwellig stets mit im Spiel, wird nicht konkret greifbar, er bleibt von Anfang bis Ende verborgen, er existiert nur in ominösen Andeutungen. Der »Führungsanspruch« der sozialistischen Partei wird nicht aus irgendwelchen konkreten Partikularinteressen erklärt, sondern gewissermaßen aus sich selbst heraus — eine schiere Tautologie.[732] Die Tatsache der Füh-

---

Krebs, Arbeitsorganisation und Lebensbedingungen in der Landwirtschaft der DDR, S. 75); man stelle sich das vernichtende Resultat vor, würde Krebs diese Logik auf die Untersuchung der bundesdeutschen Demokratie anwenden.

731 H. Conert/W. Eichwede, Produktionsverhältnis und Arbeiterklasse in der UdSSR, S. 118.

732 Ausgesprochen selten finden sich in der DDR-Forschung Versuche, das Führungsinteresse der Partei auf ein bestimmtes materielles Nutznießerinteresse zu beziehen. 1968 formulierte Ludz in Ermangelung eines derartigen Befundes, die SED-Führungsgruppen könnten es sich »*noch nicht* ... leisten ..., Positionsinhaber nicht mit den entsprechenden Funktionen auszustatten«. (Parteielite im Wandel, S. 39; Hervorhebung: O. C.). 1971 spricht er dann von »dem neuen Privilegiensystem für die politischen und gesellschaftlichen Eliten«, ohne dies allerdings näher zu begründen. (Die soziologische Analyse der DDR-Gesellschaft, S. 19.). So kommt es bei Ludz auch zu keiner Erörterung der wichtigen Frage, ob in der DDR nun Führungsmacht aus privilegierter Stellung erwächst oder ob nicht vielmehr Genuß von Privilegien an die Erfüllung der — klar definierten und kontrollierten — Führungsfunktionen gebunden bleibt.

Um die tautologische Vorstellung von der Partei, welche mit einem Führungsanspruch auftritt, weil sie die Führung beansprucht, annehmbarer zu machen, führt R. Ahlberg ein ge-

rungsfunktion als solcher, ungeachtet ihrer konkreten Hintergründe und Resultate, wird zum zentralen Vorwurf erhoben; die Nichtübereinstimmung mit den eigenen normativen Vorstellungen von pluralistischer Demokratie besiegelt sogleich das Urteil.

Die Konkretisierung des stets unterstellten Interessengegensatzes zwischen Führung und Masse unterbleibt auch nach der anderen Richtung hin: der Inhalt der verhinderten »Selbstbestimmung« der Masse, ihrer nicht zum Zuge kommenden »authentischen Interessen« bleibt reichlich unbestimmt. Alles, was z. B. I. Hanke in ihrem hier schon gestreiften Aufsatz hierzu anklingen läßt, ist die Forderung nach einer gewissen anderen »Richtung« der »Entfaltung der Produktionsverhältnisse«, nach einer gewissen »Umorientierung der Produktion auf die Bedürfnisse der Arbeitenden«, nach gewissen neuen »menschlichen Möglichkeiten«.[733] Mehr wird nicht gesagt. Der einzige klar identifizierbare Inhalt, der Hankes Forderungen nach einem Richtungswechsel, nach »Alternativvorschlägen«, nach »Selbstbestimmung« usw. eigen ist, ist immer nur wieder die Abschaffung der sozialistischen Führungsstrukturen selbst.[734] Diese Führungsstrukturen werden also wiederum nicht im Namen belegbarer sozialer und politischer Interessen kritisiert, sondern schlicht weil sie eben existieren. Abermals erweist sich, daß »Selbstbestimmung« per definitionem nichts weiter heißt als Negation des gegebenen politischen Systems des Sozialismus. So wie die DDR-Forschung die führende Stellung der sozialistischen Partei nur als (negativen) Selbstzweck zu fassen vermag, so bleibt notwendig auch ihre Forderung nach Liquidierung jener führenden Stellung auf der Stufe eines unerklärlichen (diesmal aber positiv bewerteten) Selbstzwecks stehen.

Statt daß also die beiden leitenden Prämissen der DDR-Forschung, wonach erstens die Führungsrolle der Partei dem Emanzipationsbe-

wisses »psychologisch-atavistisches Streben« nach Macht und Besitz ein (Die sozialistische Bürokratie. Marxistische Kritik am etablierten Sozialismus, S. 74, ähnlich S. 110). Gesellschaftswissenschaft mündet damit in Spekulationen über die dämonische Psyche der Kommunisten.

733 I. Hanke, Sozialistische Demokratie . . ., S. 37, 33. Diese Forderungen leben in Hankes Text ihrerseits nur von einer gezielt abschreckenden Darstellung der Arbeitsdisziplin und -ethik in der DDR, die sich auf keinerlei triftige Belege zu stützen weiß (vgl. ebenda, S. 33).

734 I. Hanke fordert Politik »im westlichen Sinne« (S. 29), nämlich als »Verwirklichung der Meinungen des Volkes« (S. 37), worin für Hanke auch ausdrücklich die Freiheit eingeschlossen ist, daß eine gesellschaftliche Gruppe »bloß egoistische Interessen durchsetzen darf« (S. 30). Mit Sozialismus hat das schwerlich noch etwas zu tun. Auch bei E. Richert laufen alle Beanstandungen am DDR-Sozialismus immer nur auf die Forderung nach »Lockerung der Autoritäten von Partei und Staat«, nach »Entwicklungen, die neue führungskontroverse Kräfte ins Spiel bringen könnten«, usw., hinaus. Es werden nicht konkrete gesellschaftliche Interessen eingeklagt, sondern es wird nur über die Existenz der Partei geklagt.

dürfnis der Masse entgegensteht und daher zweitens das Emanzipationsbedürfnis der Masse die Überwindung jener Führungsrolle verlangt, substanziell begründet würden, »begründet« man sie nur wechselseitig in einem abstrakten Zirkel: Die Führung verhindert die Emanzipation. Warum? Weil die Emanzipation nur ohne die Führung möglich ist. Warum? Weil die Führung die Emanzipation verhindert. Usw. Anders formuliert lautet der Zirkel: Die Führung verhindert Alternativen. Welche? Alternativen zur Führung. Warum wären solche Alternativen notwendig? Weil die Führung Alternativen verhindert. Usw.

Indem die DDR-Forschung ihre Prämissen dergestalt auf sich selbst beruhen läßt, sie als blinde Axiome handhabt, meidet sie zugleich auch eine konkrete Auseinandersetzung mit den Argumenten und Erfahrungen, welche von sozialistischer Seite zur Begründung der Notwendigkeit der Führungsfunktion der kommunistischen Partei in der sozialistischen Umwälzung angeführt werden. Exemplarisch ist auch in dieser Hinsicht I. Hankes Aufsatz, zumal da er zu den wenigen Schriften der DDR-Forschung gehört, welche sich dem Problem der Führungsrolle überhaupt etwas näher widmen.[735]

I. Hanke referiert einige grundlegende Argumente des Marxismus-Leninismus zugunsten der Führungsrolle der sozialistischen Partei, so den Gedanken, daß aufgrund ihres besonderen Charakters die sozialistische Gesellschaftsordnung nicht anders als in planmäßig-bewußter, gesamtgesellschaftlicher Tat geschaffen werden kann, des weiteren, daß die Klassenunterschiede im Sozialismus noch weiterexistieren und ebenfalls erst durch bewußte, einheitliche Politik überwunden werden können; I. Hanke referiert auch die Überlegung, daß sich »auch unter sozialistischen Produktionsbedingungen ... gesellschaftliches Bewußtsein ... zunächst spontan (entfaltet)« und »erst durch die politische Aktivität der Partei die Qualität sozialistischer Bewußtheit« erhält[736]; schließlich nennt sie die Faktoren, die nach marxistischem Verständnis in der gegenwärtigen Phase die gesamtgesellschaftlichen Führungs- und Leitungsaufgaben noch anwachsen lassen: die steigende Komplexität aller gesellschaftlichen Verhältnisse, die Vertiefung der sozialistischen internationalen Integration, die Beschleunigung des wissenschaftlich-technischen Fortschritts, usw.[737]

---

735 Dieses Faktum ist allein schon bemerkenswert. Selbst die spezielle, von der Friedrich-Ebert-Stiftung hrsg. Schrift über die »Parteien in beiden deutschen Staaten« (Bonn-Bad Godesberg 1973, 2., überarb. Aufl.) geht mit keiner Zeile auf die marxistische Argumentation zur Führungsrolle ein. Vgl. im Gegensatz dazu W. Wyniger, Demokratie und Plan in der DDR, S. 104 ff.

736 I, Hanke, Sozialistische Demokratie ..., S. 28.

737 Ebenda, S. 27, 28.

Auffallenderweise läßt sich I. Hanke nun jedoch keineswegs auf eine konkrete Kritik dieser theoretischen Erwägungen ein. Vielmehr verweist sie ganz allgemein auf das ihnen zugrundeliegende *deterministische Geschichtsverständnis,* um daran — sinngemäß — den Einwand zu knüpfen, mit Hilfe eines solcherart im voraus determinierten Sozialismusbildes lasse sich natürlich mühelos die Notwendigkeit der Führungsrolle der Arbeiterklasse und ihrer Partei rechtfertigen. Wörtlich heißt es bei ihr: »Das ständige Hervorheben des deterministischen Charakters der marxistisch-leninistischen Weltanschauung und der somit vorgegebenen Aufgabe der Arbeiterklasse und ihrer Partei legitimiert dabei entscheidend deren Führungsfunktion und Organisationsprinzip ...«[738] I. Hanke deklariert hier also die marxistischen Argumente kurzerhand und unbesehen als rein pragmatische Rechtfertigungsmuster. Der Marxismus argumentiert, die Notwendigkeit der proletarischen Führung ergebe sich aus bestimmten objektiven Gesetzmäßigkeiten und Erfordernissen bei der Errichtung der sozialistischen Gesellschaft; I. Hanke blockt diesen Argumentationsansatz ab, indem sie pauschal unterstellt, der Marxismus denke sich diese objektiven Gesetzmäßigkeiten nur aus, um eben die Führungsrolle der Partei zu legitimieren. Die Schlichtheit dieser Methode demonstriert besonders deutlich folgender Passus: »Einzig durch die Diktatur des Proletariats (Hanke gibt hier das sozialistische Selbstverständnis wieder, O. C.) läßt sich eine zielgerichtete gesellschaftliche Entwicklung zum Kommunismus hin verwirklichen, *läßt sich vor allem die Existenz der Avantgarde-Partei rechtfertigen.*«[739] Statt sich der Aufgabe zu unterziehen, die Theorie der Diktatur des Proletariats immanent zu kritisieren, um so dem Prinzip der Führungsrolle der Partei die Argumentationsgrundlage zu entziehen, wird gewissermaßen suggeriert, es werfe doch wohl ein eindeutiges Licht auf ein theoretisches Argument, wenn es dazu tauge, die führende Partei zu rechtfertigen.[740] Das Vorurteil behauptet sich mühelos; der Beweis ist erbracht, bevor er angetreten worden ist.[741]

---

738 Ebenda, S. 29.

739 Ebenda, S. 26 f. (Hervorhebung: O. C.).

740 In der gleichen Manier folgert I. Hanke aus einigen Passagen von DDR-Philosophen, in welchen aus den Widersprüchen der gesellschaftlichen Basis im Sozialismus die Notwendigkeit des Primats der Politik abgeleitet wird: »Hier wird deutlich, daß sowohl die Widerspruchstheorie als auch die Basis-Überbau-Debatte *schließlich eine Argumentation zugunsten der Avantgardeposition der Partei begünstigen.*« (Ebenda, S. 36, Anm. 73; Hervorhebung: O. C.). Statt daraus den Schluß zu ziehen: um so besser für die Avantgardeposition, folgert sie: um so schlimmer für Widerspruchs- und Basis-Überbau-Theorie.

Wenn I. Hanke dem Marxismus-Leninismus vorwirft, er begreife in seinem deterministischen Geschichtsverständnis den Sozialismus als eine »vorgegebene Aufgabe«, so wirft sie

Nun verhält es sich jedoch auch in vorliegender Frage so, daß die DDR-Forschung in verstreuter Form durchaus mannigfache Teileinsichten formuliert, die — zumal in der Summe genommen — das gängige Urteilsschema deutlich in Frage stellen. Das beginnt schon damit, daß die Notwendigkeit gewisser gesamtgesellschaftlicher Führungs- und Planungsfunktionen heutzutage auch von Nichtmarxisten in der Regel nicht bestritten wird. Demzufolge billigt z. B. auch I. Hanke dem Sozialismus die »Notwendigkeit planender Zukunftsbewältigung«[742] zu. E. Richert muß in diesem Zusammenhang feststellen: »So gesehen, hat auch die These von der stetig wachsenden Rolle der Partei — sofern man sie als leitend und planend, westlich gesprochen: als Management versteht ihren guten Sinn.«[743] Allerdings lassen beide Autoren dieser Konzession auch den entscheidenden Vorbehalt auf dem Fuße folgen: bei aller Notwendigkeit gesellschaftlicher Planung und Leitung dürfe die Partei keine definitiven Ziele setzen; dies, so läßt man durchblicken, hebe die Freiheit auf; I. Hanke spricht in diesem kritischen Sinn von der »Zielvorgabe durch die Partei«[744], E. Richert von der Gesellschaft, welche von der »Parteizentrale« »im vorhinein auf gesollte Ergebnisse festgelegt ist«.[745]

Nun läßt sich diese Kritik an der »Zielvorgabe« durch die »Partei« in zweierlei Richtung auslegen. Entweder die Autoren sind grundsätzlich gegen die Ausrichtung der Gesellschaft auf bestimmte Ziele, oder sie sind gegen die maßgebliche Ausarbeitung dieser Ziele durch eine Partei. Die erste Version scheidet im Grunde von vornherein aus, denn indem man die »Notwendigkeit planender Zukunftsbewältigung« und eines planenden und leitenden Gesellschafts-»Management« anerkennt, akzeptiert man auch schon grundsätzlich die Wirksamkeit gewisser Zielvorgaben; Planung und Leitung ohne derartige Ziele sind ein Widersinn (auch die Bewahrung des gesellschaftlichen Status quo stellt ein Ziel dar). Offenbar geht es also um die zweite Version, lautet der Vorwurf, daß sich die Partei die Setzung der Systemziele anmaßt. In der Tat for-

---

ihm damit im Grunde nicht mehr und nicht weniger vor, als daß er eben den Sozialismus als reales, klar zu definierendes *Ziel* fixiert, statt ihn der Beliebigkeit zu überlassen. Eine sozialistische Bewegung aber ohne sozialistisches Ziel ist ein Widerspruch in sich. Hanke wirft damit dem Sozialismus letztlich vor, daß er sozialistisch ist.

741 W. Wyniger spricht einmal von der »Methode des bequemen und gedankenlosen Antikommunismus«: » . . . man braucht bloß die Schlagworte ›richtig‹ zu übersetzen.« (Demokratie und Plan in der DDR, S. 27).

742 I. Hanke, Sozialistische Demokratie . . ., S. 28.

743 E. Richert, Revolutionäre und evolutionäre Tendenzen . . ., S. 33.

744 I. Hanke, Sozialistische Demokratie . . ., S. 29.

745 E. Richert, Revolutionäre und evolutionäre Tendenzen . . ., S. 34.

dert I. Hanke anstelle dieser zentralen Ziel-Setzung die Ausrichtung der Systempolitik an den jeweiligen »Meinungen des Volkes«.[746] Sicher liegt hierin unstreitig ein demokratisches Anliegen: Hanke fordert eine Politik des Volkes, Verwirklichung seiner Ziele; nur muß sogleich die Frage aufgeworfen werden: Erlaubt dieses demokratische Anliegen die Formulierung gesamtgesellschaftlicher, einheitlicher Ziele nicht? Verbietet der demokratische Anspruch per se die Entwicklung und Realisierung einer planmäßigen *Systempolitik?*[747] Anders gefragt: Muß Politik nicht immer auch eine Antwort auf objektive Erfordernisse der gesellschaftlichen Entwicklung finden, d. h. muß sie nicht zu gleicher Zeit sowohl demokratisch als auch *wissenschaftlich* sein?

Auch wenn I. Hanke sich dieser Problematik nicht stellt, so lassen sich ohne Mühe diesbezügliche Aussagen anderer nichtmarxistisch orientierter Theoretiker (und Praktiker) heranziehen. Offensichtlich ist man hier zunehmend der Auffassung, daß die Politik keineswegs einfach die jeweiligen »Meinungen des Volkes« zum Maßstab und Ziel ihres Handelns machen kann. R. Dahrendorf zieht das bemerkenswerte Fazit, die »vorrangige Orientierung der Politiker auf den nächsten Wahltermin, die kurzen Legislaturperioden, das Element häufigen Wechsels seien zwar einerseits die Stärke, andererseits aber auch die Schwäche demokratischer Politik, weil dadurch langfristiges Denken und Planen verhindert werde.

Es sei daher zu einer Frage des Überlebens für das demokratische Gemeinwesen geworden, *ein Element des längerfristigen politischen Handelns* als Ergänzung zu den derzeitigen Institutionen in ihr politisches System *einzubauen* ...«[748] Die gleiche Sicht spricht aus der Bemerkung des damaligen Bundeswirtschaftsministers Friderichs: »Politik bedeutet nicht den Vollzug von Mehrheitsströmungen«; vielmehr, so sagte er weiter, »müsse man *für eine als richtig erkannte Politik die notwendigen Mehrheiten zu gewinnen suchen*«.[749] Zweifellos steht hinter solchen Äußerungen ein bestimmtes gesellschaftliches Interesse, und es ist sehr

746 I. Hanke, Sozialistische Demokratie ..., S. 37.

747 »Die zentrale Herausforderung westlicher Industriestaaten besteht immer weniger in sektoralen Produktionsproblemen, sondern zunehmend in einer umfassenden Steuerung des wissenschaftlich-technischen Fortschritts und seiner Folgewirkungen in Form von Infrastruktur- und Verteilungsproblemen.« Statt der überkommenen »Prozeß- und Verteilungspolitik« ist deshalb eine umfassende »Systempolitik« nötig (J. Esser/F. Naschold/W. Väth (Hrsg.), Gesellschaftsplanung in kapitalistischen und sozialistischen Systemen, S. 9).

748 R. Dahrendorf auf dem Europa-Forum in Alpach, zit. nach FAZ v. 6. 9. 1976 (Hervorheb.: O. C.).

749 Zit. nach FR v. 1. 4. 1977 (Hervorheb.: O. C.).

fraglich, ob es das Interesse der Bevölkerungsmehrheit ist.[750] Für unsere Argumentation entscheidend ist hier aber allein die Tatsache, daß das heutige bürgerliche Denken grundsätzlich die Idee einer langfristigen, übergeordneten Systempolitik, die Idee einer objektiv erkennbaren und notwendigen Linie der Entwicklungsstrategie anerkennt.[751]

Damit entfallen zwangsläufig wesentliche Vorbehalte und Argumente gegen das Prinzip der führenden Rolle durch die sozialistische Partei. Ein Prinzip, welches gemäß bürgerlicher Interpretation für die kapitalistische Gesellschaft recht ist, muß entsprechend für die sozialistische Gesellschaft billig sein. Es ergibt sich die unabweisbare, ernsthaft zu prüfende Interpretationsmöglichkeit, daß es sich bei der führenden Partei im Sozialismus um nichts anderes handelt als um eine konkret-historische Erscheinungsform eben jenes »Elements des längerfristigen politischen Handelns und Planens«, wie es Dahrendorf auch für die »westliche« Gesellschaftsordnung so dringend fordert (mit wieviel Aussicht auf erfolgreiche Realisierung, kann dahingestellt bleiben); daß es sich bei der führenden Partei im Sozialismus um eine Kraft handelt, welche unter ihren besonderen gesellschaftlichen Voraussetzungen eben das tut, was Friderichs unter den seinen beansprucht, nämlich »für eine als richtig erkannte Politik die Mehrheit zu gewinnen« (wobei sie diese evtl. bereits gewonnen *hat,* weil die sozialistische Gesellschaft interessenmäßig in sich homogener als die kapitalistische und es aufgrunddessen »im Osten sehr viel leichter (ist), sich dabei auf einen gemeinsamen Nenner zu einigen«).[752]

Ist somit erst einmal der Bann der Vorstellung gebrochen, eine einheitliche Steuerung der Gesellschaft und damit deren Ausrichtung an bestimmten definierten (oder doch definierbaren) Systemzielen sei per se undemokratisch und verwerflich, so konzentriert sich die weitere Diskussion um das Führungssystem der sozialistischen Gesellschaft auf die Frage nach dessen *konkretem Interesseninhalt,* d. h. danach, was seinen

750 »Ein Plädoyer für multinationale Gesellschaften« lautet die Überschrift des FAZ-Berichts über das Referat Dahrendorfs (siehe oben, Anm. 748). Friderichs Wort fiel auf der Reaktortagung 1977 in Mannheim, d. h. im Zusammenhang mit der heftig umstrittenen (Atom-) Energiefrage.

751 ». . . in einer modernen Wirtschaft«, so erklärten der amerikanische Gewerkschaftsführer L. Woodcock und der Harvard-Professor W. Leontieff, »ist Planung keine Sache des Wunsches oder der Ideologie, sie ist eine Sache unmittelbarer Notwendigkeit.« (Zit. nach: Der Kapitalismus entdeckt die Planung, in: FR v. 17. 9. 1975) Für eine Verstärkung der politischen Planung in den kapitalistischen Staaten plädiert u. a. auch T. Ellwein, Regieren und Verwalten. Eine kritische Einführung. Köln-Opladen 1976.

752 J. Hauptmann, Das Kräfteverhältnis zwischen Ost und West, in: A. Domes (Hrsg.), Ost-West-Polarität, S. 239.

Anspruch zu begründen vermag, »eine als richtig erkannte Politik« aus-
zuführen. Und nur von dieser Frage her kann dann auch das Demokra-
tieproblem untersucht werden; es stellt sich als die Frage danach, ob sozialistische Systempolitik demokratisch, d. h. von den breiten Volksmassen getragen, kontrolliert und garantiert ist.[753]

Über den sozialen Inhalt der DDR-Gesellschaftspolitik und das auf
diesem Gebiet inzwischen Erreichte läßt die DDR-Forschung im Grunde
durchaus wenig Zweifel. Als exemplarisch sei das diesbezügliche Urteil
E. Richerts wiedergegeben; dabei sollte die latente Geringschätzung,
mit der Richert diese »nur« auf dem Gebiet der »materiellen Kultur«
resp. des »Homo faber«[754] liegenden Errungenschaften bedenkt, nicht
über das tatsächliche Gewicht seiner Worte hinwegtäuschen: Die DDR
ist laut Richert dabei, die gesellschaftlichen Bedingungen vor allem in
den folgenden, »vorwiegend den Klassikern entlehnten Dimensionen
erträglicher« zu machen: »In der Aufhebung der Schwerarbeit bzw. der
›Angleichung‹ von körperlicher und geistiger Arbeit; in der Einebnung
des Gefälles Stadt/Land zugunsten der eher urbanen Zivilisation; in der
... Anhebung des Standards der unterentwickelten Gebiete und Betriebe ...; in der effektiven Gleichstellung der Frau; in der materiellen Förderung der Randgruppen (Rentner, Kinderreiche u. ä.); in der weitest-
möglichen Höherqualifikation von Gesamtgesellschaft und insbesondere Facharbeiterschaft; demgegenüber zum Ausgleich in der Verbesserung des Freizeit-Angebots; sowie ... in der Beachtung und Moderie-
rung von Generationsproblemen. Nur in solchen Punkten kann diese
Führung ihre Mission der Persönlichkeitsentfaltung begreifen. Denn
hier begreift sie sich ... zugleich als Vollstreckerin alter Forderungen der
Arbeiterklassen-Politiker.« Richert zieht selbst das bemerkenswerte Fazit: »*Das jahrhundertealte Klassenschicksal der breiten Massen,
›unten‹ ... verbleiben zu müssen, ist definitiv passé.*«[755]

Vor dem Hintergrund derartiger Einschätzungen wird es schwierig,
die Vorstellung von einem grundsätzlichen Interessengegensatz zwischen Führung und breiten Massen weiterhin für eine sinnvolle Prämisse
zu halten. Selbst hinsichtlich eines solchen Themas wie der DDR-
Landwirtschaftspolitik, welche man hierzulande lange Zeit unter dem

---

753 Denselben methodologischen Imperativ hebt W. Wyniger hervor: »Echte Kritik am
Demokratie-Verständnis der DDR hätte also ... zunächst von dessen eigenem Anspruch auszugehen, indem der reale Gehalt von Demokratie für die Arbeiterklasse analysiert würde. Die
bloß formale Kritik am fehlenden Mehrparteiensystem etwa trifft den Kern des Problems in
keiner Weise.« (Demokratie und Plan in der DDR, S. 113).

754 E. Richert, Revolutionäre und evolutionäre Tendenzen ..., S. 38, 33.

755 Ebenda, S. 38, S. 43 (Hervorheb.: O. C.).

Schlagwort von der »Zwangskollektivierung« zum Paradebeispiel der Massenfeindlichkeit der offiziellen DDR-Politik erklärte[756], kommen mittlerweile immer mehr DDR-Forscher zu Urteilen, die für jene Prämisse keinen Raum mehr lassen. K. Sontheimer und W. Bleek sprechen von »einem echten und bleibenden Erfolg der DDR-Agrarpolitik« und fahren dann fort: »Am Beispiel dieser Politik läßt sich feststellen, was für andere Bereiche der DDR-Gesellschaft zum Teil ebenso gilt: Die herrschende Minderheit der Partei hat gegen den Willen der Mehrheit der Betroffenen Maßnahmen durchgesetzt, die nach einer gewissen Zeit soziale Vorteile für die Betroffenen erbrachten, auf die sie mittlerweile nicht mehr verzichten möchten . . .«[757]

Unter dem Eindruck solcher Tatsachen nehmen viele DDR-Forscher bedeutsame Modifikationen an dem Interpretationsmodell vor, mit dem sie das Verhältnis zwischen sozialistischer Partei und Bevölkerung zu bestimmen suchen. I. Hanke etwa räumt ein, daß »die Partei . . . Leistungen im Interesse des Volkes erbringt«[758], daß sie »Garantien *für* das werktätige Volk erbringt — z. B. die Garantie der sozialen Grundrechte«.[759] Wie immer diese Beurteilung im weiteren Gang der Argumentation von I. Hanke ergänzt, zugedeckt und neutralisiert wird, gilt es sie hier erst einmal festzuhalten als einen eindeutigen Bruch mit der gängigen Interpretation. Indem I. Hanke nämlich feststellt, daß die Partei tatsächlich »im *Interesse des Volkes*« handelt, verwirft sie unzweideutig die gegenteilige Vorstellung, daß in der DDR das Volk im Interesse der Partei zu handeln gezwungen werde[760]; damit aber erkennt sie im Grunde den zentralen, im DDR-Selbstverständnis postulierten Satz an: »das Volk ist nicht für die Partei da, sondern die Partei ist für das Volk da.«[761]

---

756 Das Schlagwort von der »Zwangskollektivierung« bleibt auch heute in Gebrauch; vgl. etwa den schon erwähnten Artikel »Bauern dürfen sie nicht mehr sein«, in: FAZ v. 25. 1. 1977.

757 K. Sontheimer/W. Bleek, Die DDR . . ., S. 216. Auch C. Krebs, Spezialist in Fragen der DDR-Landwirtschaft, äußert die »begründete Vermutung, daß die überwiegende Mehrheit der heutigen LPG-Bauern auch dann nicht zur einzelbäuerlichen Wirtschaftsweise zurückkehren würde, wenn die Möglichkeit hierzu bestünde.« (C. Krebs, Zur Situation und Aufgabenstellung der DDR-Forschung auf dem Agrarsektor, S. 925).

758 I. Hanke, Sozialistische Demokratie . . ., S. 26; an der Auslassungsstelle steht bei Hanke das Wort »bestenfalls«; die in dieser Formulierung ausgedrückte Skepsis wird in Hankes Aufsatz jedoch nicht aus konkreten Belegen gespeist.

759 Ebenda, S. 38.

760 Vgl. dazu nochmals die Beispiele oben, Anm. 39. Freilich liefert andererseits I. Hanke selbst, aufgrund der Ambivalenz ihres Ansatzes, derartige Beispiele. Vgl. etwa Sozialistische Demokratie . . ., S. 29, 34, 37, 39.

761 E. Honecker auf der 15. Tagung des ZK der SED, zit. nach ND v. 3./4. 10. 1975.

Hanke versucht nun allerdings der Feststellung, daß die Partei »im Interesse des Volkes« handele, einen negativen Sinn zu verleihen, indem sie dies als Verhinderung eines Zustands interpretiert, wo das Volk selbst in seinem Interesse handelt. Sie sagt gewissermaßen, die Partei sei zwar für das Volk da, aber das Volk sei nicht für sich selber da. Auf eine Formel gebracht ist dieser Vorwurf in dem Satz, wonach in der DDR der »Typus einer ›output-orientierten‹ Demokratie (herrsche), in welcher die Partei bestenfalls Leistungen im Interesse des Volkes erbringt, seinen Anspruch auf Selbstbestimmung aber gering ... achtet«.[762] Diese Aussage, die geradezu das Konzentrat bundesdeutscher Auseinandersetzung mit dem DDR-System darstellt, verdient genauer beleuchtet zu werden. Wenn man davon ausgeht, daß »Selbstbestimmung« wesentlich die Freiheit darstellt, die eigenen Interessen zu realisieren — und Selbstbestimmung *gegen* die eigenen Interessen ist eine Absurdität, die den Begriff der Selbstbestimmung aufhebt, weil damit Fremdbestimmung zu einer Variante von Selbstbestimmung deklariert würde —, dann heißt das also, daß ein über sich selbst bestimmendes Volk nicht mehr und nicht weniger tut, als im eigenen Interesse zu handeln. Nun ist aber I. Hanke immerhin bereit zuzugestehen, daß die marxistisch-leninistische Partei tatsächlich »im Interesse des Volkes« agiert. Wenn dem so ist, dann erhebt sich aber zwingend die Frage, was eigentlich die Partei, unter deren Führung doch offensichtlich kein anderer Interessen-»Output« erbracht wird, als ihn das rein über sich selbst bestimmende Volk erbringen würde, dazu bewegen sollte, eben diesem Volk die »Selbstbestimmung« zu versagen. Wie soll es möglich sein, daß sich eine Partei »für das werktätige Volk«[763] einsetzt, gleichzeitig aber den Willen dieses Volkes ängstlich eindämmt? Eine derartige Konstellation erscheint nach allen Regeln der Politik und der Logik als zumindest reichlich mysteriös. Und dennoch mündet I. Hankes Ansatz zwingend in eben diesem Dilemma. Es entsteht daraus, daß I. Hanke auf der einen Seite nicht umhin kommt, der SED soziale, im breiten Interesse liegende Intentionen und auch Erfolge zuzugestehen, auf der anderen Seite aber auch an der tiefsitzenden Prämisse von einem Grundwiderspruch zwischen Partei und Masse festhalten will. Erwies sich dieser vorgebliche Grundwiderspruch, wie wir weiter oben sahen, ohnehin schon als das Produkt eines Gedankenzirkels, so wird er vollends zur Mystifikation in dem Augenblick, wo der Partei bescheinigt werden muß, daß sie ja an

762 I. Hanke, Sozialistische Demokratie ..., S. 26.
763 Vgl. oben (Anm. 759).

und für sich durchaus eine an den Interessen der werktätigen Massen orientierte Politik betreibt.[764]

Angesichts dieses Dilemmas bleiben der DDR-Forschung objektiv nur noch zwei Möglichkeiten: Entweder sie beharrt auf der traditionellen Prämisse vom unversöhnlichen Gegensatz zwischen dem Emanzipationswillen der Massen und dem Institut der führenden sozialistischen Partei; dann muß sie jedoch mit der — schon heute manifesten, in Zukunft aber sicher noch weiter wachsenden — Schwierigkeit leben, diese theoretische Hülse mit konkreten Tatsachen zu füllen; sie muß zunehmend die Last der Paradoxie tragen, daß in der DDR Arbeiterinteressen durchgesetzt würden, die Arbeiter dort aber nicht ihre Interessen (in »freier Selbstbestimmung« usw.) durchsetzen könnten. Dies ist die eine Möglichkeit, und das Gros der DDR-Forscher hält weiterhin an ihr fest. Die andere wäre, die fragliche Prämisse fallen zu lassen und das gesellschaftliche Handeln der Partei als Teil und als Ausdruck des gesellschaftlichen Handelns *der Klasse selbst,* die Führungsrolle dieser Partei nicht als Hindernis dieser Klassenhegemonie, sondern als deren historisch entstandene und notwendige Bedingung und Garantie zu interpretieren; und damit wäre auf konsequente Weise die mysteriöse Anschauung überwunden, daß die Partei *trotz* ihres (elitären) Charakters Interessen der Masse realisiere[765], und durch die — mit den Gesetzen der Kausalität im Reinen befindliche — These ersetzt, daß sie dies vielmehr *wegen* oder kraft ihres (nicht elitären) Charakters tue.

Diese letztere, gemessen an der herrschenden Meinung in der DDR-Forschung »unorthodoxe« Deutungsversion kann sich durchaus auch unter einem weiteren Gesichtspunkt auf Ergebnisse und Einsichten bür-

---

764 I. Hanke scheint die Gefahr, die von diesem Zugeständnis auf ihre gesamte Argumentation ausgeht, zu bemerken, denn sie stellt — im allerletzten Absatz — die Behauptung auf, die Führung der DDR würde »die Ziele der Gesellschaft nur noch sehr abstrakt, in Leerformeln«, beschreiben (Sozialistische Demokratie ..., S. 39). Dies kann nur als Versuch gewertet werden, den klar zutageliegenden Inhalt der DDR-Gesellschaftspolitik — sie selbst zählt noch zwei Seiten zuvor (S. 37) sehr handfeste Ziele und Tendenzen auf — wieder zu verunklaren, um so weiterhin den Mythos von »den Zielen der SED«, die niemand richtig durchschauen und benennen könne, verfügbar zu haben.

Wären die Ziele der bestehenden sozialistischen Gesellschaften tatsächlich so »abstrakt« und »leer«, wie I. Hanke hier glauben macht, dann hätte z. B. K. v. Beyme schwerlich ein mehrere hundert Seiten starkes, faktengesättigtes Buch über »Ökonomie und Politik im Sozialismus« schreiben können, in welchem er sich, bis in die Gliederung hinein, von dem Gedanken leiten läßt, daß die Sozialismusforschung »von den ideologischen Zielen des Sozialismus ausgehen und diese ernst nehmen« muß (S. 15). Beyme arbeitet ein detailliertes Schema von Generalzielen sowie Einzelzielen sozialistischer Politik heraus (vgl. a. a. O., S. 38).

765 Plausibel wäre dies dann, wenn es sich um soziale Zugeständnisse handelte, die der Führung abgerungen würden. Tatsächlich aber gilt die SED-Gesellschaftspolitik auch der bürgerlichen Forschung zweifellos überwiegend als gewollte, bewußte Politik.

gerlicher DDR-Forscher berufen und stützen: nämlich wo es um das Problem geht, daß sich die prinzipielle Übereinstimmung zwischen Führung und Massen, daß sich der demokratische Charakter des politischen Systems nicht nur am *Inhalt* der Politik, sondern ebenso an der Art ihres *Zustandekommens* und ihrer *Verwirklichung* zu erweisen hat[766]; daß, wie es auch gelegentlich formuliert wird, dem »Output« des Systems auch ein entsprechender, demokratischer »Input« gegenüberzustehen hat.

Ist die SED, so muß z. B. in diesem Zusammenhang gefragt werden, tatsächlich die »elitäre kommunistische Kaderpartei«[767], als die sie Sontheimer/Bleek bezeichnen? Einige Ausführungen von I. Hanke etwa klingen wesentlich vorsichtiger: »Allerdings kann bei dem hohen Mitgliederstand der SED ›die Partei‹ nicht mehr im Gegensatz zu ›den Werktätigen‹ gesehen werden«, heißt es da; und: »Die Herrschaft der Partei wird allerdings längst nicht mehr allein durch die Parteispitze ausgeübt. Da inzwischen in jeder kleinsten Einheit der ›sozialistischen Demokratie‹ Parteimitglieder vertreten sind ..., wird auf allen Ebenen ein ständiger Identifizierungsprozeß mit den Zielen der Partei hergestellt ...«[768] Allem Anschein nach hat diese Partei also selbst schon den Charakter einer Massenbewegung. Damit wird I. Hankes zuvor geäußerte These hinfällig, die Partei erbringe allenfalls Leistungen »*für* das werktätige Volk«.[769] Auch die *Verwirklichung* der Politik vollzieht sich nicht als einseitiger Akt »der Partei« gegenüber »den Werktätigen«. Der »Output« des politischen Systems ist mithin nicht schlechthin »Output«, sondern wird selbst durch Massenaktivität bewerkstelligt (und allererst ermöglicht), besitzt also seinerseits eine »Input«-Seite.[770]

Aller hier aufgeführten Teilansichten zum Trotz beharrt die DDR-Forschung auf dem Standpunkt, daß die Tatsache der führenden sozialistischen Partei gewissermaßen nicht »sein darf«. Die sachliche Begründung dieses Standpunktes schwindet in dem selben Maße, wie der von der Partei initiierten konkreten Politik zugestanden werden muß, daß sie durchaus, sowohl von ihrem Inhalt als auch von ihren praktischen

---

766 Für die Beachtung aller dieser drei Aspekte wird auch plädiert in: Staat, Recht und Demokratie bei der Gestaltung der entwickelten sozialistischen Gesellschaft, Berlin 1974, S. 25.

767 K. Sontheimer/W. Bleek, die DDR ..., S. 76.

768 I. Hanke, Sozialistische Demokratie ..., S. 38; dies., in: M. Rausch/T. Stammen, DDR ..., S. 93.

769 I. Hanke, Sozialistische Demokratie ..., S. 38.

770 ». . . das Politbüro (kann) zwar Grundsatzbeschlüsse fassen, *sie jedoch nicht per Knopfdruck verwirklichen.* Dazu werden die anderen Parteien gebraucht, die Massenorganisationen, ... die Bevölkerung.« (FR v. 16. 10. 1976; Hervorheb.: O. C.).

Begleitumständen her, massenorientiert ist. Es entsteht die Paradoxie, daß die Partei ständig ihrer eigenen Logik zuwider handelt: denn wenn sie tatsächlich eine Instanz der Herrschaft gegen und über die Bevölkerungsmassen ist, wie qua Prämisse unterstellt wird, dann kann es schlechterdings nur als paradox angesehen werden, wenn sie grundlegende Interessen dieser Bevölkerung zum Ziel ihres Handelns macht und obendrein noch zu diesem Zweck »die Massen ... in großangelegten Demokratisierungsstrategien mobilisiert«.[771]

Tatsächlich lassen bereits manche bürgerliche Sozialismusbeobachter diese Paradoxie in ihrer Interpretation lieber explizit und gewissermaßen als unaufgelöstes Rätsel stehen, als daß sie die Prämisse antasteten, von welcher das ganze Problem herrührt: daß sich nämlich Partei und Volk zueinander verhielten wie Herrschaft und Knechtschaft. So entsteht das Bild einer Partei, welche einerseits eigensüchtig auf ihre Macht pocht, aber andererseits aus unerfindlichen Gründen diese ihre Macht selbst untergräbt, indem sie den Emanzipationsprozeß der Massen befördert. Diese Paradoxie zieht dann sogleich die weitere nach sich, daß nämlich die steigende demokratische Aktivität der Massen am Ende doch nicht zur Untergrabung der Autorität der Partei führt, sondern diese im Gegenteil noch erhöht.[772] Charakteristisch ist etwa folgende Passage des Sowjetunion-Korrespondenten U. Engelbrecht: Der »vielleicht zentrale ... Widerspruch des sowjetischen Alltags«, so meint er, bestehe in folgendem: »die Partei, selbst geradezu Verkörperung undemokratischer Praxis, *predigt den Massen gleichwohl unablässig demokratisches Verhalten* ... Würde der Funke dieser pädagogischen Bemühungen allerdings zünden, so wäre es vor allem die Parteibürokratie, die erheblich zurückzustecken hätte ...«[773] Warum sich die KPdSU, und zwar auch noch derart forciert, einem solchen Risiko aussetzt, warum sie so leichtsinnig an dem Ast sägt, auf dem sie sitzt, erklärt Engelbrecht nicht — der angebliche »zentrale Widerspruch des sowjetischen All-

771 I. Hanke, Sozialistische Demokratie . . ., S. 38. Vgl. auch R. Thomas, für den es »nicht (zu) übersehen (ist), daß durch die Gesellschaftspolitik der DDR eine wesentliche Vergrößerung der Chancengleichheit erreicht worden ist, eine erhebliche soziale Mobilität besteht und eine Reihe von Maßnahmen (z. B. Verankerung des Rechts auf Arbeit, Reform des Scheidungsrechts, Legalisierung des Schwangerschaftsabbruchs) *als Beiträge zur Erweiterung der Selbstbestimmung gewertet werden können«.* (R. Thomas, Modell DDR . . ., S. 116; Hervorheb.: O. C.).

772 I. Hanke konstatiert dies ohne weiteres: »Die Parteieliten können ... die Partizipation fordern und fördern — ihre Machtbasis wird durch den gemeinsamen Dienst an der ›Dritten Sache‹ ... nicht angetastet, sondern wesentlich verstärkt.« (Sozialistische Demokratie . . ., S. 38).

773 FR v. 28. 11. 1975 (Hervorheb.: O. C.).

tags«, wie Engelbrecht sein Interpretationsdilemma objektivierend und projizierend umschreibt, ist denn auch in der Tat *unerklärlich*.[774]

Die DDR- und Sozialismusforschung konfrontiert uns mit manch weiteren derartigen Unerklärlichkeiten. K. Mehnert vermerkt die Leistungen des sowjetischen Bildungswesens und knüpft daran unmißverständlich die Erwartung, daß die — zu selbständigem Denken befähigten — Sowjetbürger über kurz oder lang ihrem System die Gefolgschaft verweigern würden.[775] Warum, so fragt sich auch hier wieder, legt unter diesen Umständen eigentlich die sozialistische Führung derartige Priorität auf die Entwicklung der Volksbildung? Nicht minder unverständlich mutet an, was R. Dietz ausführt: Nachdem er nämlich den Versuch unternommen hat nachzuweisen, daß sich die »Herrschaft des Staates über die Produzenten«, durch die »Trennung von Arbeits- und Eigentümersubjekt« usw. auszeichnet[777], macht er die Einschränkung, daß der herrschenden Schicht aus dem Umstand, daß »die Ideologie der Sowjetunion der Arbeiterklasse verpflichtet« ist, allerdings »aktive politische Verpflichtungen« erwachsen; beispielsweise müsse sie »für soziale Sicherheit sorgen und hinreichende Arbeitsbedingungen gewährleisten«; so setze der »Partei- und Staatsapparat selbst« »dem Prozeß der Instrumentalisierung der Arbeit« gewisse »Grenzen«.[778] Warum begibt sich dann jedoch die sowjetische Führung nicht an die — wenigstens ganz allmähliche — Demontage dieses doch für ihre Herrschaftsinteressen so hinderlichen ideologischen Wertsystems? Warum wird sie statt dessen nicht müde, die sozialen Interessen der Arbeiter und Werktätigen als Hauptthema ihrer Propaganda zu pflegen? Warum schürt sie die »Infla-

---

774 Ein Artikel des »Spiegel« über die sowjetische Verfassungs-Diskussion bestand aus einer einzigen Aneinanderreihung derartiger Unerklärlichkeiten: »Die sowjetischen Zeitungen verbreiten ketzerische Ideen ihrer Leser ... Die Leserbriefe ... enthüllen die Mängel im Sowjetstaat ... Die Vorschläge rühren an den Grundlagen, auf denen der Sowjetstaat errichtet ist ... Mitbestimmung in der UdSSR: Der Leningrader Nationalökonom Kulagin und der Parteisekretär Tschernow von den Kirow-Werken ... rufen zum Umsturz ...« usw. (Der Spiegel, Nr. 37/1977).

775 Vgl. K. Mehnert, Ideologischer Krieg trotz Koexistenz ..., S. 8. Mehnert beschließt seinen Aufsatz mit den leicht spöttischen Zeilen: ». . . um mit einer durchaus zutreffenden Sentenz aus dem Moskauer Regierungsblatt vom 7. Juli 1972 zu enden: ›Ein Mensch hat durch das (sowjetische) Erziehungssystem — kostenlos — denken und überlegen gelernt. Und jetzt denkt er.‹« (Ebenda.) Vgl. die ähnliche Überlegung von E. Jahn, Kommunismus — und was dann? Zur Bürokratisierung und Militarisierung des Systems der Nationalstaaten, S. 101.

776 R. Dietz, Der Wertbegriff in der Politischen Ökonomie des sowjetischen Sozialismus (DDR) und die gesellschaftliche Struktur der Arbeit.

777 Ebenda, S. 14, S. 17. Zu Dietz' Beweisführung vgl. die kritischen Notizen in meinem Artikel: »DDR-Forschung« zwischen Objektivität und Ignoranz.

778 R. Dietz, Der Wertbegriff ..., S. 14, 20.

tion der Ansprüche«, statt sie — ihrer Stellung als Aneigner von »Mehrwert«[779] gemäß — einzudämmen? All diese Fragen bleiben bei R. Dietz ungestellt, bei Strafe des Hinfälligwerdens des eigenen Ausgangspunktes: daß es sich eben bei Partei(führung) und Masse um »*antagonistische . . . Gruppen*«[780] handele.

Die hier exemplarisch aufgewiesene Tendenz zur Paradoxie, zu einer Interpretation, die mehr Fragen aufwirft als beantwortet[781], stellt ein deutliches Symptom der Krise dar, in welche die ideologisch-theoretischen Grundprämissen geraten sind, auf deren Basis die DDR-Forschung das Verhältnis von führender sozialistischer Partei und Gesellschaft deutet. Der kritische Vorbehalt gegenüber der Existenz und Rolle der Partei schmilzt tendenziell zu einem puren Wertpostulat zusammen, wird zur Leerformel. Ihr idealtypisches Extrem wäre dort erreicht, wo der realen Entwicklung im Sozialismus voll und ganz die Qualität eines allseitigen — ökonomischen, sozialen, politischen, kulturellen usw. — Emanzipationsprozesses der Volksmassen zugebilligt würde, mit der einzigen entscheidenden kritischen Einschränkung, daß diese Emanzipation eben unter Führung einer sozialistischen Partei verlaufe. An diesem Punkt kippt die Interpretation gleichsam von selbst um: es wird dringend die Hypothese fällig, daß die sozialistische Partei (nicht nur nicht dysfunktional, sondern) gerade eine *Funktionsbedingung* des festzustellenden sozialpolitischen Entwicklungsprozesses ist.

Dieser Umschlagpunkt kündigt sich bei Teilen der herrschenden Sozialismusforschung durchaus an. Man würdigt die »Partizipation vieler Gruppen der Bevölkerung am politisch-gesellschaftlichen Prozeß«[782], die zunehmend »stärkere Beteiligung sozialer Gruppen aus so gut wie allen Schichten der Bevölkerung, vor allem am wirtschaftlichen Entscheidungsprozeß«[783] — aber dies sei eben keine »spontane Teilnahme«[784], d. h., sie schließe die führende Rolle der Partei mit ein. Man konstatiert eine »Mitwirkung der werktätigen Jugend der DDR an der Ausgestal-

---

779 Ebenda, S. 16.
780 Ebenda, S. 18 (Hervorheb.: O. C.).
781 Mitunter äußert sich dies auch in einer schieren Verwunderung der Interpreten über das von ihnen Wahrgenommene. Entwaffnet meint ein Kritiker von der FAZ über den sowjetischen Gegenwartsfilm »Die Prämie«: »Eine solche handfeste Kritik an der Institution der Planung durch die Partei *muß verwundern* . . . Ein mutiger Versuch . . .« (»Konflikt im Betrieb mutig geschildert«, in: FAZ v. 25. 4. 1977; Hervorheb.: O. C.).
782 P. C. Ludz, Zur gesellschaftspolitischen Situation in der DDR, S. 24.
783 P. C. Ludz/J. Kuppe, Literatur zum politischen und gesellschaftlichen System der DDR, S. 363.
784 P. C. Ludz, Zur gesellschaftspolitischen Situation . . ., S. 24.

tung ihrer Arbeits- und Lebensbedingungen«[785] — aber diese Praxis sei eben »einseitig zuungunsten der Entfaltung nicht eingeplanter Aktivitäten«[786] festgelegt, d. h. sie sei im voraus geplant. Man erkennt an, daß sich die Stellung der Frau in der Gesellschaft der DDR grundlegend gewandelt hat — aber dieser Wandel sei eben »dekretiert« worden, die erlangte Freiheit der Frau sei nur eine »verordnete Freiheit«[787], verordnet von der offiziellen sozialistischen Politik. Man gesteht der DDR zu, daß sie »sehr früh ... der Jugend Verantwortung zu übertagen (versucht). Viel früher als in der Bundesrepublik Deutschland werden relativ junge Menschen in Führungspositionen gebracht«. Man bietet »ihr die Möglichkeit ..., hier etwas zu leisten«[788] — aber dies führe eben alles nur dazu, daß der SED-Staat sich noch unanfechtbarer etabliere: denn es »wird damit geschickt eine gewisse nörgelnde Unzufriedenheit der Jugendlichen aufgefangen«.[789] Um ein letztes Beispiel dieses immergleichen Kritikmusters zu geben: Man billigt der DDR zu, mit ihrer Gesellschaftspolitik eine reale »Erweiterung der Selbstbestimmung«[790], einen Prozeß der Emanzipation zu bewerkstelligen — aber es handele sich eben bloß um eine »kalkulierte Emanzipation«, denn: die Partei verzichte nicht auf ihre »Führungsfunktion«.[791]

Die Quintessenz all dieser Urteile lautet: Man könnte die Entwicklung der sozialistischen Gesellschaft im Grunde in all ihren Aspekten gutheißen, wenn sie eine einzige, entscheidende Bedingung erfüllte: nämlich wenn sie *spontan, ungeplant, dekretlos, unkalkuliert* abliefe; und wenn sie zugleich ihr eigenes »Machtsicherungsinteresse« aufgäbe.[792] Damit fordert man jedoch geradewegs die Quadratur des Kreises. Denn die Errichtung der sozialistischen Gesellschaft ohne Bewußtheit, ohne Planung, ohne klares Kalkül ist ein Widerspruch in sich; desgleichen ist ein System der organisierten Emanzipation, welches sich uninteressiert zeigte an der Sicherung seiner Macht, d. h. seiner Existenz, ein Widerspruch in sich, zumindest praktisch unzumutbar. Mit anderen Worten, der zentrale kritische Vorbehalt der bürgerlichen Sozialismusforscher

785 A. Freiburg, Organisatorische Möglichkeiten und Grenzen betrieblicher Mitbestimmung der werktätigen Jugend in der DDR, S. 48.

786 Ebenda.

787 I. Hanke, in: H. Rausch/T. Stammen, DDR . . ., S. 70.

788 E. Schneider, Die DDR . . ., S. 86.

789 Ebenda.

790 R. Thomas, Modell DDR . . ., S. 116.

791 Ebenda.

792 »Es ist . . . unverkennbar, daß im politischen System der DDR weithin ein Machtsicherungsinteresse dominiert, das gesellschaftliche Eigendynamik zu kanalisieren trachtet . . .« (R. Thomas, ebenda).

betrifft eine Funktionsbedingung, ein Wesensmerkmal der sozialistischen Ordnung selbst; das aber heißt, daß die betreffenden Forscher nicht von dem Gegenstand ausgehen, wie er ist, ihn nicht in seiner notwendigen inneren Struktur nehmen, sondern ihm von vornherein eine »fremde Zutat« beigeben — oder besser gesagt: das Fehlen dieser fremden Zutat (nämlich der gesellschaftlichen Anarchie bzw. Führungslosigkeit) vorweg als negatives Wesensmerkmal des Gegenstandes deklarieren. Sie handeln also gewissermaßen gar nicht über die Sache selbst, über das Thema des Sozialismus, sondern beziehen schon im Ansatz eine Anti-Position dazu; sie stehen, mit Hegel gesprochen, *über* der Sache und nicht *in* der Sache.

Es zum Kardinaleinwand gegenüber dem sozialistischen System zu erheben, daß es sich nicht unter Bedingungen der Spontaneität entwickelt, daß es vielmehr »gesellschaftliche Eigendynamik zu kanalisieren trachtet«[793], kommt letztlich dem Vorwurf gleich, daß dieses System anders beschaffen ist als das bürgerlich-kapitalistische. *Das bedeutet, daß es nicht als das kritisiert wird, was es ist, sondern als das, was es nicht ist.* Dies ist auch der logische und methodologische Kern jener immer wiederkehrenden, auffällig abstrakt bleibenden Forderungen, das sozialistische System möge sich »alternativen Konzeptionen und Positionen«[794] öffnen, möge die »Einbringung von Alternativvorschlägen«[795] zulassen, möge »alternative Möglichkeiten... probieren«[796] usw.

Da es eine durchaus nicht zu übersehende Tatsache ist, daß die sozialistischen Länder gewisse alternative Wege »probieren« und realisieren[797], bleibt nur der Schluß, daß die von den bürgerlichen Sozialismusforschern geforderten »Alternativen« prinzipeller Art sind, auf die Substanz zielen.

Dies wird denn auch unmißverständlich zum Ausdruck gebracht; K. Sontheimer und W. Bleek schreiben: »Wenn Politik Entscheidung zwischen Alternativen, konkretes Handeln mit dem Ziel der Veränderung von Verhältnissen ist, so handelt es sich bei der ›dröhnenden Betriebsamkeit des politischen Systems‹ (H. Rudolph) der DDR um keine Poli-

---

793 Vgl. oben, Anm. 792.
794 K. Sontheimer/W. Bleek, Die DDR ..., S. 49.
795 I. Hanke, Sozialistische Demokratie ..., S. 34.
796 E. Richert, Revolutionäre und evolutionäre Tendenzen ..., S. 35.
797 Beispielsweise spiegelt die gesamte Studie von K. v. Beyme über »Ökonomie und Politik im Sozialismus« mit ihrem Prinzip der »vergleichende(n) Erforschung sozialistischer Systeme« (ebenda, S. 16) den realen Variantenreichtum auf diesem Feld wider. Beyme erklärt auch ausdrücklich, von »sklavische(r) Nachahmung der Sowjetunion« (ebenda, S. 15) könne nicht die Rede sein — jedenfalls nicht »heute«, wie er einschränkt.

tik in diesem Sinne.«[798] Was sich in der DDR konkret vollzieht, fällt also offenkundig nicht unter das, was sich Sontheimer/Bleek unter »Veränderung von Verhältnissen« vorstellen (— obwohl sie doch in derselben Publikation immerhin schreiben, »die Gesellschaftspolitik der sozialistischen Staaten (zeichne sich) durch ein entschiedenes Konzept der Gesellschaftsumgestaltung aus«.[799] Gemeint sein kann nur die Veränderung der grundsätzlichen Qualität des sozialistischen Systems. Mithin reduziert sich alles auf den abstrakten und sinnlosen Vorwurf, der Sozialismus sperre sich gegen seine eigene Aufhebung, er sei sozusagen ein einziges Verbot, nämlich das seines eigenen Gegenteils.[800]

Nichts anderes besagt auch folgende Sentenz der selben Autoren: »All die vielen Veranstaltungen und Slogans, mit denen das Regime seine Bürger von morgens bis abends politisch aktiviert, ändern am politischen Zustand der Gesellschaft und ihrer Herrschaftsform nichts; sie verfestigen ihn nur.«[801] Eine derartige Kritik ist leer und hilflos; statt den »Zustand der Gesellschaft« konkret, d. h. bezüglich seiner Auswirkungen auf die Menschen zu kritisieren, wird nur einfach konstatiert, daß sich dieser Zustand nicht »ändere«, daß er sich vielmehr noch »verfestige«.

Die bürgerliche Kritik verläßt hier den Boden einer konkreten Erörterung des Für und Wider der sozialistischen Gesellschaftsordnung, indem sie sich auf den abstrakten Einwand zurückzieht, diese Ordnung verbiete es ihren Bürgern, »das eigene System auch wieder ändern zu können«, wie H. Portisch kurz und bündig erklärt.[802] Dieser Einwand läßt sich gegen jedwedes System geltend machen, denn eine Ordnung, die schlechthin »die Freiheit der ... Wahl ... auch der Gesellschaftssysteme«[803] institutionalisieren würde, d. h. die Bedingungen ihrer eigenen Negation, gibt es nicht und kann es nicht geben.[804] Er führt also in eine gänzlich unfruchtbare Richtung. Die wirkliche Frage hätte demge-

798 K. Sontheimer/W. Bleek, Die DDR ..., S. 49.

799 Ebenda, S. 139.

800 In diesem Sinne plädiert der »Spiegel« für »eine demokratische KP, ... deren Zweck in ihrer Selbstauflösung bestehen sollte«. (Der Spiegel Nr. 39/1977) Von etwaigen weiteren Zwecken ist erst gar nicht die Rede.

801 Ebenda, S. 49.

802 H. Portisch, Die deutsche Konfrontation, S. 318.

803 Ebenda.

804 Portisch, obwohl er an sich das Gegenteil behauptet, erkennt dies implizit doch an. Nachdem er erst erklärt hat, der Kapitalismus sei so frei, daß er seinen Bürgern auch »die Freiheit der ... Wahl ... der Gesellschaftssysteme« gebe, schreibt er im übernächsten Satz ausdrücklich, der Unterschied zwischen beiden Gesellschaftssystemen sei »so fundamental, *daß es eines totalen Umschwungs, eines Umsturzes, einer Revolution bedürfte, um ihn von der einen oder anderen Seite her zu überwinden*« (ebenda, Hervorhebung: O. C.). Die besag-

genüber zu lauten, *welche Möglichkeiten das betreffende System als solches bietet*; erst auf dieser konkreten Grundlage würde dann gegebenenfalls auch das Problem akut und relevant, wie die Menschen »das eigene System auch wieder ändern ... können«. Diese zweite Frage jedoch *vor* der ersten zu stellen — oder sie gar, wie wir es oben als eine reale Tendenz in der DDR-Forschung herausgearbeitet haben, zu stellen, obwohl sie durch die positive Beantwortung der ersten bereits gegenstandslos geworden ist — heißt einen Popanz der Kritik aufbauen.

Der Substanzverlust der Kritik am politischen System des Sozialismus, die Entwicklung des Vorbehalts gegenüber der Existenz der führenden sozialistischen Partei zu einer Leerformel, einer Äußerung unvermittelter Parteinahme, die sich als selbstevident setzt, stellt — wie schon bemerkt — objektiv die unmittelbare Vorstufe zum Umschlag der These in die Anti-These, zum radikalen Bruch mit der herrschenden Interpretation samt ihrer Widersprüche und Paradoxien dar. Wo die Tatsache des realgesellschaftlichen Emanzipationsprozesses als solche anerkannt wird, ist es in der Tat nur noch ein Schritt bis zu der Hypothese, daß dieser Emanzipationsprozeß durch die Existenz der Partei nicht *erkauft,* sondern gerade *ermöglicht* wird; daß infolgedessen das Sach- und Werturteil über die Institution der Partei nicht aus der *Konfrontation* derselben mit den zu konstatierenden realen gesellschaftlichen Errungenschaften entspringen kann, sondern nur aus der *Verknüpfung* beider Tatsachen. Im Grunde wird damit nicht mehr als die Selbstverständlichkeit verlangt, daß das Urteil über eine Sache wesentlich die *Funktion* dieser Sache zum Maßstab zu nehmen hat; in unserem Zusammenhang: das Urteil über die Rolle der sozialistischen Partei muß auch tatsächlich ein Urteil über ihre *Rolle* sein — es darf nicht ihre schlichte Existenz zur Grundlage nehmen.

---

te Freiheit reduziert sich also auf die Freiheit zur Revolution; dies aber ist per definitionem eine »Freiheit«, die prinzipiell kein System zu »verbieten« imstande ist.

K. Sontheimer und W. Bleek machen in diesem Zusammenhang einen bezeichnenden Formulierungsunterschied: Bezüglich der sozialistischen Länder heißt es, Wahlen hätten dort nur die »Funktion der Zustimmung zum herrschenden *System*« (Die DDR ..., S. 110; Hervorhebung: O. C.); die bürgerliche Demokratie gestatte dagegen auch die »Ablehnung« — und nun folgt nicht »des herrschenden Systems«, sondern: — die Ablehnung *»einer Politik* und ihrer *Repräsentanten*« (ebenda, Hervorhebung: O. C.).

3. Mitwirkung der Gewerkschaften

Stellen wir einige typische Äußerungen hiesiger Sozialismusforscher über den Charakter der DDR-Gewerkschaften an den Anfang. Die Gewerkschaften der DDR, so schreiben die Verfasser der »Materialien« 1974, werden »nicht als autonome gesellschaftliche Interessenvertretung der organisierten Arbeitnehmerschaft, sondern als Teil der staatlichen Wirtschafts- und Sozialpolitik tätig«.[805] »Während die Gewerkschaften der Bundesrepublik unter Interessenvertretung der Arbeitnehmer in erster Linie die Erkämpfung besserer materieller, rechtlicher und sozialer Bedingungen verstehen, haben die Gewerkschaften in der DDR in erster Linie die Politik der SED durchzuführen und die Planerfüllung in den Betrieben und in der gesamten Volkswirtschaft zu sichern«, heißt es in einer Broschüre der F.-Ebert-Stiftung.[806] Noch prägnanter schreibt die FAZ: »Die traditionelle Vereinigung zur Verteidigung der wirtschaftlichen Interessen der Arbeitnehmer ist zu einem ausführenden Organ der Arbeitgeber geworden.«[807] Nur folgerichtig sind von daher solche — keineswegs nur in der Massenpresse anzutreffenden — bündigen Qualifizierungen wie »... die gleichgeschalteten Gewerkschaften ...«[808], » ... Antreiberfunktion der Gewerkschaften ...«[809] usw.

Das Interpretationsmuster, das in all diesen Fällen angewandt wird, liegt im Grunde offen zutage: Den Maßstab, woran die DDR-Gewerkschaft gemessen wird, bildet der Idealtyp der freien, d. h. einem Kontrahenten autonom gegenüberstehenden Gewerkschaft. Dies wiederum ist nichts weiter als ein Ausdruck der sozialökonomischen Grundsituation des Kapitalismus, wo sich Arbeitskraftbesitzer und Produktionsmittelbesitzer (»frei«) auf dem Arbeitsmarkt begegnen. Die Freiheit des ersteren ist eine Funktionsbedingung dieses Systems (wie das System umgekehrt den Inhalt jener Freiheit determiniert und ihre Grenzen absteckt); entsprechend stellt die sog. »freie Gewerkschaft« einen — wenn auch von der Arbeitsklasse erkämpften und für sie unerläßlichen — funktionalen Bestandteil der kapitalistischen Ordnung dar; freie Gewerkschaft heißt mithin nichts anderes als: Gewerkschaft im Kapitalismus.[810] Dies wird übrigens auch von unternehmernaher Seite

---

805 Materialien zum Bericht zur Lage der Nation 1974, S. 189.
806 F.-Ebert-Stiftung (Hrsg.), Mitwirkung und Mitbestimmung ..., S. 11.
807 A. Nacken, Der lange Arm der Partei, in: FAZ v. 18. 8. 1976.
808 FR v. 20. 7. 1976.
809 K. Sontheimer/W. Bleek, Die DDR ..., S. 159.
810 Dies gilt freilich auch nur mit erheblichen Einschränkungen. In vielen kapitalistischen Ländern stellen die Gewerkschaften keine wirklich selbständigen Klassenorganisationen dar.

immer wieder klar zum Ausdruck gebracht. »Ohne Eigentum, Unternehmerfunktion und Gewinn gibt es auch keine freien Gewerkschaften und auch nicht den freien Arbeitnehmer«, heißt es in einer Publikation der CDU.[811]

Daraus folgt: Der Vorwurf, in der DDR gebe es keine »freien Gewerkschaften«, läuft geradewegs auf eine Kritik daran hinaus, daß in ihr kapitalistisches »Eigentum, Unternehmerfunktion und Gewinn« beseitigt sind. So wird dies freilich von den Sozialismuskritikern nicht ausgesprochen. Im Gegenteil, gerade um die Forderung nach »freien Gewerkschaften« im Sozialismus als relevant erscheinen zu lassen, *muß dessen Herrschaftsstruktur als quasi-kapitalistisch dargestellt werden.* Die Verwandlung einer »freien«, d. h. unter kapitalistischen Klassenverhältnissen agierenden Gewerkschaft in eine Gewerkschaft vom Typ des FDGB wird nur dann als Rückschritt, Entrechtung, Verrat an den Interessen der Arbeiter usw. perzipiert werden, wenn zugleich die Überzeugung herrscht, der alte Klassengegensatz sei im Prinzip der gleiche geblieben. A. Nackens bereits zitierte Formel von der sozialistischen Gewerkschaft als »ausführendem Organ der Arbeitgeber« bewerkstelligt dies auf besonders knappe und suggestive Weise; der Ausdruck »Arbeitgeber« bewirkt die Assoziation mit dem Kapitalismus — der Leser soll sich unwillkürlich eine Gewerkschaft im Kapitalismus vorstellen, die zum verlängerten Arm der Kapitalisten regrediert ist. Dieses Verfahren — die unbesehene Extrapolation kapitalistischer Rahmenbedingungen in den Gegenstand DDR hinein — bildet geradezu den roten Faden hiesiger Auseinandersetzung mit den Gewerkschaften der DDR.

Betrachten wir dies noch etwas näher anhand einer von der F.-Ebert-Stiftung herausgegebenen ausführlichen Monographie über den FDGB und seine Rechte, die sich vor allem an westdeutsche Gewerkschafter richtet.[812] Hier heißt es z. B. im Anschluß an eine Passage über die ständigen Produktionsberatungen in der DDR: »Aufgabe der Gewerkschaften ist es hier (in der BRD, O. C.) nicht, Arbeitgeberfunktionen in dem Sinne zu erfüllen, wie die Produktionsleistungen maximal zu erhöhen …«[813] Stillschweigend wird also unterstellt, daß sich die Gewerkschaften in der Bundesrepublik wie in der DDR allemal den gleichen Arbeit-

811 Gesellschaftspolitische Kommentare, 15. 10./1. 11. 1975, S. 230. Vgl. die Bemerkung von Dr. H. G. Zempelin, Vorstandsvorsitzendem der Enka-Glanzstoff-Gruppe: »›Freie Gewerkschaften benötigen den freien Unternehmer wie der Fisch das Wasser‹, so lautet die sehr einfach formulierte Erkenntnis eines amerikanischen Gewerkschaftsführers. Und ich möchte hinzufügen, daß dies auch umgekehrt gilt.« (Zit. nach FAZ v. 14. 2. 1976).

812 K. Blank, Beiträge zum innerdeutschen Gewerkschaftsdialog.

813 Ebenda, S. 96.

geberinteressen konfrontiert sähen. Dasselbe suggeriert die Bemerkung, der FDGB habe eine »Unternehmermoral«[814] verinnerlicht. Wo es um das Verhältnis von Gewerkschaft und Staat in der DDR geht, mobilisiert man beim Leser entsprechend negative Erfahrungen mit dem bürgerlichen Staat; der Interessengegensatz zwischen diesem und den Gewerkschaften wird dann unter der Hand auf die DDR transponiert: »Im Grunde genommen muß der FDGB als formeller Träger (der Sozialversicherung, O. C.) seinen Kopf für die Staatspolitik hinhalten.«[815] Zu K. Blanks Extrapolation bundesdeutscher Bedingungen auf den Gegenstand DDR gehört schließlich auch die ständige Rede von den »Arbeitnehmern« in der DDR[816]; dies verstärkt unterschwellig den Eindruck, die gesellschaftliche Lage der Werktätigen in der DDR entspreche ganz den BRD-Verhältnissen, zumal wenn die Aussagen gezielt aus dem Erfahrungs- und Blickwinkel des bundesdeutschen Gewerkschafters formuliert werden: »Wie sehr sich auch (in der DDR, O. C.) der einzelne Gewerkschafter dafür einsetzen mag, die Interessen der Arbeitnehmer wahrzunehmen, sein Spielraum wird doch immer mehr eingeengt und auf die Erfüllung von Aufgaben beschränkt, die Staat und zentralgelenkte Wirtschaftsplanung stellen.«[817]

Im letzten Zitat wird suggeriert: Je stärker das Gewicht des — unterschwellig mit typischen Zügen des kapitalistischen »Arbeitgebers« ausgestatteten — sozialistischen Staates und der Wirtschaftsplanung, desto geringer der Spielraum für »die Interessen der Arbeitnehmer« überhaupt. Wo der FDGB ökonomische Aufgaben mitübernimmt und sich in die staatliche Gesamtpolitik einordnet, gilt es für K. Blank folglich als ausgemacht, daß das Arbeiterinteresse auf der Strecke bleibt. Letzteres wird von ihm nicht eigens bewiesen; es folgt — kraft der irrationalen Kapitalismus-Assoziation — deduktiv aus ersterem. So schreibt er über die Bitterfelder Beschlüsse von 1948: »*An Stelle der Interessenvertretung der Arbeiter* wurde nun die Sicherung der Planerfüllung ... als gewerkschaftliche Hauptaufgabe proklamiert.«[818] Und im Zusammen-

814 Ebenda, S. 78.
815 Ebenda, S. 40.
816 Ebenda, S. 39, 40, 43, 44, 45, 50, 52, 69 usw.
817 Ebenda, S. 40. In eine typische »Arbeitnehmer«-Perspektive versetzen den Leser auch Sätze wie: Auch im DDR-Betrieb kann — über Prämien-, Urlaubs- u. a. Vereinbarungen — »für die Arbeitnehmer einiges herausgeholt werden«. (ebenda, S. 91) Oder: Das gute wirtschaftliche Abschneiden der DDR innerhalb des RGW »verleiht den Arbeitnehmern einen berechtigten Stolz«. (ebenda, S. 50) Diese »Arbeitnehmer«-Perspektive kommt ihrerseits wieder der Doktrin von der gesamtdeutschen Nation zugute, wie sich dies auch schon im Titel von K. Blanks Publikation andeutet.
818 Ebenda, S. 26 (Hervorhebung: O. C.).

hang mit der Zentralisierung der Lohnpolitik um dieselbe Zeit heißt es: »Die gemäß diesen Musterverträgen abzuschließenden Betriebskollektivverträge boten *kaum noch Spielraum, den Interessen der beteiligten Arbeiter Rechnung zu tragen.*«[819] Nie fragt K. Blank, welche Interessen sich denn auf der zentralen Ebene der Volkswirtschaftsplanung durchsetzten. Er setzt unbesehen voraus, daß das Gebot der sogenannten »betriebsnahen Tarifpolitik«, wie es für den Lohnkampf unter kapitalistischen Bedingungen vorteilhaft ist, auch unter den Verhältnissen in der DDR Gültigkeit habe. Die neu erlangten gesamtwirtschaftlichen Mitbestimmungsrechte des FDGB gelten ihm per se als ein Rückschritt: »Die Mitwirkung der Gewerkschaften *reduzierte sich* auf die Teilnahme an den Beratungen über die Lohnleitlinien in den Volkswirtschaftsplänen, die im gesamtstaatlichen Rahmen geführt werden.«[820] Dabei lassen manche weniger suggestiv eingefärbte Formulierungen K. Blanks durchaus erkennen, daß er den konkreten Beweis seiner These schuldig bleibt. Wenn er etwa erklärt, der FDGB sei nicht »in der Lage, Arbeitnehmerinteressen über das Maß hinaus zu vertreten, das die staatliche Planung der Wirtschaft und des gesellschaftlichen Lebens setzt«[821], so bleibt hier gerade die entscheidende Frage offen, welches Maß denn nun die staatliche Planung (an welcher der FDGB im übrigen ja selbst beteiligt ist) den »Arbeitnehmerinteressen« setzt. Ebensowenig kann die Aussage, wesentlich für das Arbeitsrecht der Bundesrepublik sei »die Orientierung an den Rechten der Arbeitnehmer. Umgekehrt stehen in der DDR die Bedürfnisse des Gesamtsystems im Vordergrund«[822], darüber hinwegtäuschen, daß sie gerade die Antwort auf die Frage schuldig bleibt, welches denn »die Bedürfnisse des Gesamtsystems« sind, und wie sie sich verhalten zu den Bedürfnissen der Werktätigen. Der Verweis auf das Bestreben der DDR, Produktivität und Produktion zu erhöhen, stellt keine Antwort hierauf dar, weil er wiederum offenläßt, wem dies zugute kommt.

Kennzeichnend für die Beweisnot von Blank ist, daß er mehrfach zu

819 Ebenda, S. 27 (Hervorhebung: O. C.).

820 Ebenda (Hervorhebung: O. C.).

821 K. Blank, Beiträge 6. ., S. 52. Ähnlich D. Voigt und F. Grätz, die zahlreiche Mitwirkungsmöglichkeiten im DDR-Betrieb als effektiv beurteilen, »sofern die Interessen von Staat und Arbeitnehmern miteinander im Einklang stehen« (D. Voigt/F. Grätz, DDR: Mitbestimmung oder Mitwirkung in den Betrieben?, S. 599). Immerhin sehen sich Voigt/Grätz in ihrem Aufsatz aber zu folgender Mahnung veranlaßt: ». . . Dabei sollte allerdings nicht unterschätzt werden, daß der Mensch, der sich am Arbeitsplatz *mit den ökonomischen Zielen der SED bzw. der Staatsführung identifiziert,* auch in anderen gesellschaftlichen Bereichen kaum zum Gegner werden wird.« (ebenda, S. 604; Hervorhebung: O. C.).

822 K. Blank, Beiträge . . ., S. 70.

dem Argument Zuflucht nimmt, die untergeordnete Rolle, die in der DDR der Befriedigung der Bedürfnisse der Arbeitenden zugeteilt sei, ersehe man aus der *Reihenfolge,* in welcher in offiziellen Dokumenten der DDR die Aufgaben der Gewerkschaften aufgeführt würden. Das liest sich so: Erst zitiert K. Blank aus dem Gesetzbuch der Arbeit: »Die Gewerkschaften entwickeln und fördern die Initiative der Werktätigen zur allseitigen Erfüllung der Volkswirtschaftspläne, zur Steigerung der Arbeitsproduktivität und damit zur ständigen Verbesserung ihres materiellen und kulturellen Lebensniveaus.«[823] Blanks Schlußfolgerung, die dem unmittelbar folgt, lautet: »Die Produktivität steht also im Vordergrund, die materiellen und kulturellen Interessen der Arbeitnehmer werden davon abgeleitet.«[824] Nun wäre es der DDR sicher ein leichtes, durch eine rein »taktische« Veränderung jener Reihenfolge K. Blanks Beweismethode die Grundlage zu entziehen, und sicher wird man auch genügend Verlautbarungen aus der DDR finden können, mit welchen sich — begibt man sich auf eine solche Interpretationsebene — bequem das Gegenteil »beweisen« ließe. Vor allem hat jedoch der von K. Blank zitierte Satz aus dem Gesetzbuch der Arbeit, hat die Struktur dieses Satzes sehr wohl ihren Sinn. Denn sie bringt schlicht zum Ausdruck, daß die »Verbesserung des materiellen und kulturellen Lebensniveaus« die Entwicklung der Ökonomie zur *Voraussetzung* hat, also in der Tat von dieser »abgeleitet« ist, wie K. Blank in unberechtigt vorwurfsvoller Weise erklärt. Dieses *Ableitungsverhältnis* nun in eine *Rangfolge* umzudeuten, aus der sich die Geringschätzung der Arbeiterinteressen in der DDR ersehen lasse, ist eine grobe Manipulation.[825]

823 Gesetzbuch der Arbeit und andere ausgewählte rechtliche Bestimmungen, Berlin 1969, S. 31 (zit. nach K. Blank, Beiträge …, S. 77 f.).

824 K. Blank, Beiträge …, S. 78. — Das gedruckte Randstichwort bekräftigt noch einmal: »DDR: Planerfüllung und Produktionssteigerung im Vordergrund« (ebenda). K. Blank wiederholt diese Argumentation einige Seiten später anhand einer Aufzählung der betrieblichen Mitwirkungsrechte im Gesetzbuch der Arbeit (Fassung von 1966, § 12, 2), Das Randstichwort vermerkt: »Auch hier: Produktion im Vordergrund« (ebenda, S. 87).

825 Mit ebensoviel (bzw. -wenig) Berechtigung könnte man aus dem Satz: »Das Gesetzbuch der Arbeit … fixiert die Rolle der Arbeit zum Nutzen der Gesellschaft und jedes einzelnen« (Präambel der 1966er Fassung, 1. Absatz) herausinterpretieren, in der DDR werde der Nutzen für die Menschen in den Hintergrund gedrängt und der Arbeit eine übertriebene Bedeutung beigemessen.

Blanks Argumentation bezieht ihre Plausibilität, die sie bei den meisten Lesern durchaus haben dürfte, übrigens wiederum aus einer untergründigen Kapitalismus-Assoziation. Der unbestreitbare Satz, wonach erst produziert werden muß, was verbraucht werden kann, fungiert nämlich im Kapitalismus häufig als rhetorisches Abwehrmittel gegenüber Lohnforderungen der Gewerkschaften, anders gesagt, als Rechtfertigungsmittel für die Aufrechterhaltung der ungleichen Vermögens- und Einkommensstruktur. Hier verbirgt sich also in der Tat hinter dem ins Feld geführten *Ableitungsverhältnis* (Arbeit/Verbrauch) eine soziale *Rangfol-*

Im übrigen muß K. Blank selbst der DDR in etlichen Punkten bescheinigen, daß sie den »Arbeitnehmerinteressen« so reserviert offenbar doch nicht gegenübersteht, beispielsweise bezüglich des Rechts auf Arbeit, der Arbeitssicherheit, der sozialen Infrastruktur wie etwa des Baus von Betriebskindergärten, der Qualifizierungs- und Fortbildungsmöglichkeiten u. a. m.[826]

Solche konkreten Hinweise bleiben indessen sporadisch. Es wird der Eindruck erweckt, die betreffenden sozialpolitischen Fortschritte seien eher zufälliger Natur oder seien taktische Zugeständnisse zwecks besserer Erreichung der »eigentlichen« Ziele des Regimes.[827] Aber diese ominösen »eigentlichen« Ziele bleiben ebenso wie die konkrete soziale Bedeutung der jeweils sich vollziehenden Umwälzungen einmal mehr ungenannt. Der Zwang »zur Erfüllung *wirtschaftspolitischer Zielsetzungen der SED* und Regierung«; der FDGB hat »als Transmissionsriemen der SED primär *deren gesellschaftspolitische Vorstellungen* in die Arbeitnehmerschaft zu übertragen«; der »Primat des Planes und *seiner Ziele*«; »*die Zielvorstellungen* von Staat und Partei« — so lauten die immer wiederkehrenden Leerformeln.[828] Ebenso ist zwar ständig davon die Rede, daß sich in der DDR eine gesellschaftliche Umwälzung vollziehe, jedoch nie davon, welchen Inhalt sie besitzt; so erscheint sie im Grunde als eine gigantische Sinnlosigkeit: da betreibt der FDGB »eine Mobilisierung aller Kräfte im Dienste von Maßnahmen zur *radikalen Umwälzung der gesellschaftlichen Verhältnisse*«; da kommt es zu »gewaltsamen *Veränderungen des gesellschaftlichen Systems* nach vorgegebenen Dogmen und Leitlinien«; da geht es um die »Verwirklichung einer *am sowjetischen Grundmodell orientierten Gesellschaftsordnung*« (die Kenntnis des »sowjetischen Grundmodells« wird also beim Leser vorausgesetzt); ja, da versucht die DDR sogar »die gesamten Lebensverhältnisse zu kollektivieren«.[829]

ge. Das diesbezügliche berechtigte Mißtrauen der Bevölkerung scheint stark genug, um auch noch bei der Rezeption der sozialistischen Realität durchzuschlagen.

826 Vgl. K. Blank, Beiträge ..., S. 71, 37, 44.

827 So bilden für K. Blank bestimmte sozialpolitische Maßnahmen der DDR der 50er Jahre keineswegs einen *Teil* und einen *Ausdruck* des Aufbaus des Sozialismus, sondern vielmehr nur die Lockspeise, um »eine bessere Basis für einen neuen Anlauf zum Aufbau des Sozialismus vorzubereiten« (ebenda, S. 37). Konkrete gesellschaftliche Errungenschaften erscheinen so stets als unvermeidliche Opfergaben vor dem Altar des Abstraktums Sozialismus.

828 Ebenda, S. 25, 28, 32, 50 (alle Hervorhebungen: O. C.).

829 Ebenda, S. 38, 45, 33, 43 (alle Hervorhebungen: O. C.). Augenscheinlich hält Blank seine Abstraktionen für das wahrhaft Konkrete: »Die Jahre von 1956 bis 1961 werden von der SED und dem FDGB als die Zeit des ›Sieges der sozialistischen Produktionsverhältnisse‹ *umschrieben. Hinter* dieser Formulierung *verbirgt sich* nichts anderes ... als ... die völlige Veränderung der Gesellschaftsordnung und ihrer Strukturen nach dem sowjetischen Grund-

Wir belegen die Abstraktheit von K. Blanks Gesellschaftsbegriff deshalb so ausführlich, um möglichst wenig Zweifel an der — wenn sie zutrifft, gravierenden — Tatsache zuzulassen, daß Blank seinen Gegenstand, die Gewerkschaften in der DDR, ohne Berücksichtigung ihres konkreten gesellschaftlichen Kontextes faßt, damit jedoch grundsätzlich verfehlt. Wo der gesellschaftliche Zusammenhang, worin der FDGB wirkt, auf einige Leerformeln gebracht ist — welche sich dann obendrein noch, wie gezeigt wurde, mit quasi-kapitalistischen Assoziationen aufladen —, da fehlen die elementarsten Voraussetzungen für ein objektives Begreifen des Gegenstandes. K. Blank formuliert in der Einleitung seines Buches sogar selbst den Grundsatz, den seine Darstellung dann durchgängig mißachtet: daß man nämlich »bei der Betrachtung und Analyse von Gewerkschaften in jedem Falle von der Gesellschaftsordnung, in der sie wirken, ausgehen muß«.[830]

Bei K. Blank tritt das ein, was W. v. Bredow treffend als die Gefahr bei einer gewissen Art des Systemvergleichs bezeichnet hat, nämlich »die Gefahr, den zu untersuchenden Gesellschaften nicht gerecht zu werden, weil man nur das Vergleichbare vergleicht und das Unvergleichbare liegenläßt oder — schlimmer — auch das Unvergleichbare als vergleichbar perzipiert ... Systemvergleichsforschungen müßten also grundsätzlicher angesetzt werden«.[831] Insbesondere perzipiert Blank »das Unvergleichbare als vergleichbar«: er spielt die Funktionen einer Gewerkschaft im Sozialismus gegen die Funktionen einer Gewerkschaft im Kapitalismus aus. Die letzteren gelten ihm nicht als die eine Seite des miteinander zu Vergleichenden, sondern selbst als — scheinbar natürlicher — Maßstab in diesem Vergleich. Notwendige Begleiterscheinung dieses »methodologischen Alleinvertretungsanspruchs« — und zugleich seine Voraussetzung — ist die Projektion von Strukturmerkmalen und Erfahrungsmustern der eigenen Gesellschaftsordnung auf die zu betrachtende. W. v. Bredow wäre also noch dahingehend zu ergänzen: Die mangelnde Grundsätzlichkeit der kritisierten Systemvergleiche, ihre Ober-

---

modell ...« (ebenda, S. 39; Hervorhebung: O. C.). — Verbirgt sich nicht vielmehr hinter der Umschreibung: »... nach dem sowjetischen Grundmodell ...« nichts anderes als der Tatbestand »sozialistischer Produktionsverhältnisse«?

830 Ebenda, S. 12. Blank beseitigt freilich gleich zu Anfang des Vorworts jeden Zweifel an der Unerschütterlichkeit seiner Prämissen, indem er ostentativ die Gewerkschaftsbewegung der DDR gegen »die freien Gewerkschaften der Bundesrepublik« abgrenzt (ebenda, S. 7). Die entscheidenden Kategorien stehen also schon vorab fest. Jedoch: »In diesem Band ... galt es nicht, die Überlegenheit unseres Gesellschaftssystems oder unserer freien und unabhängigen Gewerkschaftsbewegung nachzuweisen ...« (ebenda, S. 8).

831 W. v. Bredow, Die DDR als Forschungsobjekt, S. 824.

flächlichkeit, ist selbst wiederum nur die Erscheinungsform ihrer Parteilichkeit.[832]

Im Gegensatz zu K. Blank bleibt bei K. v. Beyme der Grundsatz, daß
der Teil (die Gewerkschaft) nicht unter Mißachtung des Ganzen (der sozialistischen Gesellschaft) analysiert werden kann, keine bloße Beruhi-
gungsformel, sondern wird konkretisiert und damit verbindlich gemacht in der Feststellung: »Die Funktion von Gewerkschaften im Sozialismus wird ... ungerecht beurteilt, wenn man das dualistische Konfliktmodell der Tarifpartnerautonomie im Kapitalismus auf die anderen
Verhältnisse sozialistischer Systeme überträgt«; staatliche Lohn- und
Arbeitsrichtlinien, fährt v. Beyme fort, sind »im Sozialismus unerläß-
lich, wenn die Redistributionspolitik und Protektionspolitik des sozialistischen Staates ernst genommen wird ...«.[833] K. v. Beyme mißt die Formen und Rahmenbedingungen sozialistischer Gewerkschaftsaktivität
also nicht an den anderen Formen, die sich im Kapitalismus ergeben,
sondern am inhaltlichen Anspruch des sozialistischen Systems, nämlich

832 Übrigens kann auch noch die Hervorhebung der grundsätzlich verschiedenen Qualität beider Systeme zum Alibi dafür werden, daß man nun erst recht unzulässige Detailverglei-
che anstellt. F. Ronneberger meint: Es »verbietet sich ... der Vergleich der Systeme als Gan-
zes. Sie werden von ihrem je eigenen Selbstverständnis getragen. Hier kann nur gegenüberge-
stellt, aber nicht verglichen werden«. (F. Ronneberger, Vergleichbarkeit östlicher und westlicher politischer Systeme, S. 42) Indem hier vergleichender Erkenntnis eine absolute Trenn-
wand errichtet wird, werden die beiden Systeme mystifiziert. In der Tat erklärt denn auch
Ronneberger, es gebe keine klar benennbare qualitative Eigenart von politischen Systemen
(vgl. ebenda, S. 29). Damit muß freilich die Einsicht in die Verschiedenheit der Systeme in ihrer Ganzheit theoretisch und methodologisch folgenlos bleiben. Mehr noch, der unreflektier-
te Einzelvergleich, vor dem W. v. Bredow warnte, erscheint rehabilitiert: »Der Weg dürfte
eher vom Detailvergleich zum Globalvergleich führen ...« (F. Ronneberger, Vergleichbarkeit ..., S. 30).
Das Wort »unvergleichbar« stiftet leicht Verwirrung. Das kapitalistische und das sozialistische System sind zwar »unvergleichbar« in dem Sinne, daß jedes von beiden in sich selbst
vermittelt und definiert ist, *dennoch bleiben aber beide Systeme miteinander vergleichbar.*
Bereits die Feststellung, sie seien von ganz unvergleichlicher Qualität, beruht auf einem Vergleich. Die »Gegenüberstellung«, welche Ronneberger einzig für möglich hält (siehe das erste
Zitat in dieser Fußnote), geht notwendig in einen Vergleich über, denn sie wirft übergreifende
Fragestellungen und Bewertungskriterien auf. Einen unfreiwilligen, aber sprechenden Beweis erbringt K. Blank. Einerseits schreibt er: »Aufgrund der völlig anderen Rechts- und Gesellschaftsordnung in der Bundesrepublik Deutschland wird es sicherlich niemals zu ver-
gleichbaren Formen der überbetrieblichen Mitbestimmung kommen, wie sie in der DDR entwickelt worden sind. *Hier gibt es weder eine Vergleichs- noch eine Wettbewerbsebene.*« (K.
Blank, Beiträge ..., S. 176; Hervorhebung: O. C.) Andererseits muß er an anderer Stelle seines Buches implizit anerkennen, daß sehr wohl auch in dieser Frage der Vergleich und der
Wettbewerb virulent sind: »Das Recht zur Gesetzesinitiative der Gewerkschaften (wie es in
der DDR existiert, O. C.) ist eine Frage, die auch für die Bundesrepublik interessant ist ...«
(ebenda, S. 79).
833 K. v. Beyme, Ökonomie und Politik im Sozialismus, S. 253.

195

solche Ziele zu realisieren wie soziale Sicherheit, Humanisierung der Arbeitswelt, Gesundheits-, Wohnungsbau- und Umweltpolitik (»Protektion«), soziale Gleichheit und Gleichheit der bildungsmäßigen, kulturellen und politischen Chancen (»Redistribution«).[834]

Angesichts der am Beispiel von K. Blanks Untersuchung aufgewiesenen methodologischen Fehlorientierung der gängigen bundesdeutschen Beschäftigung mit den Gewerkschaften in der DDR verwundert es nicht, daß auch die hiesige Erörterung des Problemkomplexes »Mitbestimmung/Mitwirkung« stark davon tangiert wird. Analog zum analytischen Desinteresse gegenüber dem gesamtgesellschaftlichen Zusammenhang werden die meisten Darstellungen dem Eigenanspruch des FDGB, eine »*umfassende* Mitbestimmung in Staat, Wirtschaft und Gesellschaft« auszuüben, wie es in der DDR-Verfassung heißt[835], analytisch nicht gerecht. Man heftet den Blick vornehmlich an den einzelnen Betrieb, verfügt aber nicht über die Grundlagen, um aus dem hier Beobachteten die richtigen Schlüsse zu ziehen. Dabei lassen vereinzelt auftauchende Andeutungen über den Status der Gewerkschaften im überbetrieblichen Bereich durchaus klar erahnen, welch großes thematisches und theoretisch-methodologisches Defizit hier besteht. E. Schneider schreibt, daß die »politische Arbeit des FDGB« — gemeint ist vor allem die Tätigkeit der FDGB-Fraktionen in der Volkskammer und den örtlichen Volksvertretungen — »weit über das hinausgeht, was Gewerkschaften in westlichen Demokratien von der Gesellschaft zugestanden wird«.[836] Weiter heißt es: Der FDGB hat »seine Stärke auf dem Gebiet der gesamtwirtschaftlichen Mitbestimmung, die sowohl in der Verfassung als auch im Gesetzbuch der Arbeit abgesichert ist«.[837] K. Blank meint: »Das Recht zur Gesetzesinitiative der Gewerkschaften ist eine Frage, die auch für die Bundesrepublik interessant ist.«[838] Er erinnert daran, daß der DGB im Jahre 1971 ein ebensolches Recht gefordert hat. Eine Ausweitung desselben auf sämtliche Bereiche der Rechtsordnung, wie es beim FDGB der Fall ist[839], lehnt K. Blank jedoch mit der Feststel-

834 Auch v. Beyme fällt allerdings auf Schritt und Tritt hinter dieses methodologische Prinzip zurück. Wenn er etwa schreibt, den Gewerkschaften im Sozialismus ermangele es »wirklich unabhängiger Kompetenzen« (ebenda, S. 252), so steht hier wiederum »das dualistische Konfliktmodell der Tarifpartnerautonomie im Kapitalismus« Pate.

835 Artikel 44, 1 (Hervorhebung: O. C.).

836 E. Schneider, Die DDR …, S. 100.

837 Ebenda, S. 102.

838 K. Blank, Beiträge …, S. 79.

839 »Die Gewerkschaften nehmen nicht nur an der Gestaltung des Arbeitsrechts teil, sondern sie sind beteiligt an der Erarbeitung der gesamten Rechtsordnung, vom Wirtschaftsrecht über das Zivilrecht bis zum Strafrecht.« (Verfassung der DDR, Dokumente — Kommentar, Berlin 1969, Bd. II, S. 219; zit. nach K. Blank, Beiträge …, S. 79).

lung ab: »Diese Ausweitung ist unter den Bedingungen, die in der Bundesrepublik bestehen, kaum realistisch und würde den Rahmen sprengen, den sich die Gewerkschaften selbst gesetzt haben.«[840]

Trotz solcher vereinzelter, direkter oder indirekter Würdigungen des übergreifenden staatlich-gesellschaftlichen Status der DDR-Gewerkschaften wählt man, wie schon gesagt, als eigentlichen Austragungsort der Debatte über Mitwirkung und Mitbestimmung in beiden deutschen Staaten die Betriebs- und Unternehmensebene. Für die erkenntnismäßige Abwendung von der ersteren hin zur letzteren Ebene — wobei unterderhand die letztere überhaupt zum Inbegriff des Mitbestimmungsproblems erklärt wird — steht exemplarisch der Überleitungssatz bei E. Schneider: »Wenn man einmal diese politische Arbeit des FDGB ... und seine soziale Funktion ... *beiseite läßt und den FDGB auf seine Mitwirkungs- und Mitbestimmungsrechte hin untersucht,* dann ergibt sich folgendes Bild: *In jedem Betrieb* ...«[841]

Was nun die Interpretation der betrieblichen Mitbestimmungsrechte in der DDR betrifft, so erweist sich als deren Dreh- und Angelpunkt das Phänomen der Einzelleitung. Dieses Leitungsprinzip, welches wesentlich die persönliche Verantwortlichkeit des sozialistischen Leiters gegenüber der Gesamtgesellschaft beinhaltet und sicherstellt[842] (womit sich die DDR-Forscher jedoch nicht auseinandersetzen, nicht zuletzt weil ihr Begriff von der sozialistischen Gesamtgesellschaft allemal schon quasikapitalistisch vorgeprägt ist), wird nun zum eigentlichen Auffangbecken für Projektionen aus der Welt der kapitalistischen Unternehmensführung. Die Alleinverantwortlichkeit gerät zur Selbstherrlichkeit, die Weisungsbefugnis zur Herr-im-Haus-Willkür. Die Belegschaft scheint einem »mit *fast absoluten Befugnissen*« ausgestatteten Leiter

---

840 Ebenda, S. 79.

841 E. Schneider, Die DDR ..., S. 100 (Hervorhebung: O. C.).

842 Wenn C. J. Friedrich einmal schrieb, »Es ist offensichtlich, daß man jemanden, der nicht frei entscheiden kann, auch nicht für sein Handeln zur Verantwortung ziehen kann« (Freiheit und Verantwortung. Zum Problem des demokratischen Totalitarismus, S. 125), so hat er damit unfreiwillig den Grundgedanken des sozialistischen Einzelleitungsprinzips auf den Begriff gebracht. Daß dieses Prinzip in den sozialistischen Ländern tatsächlich auch im Sinne der strengen Rechenschaftspflichtigkeit praktiziert wird, dürfte schwer von der Hand zu weisen sein. »1974 und 1975 ... wurden auf Verlangen der (sowjetischen, O. C.) Gewerkschaften mehr als 5000 Wirtschaftsleiter ... ihrer Posten enthoben und über 30 000 mit Geldstrafen belegt, weil sie Verletzungen der Bestimmungen des Arbeitsschutzes und der Sicherheitstechnik duldeten.« (J. Iwanow, Aufgaben und Funktionen der Gewerkschaften in der Sowjetunion, in: STP 2/1977, S. 93) Wir sind freilich auch nicht der Ansicht, daß sich der Entfaltungsgrad sozialistischer Betriebsdemokratie an der Höhe derartiger Ziffern bemißt; aber diese Ziffern indizieren, daß sich die Betriebsdemokratie *durchsetzt.*

ausgeliefert, einem Leiter mit »*fast unangreifbar starke(r) Stellung*«.[843] Daß die Befugnisse des sozialistischen Leiters mit klar fixierten Pflichten gekoppelt sind, geht dabei meist völlig unter.[844] Ein konkretes Beispiel: Nachdem K. Blank das Prinzip der Einzelleitung in die Nähe der Despotie gerückt hat[845], fährt er fort: »Das Gesetzbuch der Arbeit führt dann in den Paragraphen 9 und 10 einen ganzen Katalog von besonderen Pflichten des Betriebsleiters auf. Sie reichen von der Sicherstellung der Arbeitsdisziplin bis hin zur letzten Entscheidung über die Arbeitsnormen.«[846] Ein Hinweis auf das Recht des Betriebsleiters, Aufgaben und Weisungsberechtigung an leitende Mitarbeiter weiterzudelegieren, schließt dann auch schon diese Charakterisierung der Pflichten des Leiters ab.

Nun enthält aber der von Blank erwähnte Paragraph 9 noch ganz andere Pflichten des Leiters als nur die zur Gewährleistung der Arbeitsdisziplin. Er hat — und diese Bestimmung ist noch vor die Einzelaufzählung gestellt — »das Betriebskollektiv so zu leiten, daß die Werktätigen ihre Aufgaben mit höchstem ökonomischen Nutzeffekt lösen *und* sich zu sozialistischen Persönlichkeiten mit hohem Bildungs- und Kulturniveau entwickeln können. Der Betriebsleiter hat mit der Betriebsgewerkschaftsorganisation und ihrer Leitung eng zusammenzuarbeiten und über seine Tätigkeit zu berichten«.[847] Zu seinen weiteren ausdrücklichen Pflichten, die Blank allesamt unterschlägt, gehört es, »die Verbesserung der Arbeitsbedingungen, insbesondere des Gesundheits- und Arbeitsschutzes sowie der kulturellen und sozialen Betreuung der Werktätigen« und »die planmäßige Entwicklung der Berufsausbildung sowie die Aus-

843 K. Blank, Beiträge ..., S. 81 (Hervorhebung: O. C.).

844 Zu den seltenen Ausnahmen gehören Feststellungen wie die folgenden: »Die Arbeit des Betriebsleiters wird durch die verschiedenen Institutionen und Formen der Mitwirkung qualitativ und quantitativ stark geprägt.« Viele gesetzliche Regelungen zeugen von der »Absicht, allzu mächtig werdende Wirtschaftsfunktionäre einer breiten Kontrolle ... zu unterwerfen«. (D. Voigt/F. Grätz, DDR: Mitbestimmung oder Mitwirkung ..., S. 605).

845 Vgl. ebenda, S. 82. Blank zitiert Lenin, wonach die Großindustrie die »strengste Einheit des Willens« und damit auch »die Unterordnung des Willens von Tausenden unter den Willen eines einzelnen« nötig mache. Dabei läßt er unter den Tisch fallen, was Lenin in derselben Schrift, ein paar Seiten weiter, schreibt: »Je entschlossener wir jetzt für ... die Diktatur einzelner Personen *für bestimmte Arbeitsprozesse,* in bestimmten Momenten *rein exekutiver* Funktionen eintreten müssen, desto mannigfaltiger müssen die Formen und Methoden der Kontrolle von unten sein, um jede kleinste Möglichkeit, die Sowjetmacht zu entstellen, zu paralysieren, um das Unkraut des Bürokratismus immer wieder und unermüdlich auszureißen.« (W. I. Lenin, Die nächsten Aufgaben der Sowjetmacht, in: Werke, Bd. 27, S. 266).

846 K. Blank, Beiträge ..., S. 82.

847 Gesetzbuch der Arbeit, Fassung vom 23. 11. 1966, § 9, 1 (zit. nach Dokumentenanhang bei H. Felgentreu, Sozialistische Demokratie, Mitbestimmung, Gewerkschaften, Berlin 1970, S. 195 f.; Hervorhebung: O. C.).

und Weiterbildung der Werktätigen« zu sichern; festgehalten ist auch, daß er »die Ausbildung der Frauen und Mädchen für technische Berufe und leitende Funktionen zu fördern« hat.[848] Indem man diese Bestimmungen des Gesetzbuches der Arbeit, die dem Handeln des Leiters im sozialistischen Betrieb von vornherein einen klaren sozialpolitischen Rahmen abstecken[849], eskamotiert und nur das abstrakt genommene und damit dämonisierte Einzelleitungsprinzip stehen läßt, ist es freilich ein leichtes, den Eindruck zu erwecken, die Gewerkschaften der DDR stünden mit ihren Mitwirkungsrechten gänzlich auf verlorenem Posten. Noch vor der Untersuchung dieser Rechte im einzelnen steht dieser Befund fest: weil ja, wie K. Blank erklärt, »das Prinzip der Einzelleitung wirkliche Mitbestimmung ausschließen muß«.[850]

Diese Argumentation tritt mitunter auch in einer gewissermaßen abgekürzten Form auf, indem man den in der DDR üblichen Terminus »Mitwirkung« unmittelbar als Beweis dafür nimmt, daß es sich hierbei eben um keine »wirkliche Mitbestimmung« handele. In diesem Sinne heißt es dann etwa, im Paragraph 12 des (alten) Gesetzbuchs der Arbeit werde »in keinem einzigen Falle von ›Mitbestimmung‹ gesprochen ..., *sondern nur von ›Mitwirkung‹.«*[851] Oder: Man spreche »in der DDR *bezeichnenderweise mehr von Mitwirkung* als von Mitbestimmung der Belegschaften«.[852] Hier wird nur noch auf den Klang, den das Wort »Mitwirkung« in BRD-Ohren hat, gebaut. Im übrigen aber überrascht die Selbstverständlichkeit, mit der man in diesem Falle davon ausgeht, daß die DDR, der man sonst jedes Maß an »verschleiernder und manipulierter« offizieller Selbstdarstellung zutraut[853], sich im Gesetzbuch der Arbeit aus freien Stücken eine angeblich so bezeichnende begriffliche Blöße geben würde.

Wie man einerseits über die tendenziöse Auslegung des Einzelleitungsprinzips zu einem Bild vom DDR-Betrieb gelangt, wo die Gewerk-

848 Gesetzbuch der Arbeit (1966) (zit. ebenda, S. 196).

849 Siehe in der neuen Fassung des Arbeitsgesetzbuchs der DDR vom 16. Juni 1977 dazu vor allem die §§ 18—37. § 18 dieser Neufassung geht über den alten § 9 insofern hinaus, als er ausdrücklich fixiert: »Der Betriebsleiter hat ... zu gewährleisten, daß die Werktätigen aktiv an der Leitung und Planung mitwirken können und die Gewerkschaft ihr Mitbestimmungsrecht im Betrieb voll wahrnehmen kann.« (Bundesvorstand des FDGB/Staatssekretariat für Arbeit und Löhne (Hrsg.), Arbeitsgesetzbuch der Deutschen Demokratischen Republik, Berlin 1977, S. 13).

850 K. Blank, Beiträge ..., S. 97. Genauso D. Voigt/F. Grätz, DDR: Mitbestimmung oder Mitwirkung ..., S. 605.

851 K. Blank, Beiträge ..., S. 87 (Hervorhebung: O. C.).

852 Ebenda, S. 49 (Hervorhebung: O. C.).

853 K. Sontheimer/W. Bleek, Die DDR ..., S. 20.

schaften keine Chance zur realen Durchsetzung ihrer Rechte und Interessen haben[854], so läßt man andererseits über eine betont wohlwollende Interpretation der Machtposition des kapitalistischen Spitzenmanagers die bundesdeutsche Mitbestimmung in um so hellerem Licht erscheinen. »Eine solch starke Position innerhalb des Betriebes« wie der sozialistische Betriebsleiter, meint K. Blank, »hat ein Vorstandsmitglied oder ein Direktor in einer Kapitalgesellschaft der BRD nicht«[855] Diesem Urteil liegt freilich keine Untersuchung der übergreifenden ökonomischen Stellung des Kapitals und der realen Anbindung des Managements an dessen Maximen zugrunde; hat man den DDR-Betriebsleiter zur Personifikation rücksichtsloser Produktionssteigerung gemacht, so erhält die Kapitalbesitzerseite in der Bundesrepublik umgekehrt die Qualitätsmerkmale eines »Sozialpartners«[856] zugeschrieben. Unter solchen Prämissen wiegen dann die gravierenden Defizite im Mitbestimmungsrecht der bundesdeutschen Gewerkschaften, die man selber auf Schritt und Tritt verschämt einräumen muß, nicht sonderlich schwer.[857]

Nicht alle Sozialismusforscher teilen diesen Optimismus bezüglich der eigenen Gesellschaft, und nicht alle speisen daher auch ihre Kritik der DDR-Mitwirkung zusätzlich aus einer Idealisierung und Überhöhung der BRD-Mitbestimmung. Der Kern bleibt jedoch derselbe: die stillschweigende Voraussetzung antagonistischer Verhältnisse, wo-

854 Wo das Gesetzbuch der Arbeit aber *explizit* die Gültigkeit einer Maßnahme der Betriebsleitung von der vorherigen *Zustimmung der BGL* abhängig macht, weicht man auf andere Argumente aus. Das volle Einspruchsrecht der BGL bei Kündigungen und fristlosen Entlassungen etwa wird bagatellisiert mit dem Hinweis, es werde meist durch die Praxis der (einvernehmlichen) Aufhebungsverträge »umgangen« (Mitwirkung und Mitbestimmung ..., S. 35 bzw. 41); dabei erklären die Verfasser einige Seiten zuvor selbst, es sei »für den Arbeitnehmer in jedem Falle das beste, ein Arbeitsverhältnis mit einem Aufhebungsvertrag zu beenden, der die gegenseitige Übereinstimmung bestätigt« (ebenda, S. 30). Zum Betriebskollektivvertrag, der ebenfalls die Zustimmung der Gewerkschaft als der einen vertragsschließenden Seite erfordert, bemüht K. Blank wiederum die Beobachtung, »daß auch hier ... die Verbesserung der Arbeits- und Lebensbedingungen an letzter Stelle genannt« würde (K. Blank, Beiträge ..., S. 90).

855 Ebenda, S. 82. Vgl. ebenda, S. 79, 88; Mitwirkung und Mitbestimmung ..., S. 48 (»Die Unternehmenspolitik hat sich ... vom Prinzip der Gewinnmaximierung zum Prinzip sozialer Bestgestaltung hin verändert.«) Anders hat sich da der BASF-Direktor Dr. jur. H.-A. Bischoff geäußert: »Der Mensch steht keineswegs etwa — wie Neoromantiker der Sozialpolitik das so gern sähen — im Mittelpunkt des Betriebes. Dort steht etwas ganz anderes. Dort steht die Produktion ... Der Betrieb braucht die Menschen nicht als Menschen, ... sondern als Funktion ...« (zit. nach J. Räuschel, Die BASF. Zur Anatomie eines multinationalen Konzerns, Köln 1975). Exakt solche Grundsätze unterstellt die DDR-Forschung der sozialistischen Produktionswelt.

856 Vgl. Mitwirkung und Mitbestimmung ..., S. 20, 37 f., 41, usw.

857 H. Conert/W. Eichwede, Produkionsverhältnis und Arbeiterklasse ..., S. 123.

durch dann die Interessenvertretungsformen der Gewerkschaften teils als pervertiert und komplizenhaft (Produktionsförderung!), teils als jeder Durchsetzungschance beraubt (Einzelleitung!) erscheinen. Statt nach der konkreten Funktion der Politik der Produktionsförderung wie der Einzelleitung zu fragen, nimmt man unzulässigerweise deren Vorhandensein an sich als Beleg für einen Antagonismus: der Kreis schließt sich. Auch die Forderung nach »traditionell gewerkschaftlichen Mittel(n)« der Auseinandersetzung wie dem »Recht zum Streik«[858] basiert auf der Annahme, die sozialistischen Gewerkschaften fänden eben noch »traditionelle«, d. h. antagonistische Verhältnisse vor. Bedarf es, so müssen Conert und Eichwede sich fragen lassen, zur »Einhaltung der Arbeitsgesetze« und zur »Verbesserung der Arbeitsbedingungen« tatsächlich »kollektive(r) *Protest- oder Kampfformen*«[859], wenn es u. a. ein — in der Praxis funktionierendes — Recht der Betriebsgewerkschaftsleitung gibt, die Absetzung oder Bestrafung pflichtvergessener Leiter zu verlangen[860], wenn die gewerkschaftlichen Arbeitsschutzbeauftragten weitreichende Kompetenzen besitzen[861], wenn in Konfliktfällen die Arbeiter in dem Netz von Mitwirkungsorganen und -bestimmungen tatsächlich »einen relativ wirksamen Schutz« besitzen, wie Conert/Eichwede selbst einräumen?[862]

858 Ebenda, S. 122 (Hervorhebung: O. C.).

860 Vgl. Gesetzbuch der Arbeit, Fassung von 1977, § 24, 4. Parallel dazu: Grundordnung über die Rechte des Fabrik-, Betriebs- und Ortskomitees der Gewerkschaft vom 27. September 1971, § 7, 2. Abs. (Übers. und abgedr. in: G. Meyer (Hrsg.), Das politische und gesellschaftliche System der UdSSR. Ein Quellenband, Köln 1976, S. 180 ff., hier S. 182). Vgl. auch oben, Anm. 842.

861 Vgl. Gesetzbuch der Arbeit, 1977, § 201, 2. Parallel dazu: Grundordnung über die Rechte ..., a. a. O., § 13 (G. Meyer [Hrsg.], a. a. O., S. 185).

862 H. Conert/W. Eichwede, Produktionsverhältnis und Arbeiterklasse ..., S. 121 f.

4. Immanenzgebot und Gesellschaftsauffassung

K. Blank nennt einmal die Tatsache, daß die sozialistischen Gewerkschaften sowohl die offizielle Politik mittragen als auch Interessenschutzorgane der Werktätigen sind, einen »merkwürdige(n) Zustand«.[863] In dieser Bemerkung erscheint die Erkenntnishaltung der DDR-Forschung nicht nur gegenüber dem Gegenstand FDGB, sondern bezüglich der politischen Ordnung der DDR insgesamt auf einen Nenner gebracht. Diese Ordnung wird nicht an den Maßstäben gemessen, die sich aus ihren eigenen objektiven Voraussetzungen ergeben, sondern an denen einer anderen, nämlich der kapitalistischen Ordnung. Auf diese Weise *kann* der Gegenstand in der Tat überhaupt nicht als in sich schlüssig, gesetzmäßig und sinnvoll erscheinen, sondern muß er ein »merkwürdiger Zustand« bleiben.[864] Immer wieder fiel in den vorangegangenen Abschnitten an den bürgerlichen Bewältigungsversuchen diese Für-paradox-Erklärung des Gegenstands auf, die freilich keine Erklärung im wissenschaftlichen Sinne, sondern eher theoretische Bankrott-Erklärung darstellt.

Der durchgängige Mangel an Immanenz der Untersuchung steht in einem auf den ersten Blick merkwürdigen Widerspruch zu den häufigen Beteuerungen der DDR-Forscher, man wisse um die grundsätzliche Andersartigkeit des sozialistischen Systems, man wolle daher eine ständige »Bemühung des Verstehens«[865] walten lassen und »dieses politische System zumindest versuchsweise als politische Kultur eigenen Maßstabs ... nehmen«.[866] Dieser Widerspruch wird erklärlich — und zwar ohne die Unterstellung subjektiver Unredlichkeit der betreffenden DDR-Forscher —, wenn man sich vor Augen hält, welche Kategorien der bürgerlichen DDR-Forschung zur Verfügung stehen, um die objektive Andersartigkeit der sozialistischen Gesellschaft zu begreifen. Hier führte

---

863 K. Blank, Beiträge ..., S. 58.

864 Eine solche Unschlüssigkeit des Urteils spricht auch aus Äußerungen von Sontheimer/Bleek wie: »Die Massenorganisationen der DDR können ... *nicht bloß* als Herrschaftsinstrumente der SED verstanden werden, wie es den älteren Totalitarismusvorstellungen geläufig war. Sie sind *zugleich auch* Interessenorganisationen ihrer Mitglieder.« (K. Sontheimer/W. Bleek, Die DDR..., S. 158; Hervorhebung: O. C.) Oder: »Produktionssteigerung ist *zwar* nach wie vor eines der Hauptziele der Gewerkschaften, *doch* werden die Werktätigen dabei nicht mehr als Objekte behandelt, sondern als Subjekte in den Produktionsprozeß miteinbezogen.« (ebenda, S. 159; Hervorhebung: O. C.) Auch die Darstellung von D. Voigt/F. Grätz (DDR: Mitbestimmung oder Mitwirkung ...) ist durchzogen von diesem Einerseits-Andererseits (vgl. S. 592, 598, 603, 604, 605).

865 H. Rausch/T. Stammen, DDR ..., S. 173.

866 H. Rudolph, Die Gesellschaft der DDR ..., S. 32.

unsere Analyse durchweg zu dem Ergebnis: die Andersartigkeit der sozialistischen Gesellschaft erscheint den Denkkonzepten der DDR-Forschung (Industriegesellschaftslehre und Totalitarismustheorie) allemal als eine nur politische, ideologische, d. h. letztlich: *subjektiv* verschuldete. Daraus aber folgt ein weiteres: Die spezifischen sachlichen und werthaften Maßstäbe, an denen die sozialistische Gesellschaft zu messen wäre, bleiben ihrerseits rein subjektiv und damit unverbindlich. Denn wenn es — wie die bürgerliche Forschung erklärt — den qualitativen Unterschied zwischen dem sozialistischen und dem kapitalistischen System ausmacht, daß sie »von ihrem je eigenen Selbstverständnis getragen« werden[867], dann gibt es keine objektiv begründeten Beurteilungskriterien, sondern die Frage wird zu einer Frage der willkürlichen Entscheidung, ob man sich lieber dem einen »Selbstverständnis« oder dem anderen anschließt. Vor diese Entscheidung gestellt, zögert die bundesdeutsche DDR-Forschung nicht erst lange. Wer wollte von ihr auch erwarten, das »SED-Selbstverständnis« zu übernehmen? Und so kommt es dann zu einer starren Gegenüberstellung: Auf der einen Seite wird man nicht müde, zu sagen, die DDR-Gewerkschaften hätten sich »von ehemals freien Gewerkschaften *nach unseren Wertvorstellungen* in Gewerkschaften eines anderen Typs verwandelt, den sie selbst als ›sozialistisch‹ bezeichnen«[868], es gebe in der DDR keine »›Mitbestimmung‹ *in unserem Sinne*«, keine — »*im westlichen Sinne* demokratische … — Legitimation der Beschlüsse«[869] usw. — auf der anderen Seite konzediert man ebenso bereitwillig, gewiß entspreche die neue Aufgabenstellung des FDGB »der inneren Logik des Systems«, sofern man von dem im DDR-»Selbstverständnis« formulierten Satz ausgehe, wonach es in der DDR-Gesellschaft keine antagonistischen Interessen mehr gebe[870]; gewiß sei die Führungsrolle der sozialistischen Partei eine Notwendigkeit, sofern man von dem deterministischen Selbstverständnis des Marxismus-Leninismus, von seinem Sozialismusbegriff ausgehe[871]; gewiß sei ein Streikrecht »überflüssig«, sofern man wie das

---

867 F. Ronneberger (siehe oben, Anm. 832).

868 K. Blank, Beiträge …, S. 13 (Hervorhebung: O. C.).

869 I. Hanke, Sozialistische Demokratie …, S. 34, 29 (Hervorhebung: O. C.).

870 K. Blank, Beiträge …, S. 230; ebenso F.-Ebert-Stiftung (Hrsg.), Mitwirkung und Mitbestimmung …, S. 12; vgl. D. Voigt/F. Grätz: »… Dieses Aufgabenverständnis ist allerdings folgerichtig, wenn man von der Annahme eines ›Volkseigentums‹ an den Produktionsmitteln … ausgeht.« (DDR: Mitbestimmung oder Mitwirkung …, S. 594).

871 Vgl. I. Hanke, Sozialistische Demokratie …, S. 29; P. C. Ludz: »… Aus dieser Sicht ist es nur konsequent, zu behaupten, daß der Intelligenz in der gesamtgesellschaftlichen Entwicklung nicht die führende Rolle zukommen kann« (Experten und kritische Intelligenz in der DDR, S. 173 f.).

DDR-Selbstverständnis unterstelle, daß »die Betriebe Eigentum des Volkes« seien[872] usw.

Doch die Frage nach der Wahrheit oder Falschheit des DDR-Selbstverständnisses läßt man nur scheinbar dahingestellt: Im günstigsten Falle wird es als frommer Wunsch von DDR-Ideologen gewertet. Worauf stützt sich dieses Urteil aber? Es muß sich ja auf einen Vergleich mit der objektiven Realität berufen können, auf eine Analyse der DDR-Gesellschaft. Was dies betrifft, so stießen wir auf folgenden Sachverhalt: Die DDR-Forschung verfügt über keinen schlüssigen Begriff von der DDR-Gesellschaft; insbesondere vermag sie nicht klar deren herrschendes Subjekt zu benennen. Sie stellt der These von der Herrschaft der Arbeiterklasse nicht nur keine überzeugende Alternative entgegen, sondern liefert auch selbst zahlreiche implizite (Teil-)Bestätigungen jener These, so daß man sagen muß: Die Beweislast liegt in erster Linie bei denjenigen, die die These von der Herrschaft der Arbeiterklasse bestreiten, nicht bei ihren Befürwortern.

Gleichwohl, die DDR-Forschung stellt es als erwiesen hin, daß das Herrschaftssystem der DDR einen, wie immer gearteten, Interessen-Antagonismus zur Masse der Werktätigen beinhalte; jede Teiluntersuchung (wie etwa über die Gewerkschaften in der DDR), welche diese Leitvorstellung übernimmt und als Interpretationsvoraussetzung handhabt, verweist gewissermaßen nach anderswo, wo sie bewiesen worden sei; nur stellt sich heraus, daß es dieses »anderswo« überhaupt nicht gibt. Die DDR-Forschung bewegt sich hier in einem einzigen großen Verweisungs-Zirkel. In ihm können sich die Stereotype unerkannt reproduzieren.[873] Es spricht übrigens alles dafür, daß es sich auch bei dem — quer durch sämtliche Strömungen der Sozialismusforschung sich ziehenden — Topos der »Bürokratie«, mit welchem man eine Quasi-Klassenherrschaft, einen Quasi-Antagonismus zu fassen meint, um ein ebensolches Stereotyp handelt.[874]

Die Unterstellung einer antagonistischen Grundstruktur des Systems ist es nun gerade, die die fremden, spezifisch »westlichen« Urteilsmaßstäbe *anwendbar erscheinen läßt:* Wo aus dem sozialistischen Staat eine Art von Gesamtkapitalist wird, welcher sich über die Bevölkerung aufschwingt, da ist es legitim, nach der Freiheit und Unabhängigkeit der

872 E. Schneider, Die DDR ..., S. 99.

873 Zur Rolle und Bedeutung von sozialpsychologischen Stereotypen vgl. F. D. Ryshenko/O. Reinhold (Gesamtred.), Der gegenwärtige Antikommunismus — Politik und Ideologie, Berlin 1974, S. 421 ff.

874 Siehe dazu verschiedene Einzelbeiträge in P. Brokmeier/R. Rilling (Hrsg.), Beiträge zur Sozialismusanalyse I, Köln 1978.

Gewerkschaft in diesem Staat zu fragen und ihr eine »Antreiberfunktion« und »Unternehmermoral« vorzuwerfen; wo die DDR als Gesellschaft mit grundsätzlichen Interessengegensätzen erscheint, da ist es legitim, das Fehlen »jede(r) echte(n) Opposition«[875] zum Kardinalpunkt der Beurteilung ihres politischen Systems zu machen usw. Das heißt also: die für die DDR-Forschung so typische Anwendung äußerlicher, »westlicher« Bewertungsmaßstäbe ist ihrerseits geknüpft an eine bestimmte Art der Analyse des Gegenstandes, an ein bestimmes theoretisches Bild desselben. Die Analyse scheint die Bewertungsweise sachlich zu legitimieren. Daraus folgt, daß die Kritik der DDR-Forschung zuvörderst eine Kritik ihrer analytischen Grundlagen sein muß; die Frage der Beurteilungsmaßstäbe leitet sich dann hieraus ab.

Die Spezifik der sozialistischen Gesellschaft stellt sich im analytischen Rahmen der DDR-Forschung nur als eine im abgehoben Politischen bzw. Ideologischen ruhende, letztlich von subjektiver Willkür verursachte Qualität dar. Zur entscheidenden Determinante wird das politisch-ideologische *Selbstverständnis* der führenden Gruppe. Genau dies ist auch der wesentliche theoretische Grund, weshalb die DDR-Forschung zu keiner fundierten und systematischen Kritik der Selbstdarstellung der sozialistischen Gesellschaft vorstoßen kann: denn die Kategorien der dazu erforderlichen eigenständigen Gesellschaftsanalyse fallen selbst stets wieder auf diese Selbstdarstellung, dieses Selbstverständnis zurück. Im Extrem zeigt sich das bei E. Schneider: Das einzige Kapitel seines Buches, in dem von der Gesellschft der DDR als ganzem gehandelt wird, besteht wesentlich aus einer Widergabe des »Selbstverständnis(ses) der DDR-Gesellschaft«[876]; »Ideologie und Gesellschaft« — so bezeichnenderweise die Kapitelüberschrift[877] — verschwimmen ineinander, Gesellschaft besteht wesentlich aus »Selbstverständnis«; ohne daß Schneider in irgendeiner Weise die Selbstinterpretation der DDR teilen würde, kann er daher auf die Frage: »Welche Merkmale charakterisieren die entwickelte sozialistische Gesellschaft?«[878] mit einer fast zwei Seiten langen, kommentarlosen Wiedergabe der sechs nach offizieller Lehre der DDR wesentlichen Kriterien der entwickelten sozialistischen Gesellschaft antworten.[879]

Liegt in dieser idealistischen Ausrichtung des analytischen Rahmens zum einen also die Unmöglichkeit begründet, der Selbstinterpretation

875 K. Sontheimer/W. Bleek, Die DDR ..., S. 75.
876 E. Schneider, Die DDR ..., S. 102.
877 Ebenda.
878 Ebenda, S. 103.
879 Vgl. ebenda, S. 103 ff.

der DDR-Gesellschaft eine geschlossene Alternativdeutung entgegenzu-setzen, so schafft sie zum anderen jedoch die Möglichkeit, *schon in die Analyse selbst ungehindert die Maßstäbe des eigenen, »pluralistischen« Selbstverständnisses einfließen zu lassen*; denn das zum Kernpunkt des Gegenstands erklärte sozialistische »Selbstverständnis« kann, inner-halb des selbstgesteckten Denkrahmens, selbst nur wieder in Begriffen des ihm entgegengesetzten, »pluralistischen« Selbstverständnisses ge-faßt werden, nämlich als dessen *Gegenbild*. Z. B. stellt sich so die Ord-nung der DDR als »monistisch«, d. h. eben als die Negation unserer »pluralistischen« Ordnung dar; ferner als »gelenkt«, d. h. als Negation unserer »spontanen« Gesellschaft; als »kollektivistisch«, d. h. als Nega-tion unserer auf dem Grundwert des »Individuums« basierenden Ord-nung; usw. Mithin ist die in der DDR-Forschung gang und gäbe Über-tragung »westlicher« Denk- und Beurteilungsmaßstäbe auf den frem-den Gegenstand nicht einfach subjektiver Mutwille der betreffenden Forscher, sondern wird von deren tendenziell idealistischer, von den materiellen Grundlagen wegführenden Gesellschaftsauffassung zumin-dest mitausgelöst. Oder anders gesagt: Der Mangel an Immanenz der Forschung ist nicht zu trennen vom Mangel an materialistischer Theo-riegrundlage.

Man löst daher das Problem der Immanenz der Untersuchung auch nicht dadurch, daß man dieser eine irgendwie zu bemessende höhere Dosis an DDR-Eigeninterpretation beigibt, wie häufig vorgeschlagen wird. So schreiben K. Sontheimer und W. Bleek, einerseits käme man nicht umhin, die zu untersuchenden Verhältnisse »immer wieder mit den Kategorien eines anderen politischen Verständnisses zu interpretie-ren«, andererseits dürfe aber in der Darstellung auch »die Interpreta-tion, die das Regime selbst gibt, ... nicht fehlen«.[880] P. C. Ludz will die DDR-Gesellschaft »nicht nur ... als ein sich in ... empirischen Daten ausdrückendes Bündel von sozioökonomischen gesellschaftlichen Sub-systemen« begreifen, »sondern stets auch als ›Gesellschaft‹, wie sie nor-mativ — und zwar in der DDR — konzipiert wird. Die sich wandelnde Selbstinterpretation ist ein konstitutives Element der sozialen Wirklich-keit.«[881] F. Vilmar, um ein letztes Beispiel für den verbreiteten Me-thoden-Dualismus der DDR-Forschung zu nennen, schlägt vor, die Darstellung der DDR aus der Sicht eines offiziösen DDR-Experten zu kombinieren mit der Interpretation eines sog. Systemkritikers, und bei-

880 K. Sontheimer/W. Bleek, Die DDR ..., S. 20. Vgl. die Bekräftigung dieses Dualismus im Vorwort zur 4. Auflage, S. 10 f.

881 P. C. Ludz, Die soziologische Analyse der DDR-Gesellschaft, S. 22.

des zusammen wiederum sowohl von einem konservativen Wissenschaftler als auch einem »sozialkritischen« Fachmann aus der Bundesrepublik interpretieren zu lassen; Vilmar verspricht sich von diesem »Standortpluralismus« eine »einigermaßen ausgewogene« Gesamtdarstellung.[882] Aus theoretisch unverträglichen Interpretationsalternativen kann keine schlüssige Gesamtdarstellung entstehen; der Forderung nach Immanenz, d. h. nach Angemessenheit der Kategorien an den Gegenstand, ist auf der Basis einer idealistischen Gesellschaftsdeutung nicht gerecht zu werden, eben weil diese den sozialistischen Überbau und das sozialistische Selbstverständnis nicht auf die materielle Basis dieser Gesellschaft zurückzuführen und an dieser Basis zu messen und zu beurteilen imstande ist, sondern sie statt dessen notgedrungen auf das »westliche« Selbstverständnis zurückführt, an ihm mißt und beurteilt.

Die, wenn auch vielleicht gutgemeinten, Versuche, den eigenen Ansatz und die DDR-Selbstinterpretation miteinander zu kombinieren, können zu keiner befriedigenden Lösung führen: Entweder die Betrachtung zerfällt schon von vornherein in zweierlei Aussagenreihen (»nach West-Verständnis ...« »nach Ost-Verständnis ...«)[883]; oder es wird ein Gesamtbild der DDR-Gesellschaft hergestellt, welches jedoch bei näherer Betrachtung ebenfalls zerfällt, und zwar in die zwei unzusammenhängenden Bestandteile Politik/Ideologie einerseits, gesellschaftliche »Basis« andererseits. Wir haben diese Struktur bereits als Dualismus von Totalitarismustheorie und Industriegesellschaftsansatz kennengelernt. Dieser Dualismus vollendet gleichsam die Zerstörung der Immanenz: Wie die *politische* Sphäre letztlich als Perversion »westlicher« Leitvorstellungen perzipiert wird, so erscheint auch die *ökonomische* Spezifität des Sozialismus — da ihrerseits bloß »vorgegebenen Dogmen und Leitlinien«[885] geschuldet, von »willkürliche(m) menschliche(m) Wille(n)... auferlegt«[885] — letztlich als künstliche Abweichung von der »westlichen« Norm. *Wo das ganze sozialistische System zu »Ideologie« wird, kann es nicht mehr immanent, d. h. an sich selbst untersucht und gemessen werden; es wird zwangsläufig zum Objekt einer äußerlichen Beurteilung.*[886] Hier liegt der Schlüssel zur Lösung aller Probleme, an denen die DDR-Forschung krankt.

882 F. Vilmar, in: R. Dutschke/M. Wilke (Hrsg.), Die Sowjetunion, Solschenizyn und die westliche Linke, Reinbek bei Hamburg 1975, S. 43.

883 Vgl. unsere Beispiele oben, Anm. 868—872.

884 K. Blank, Beiträge ..., S. 45.

885 F. A. v. Hayek, Das totalitäre Gesicht des Sozialismus, in: FAZ v. 11. 6. 1977.

886 In der Tat ist die (Ab-)Qualifizierung der sozialistischen Ökonomie als »künstlicher Ersatz« der bürgerlichen Ökonomie nach Verbreitungsgrad sowie der Dezidiertheit, mit der

sie vorgenommen wird, dem gleichen Verfahren auf der Ebene der politischen Kategorien durchaus ebenbürtig: Im Sozialismus muß »Wettbewerb immer wieder künstlich organisiert werden« (FAZ v. 13. 3. 1976). Der sozialistische Wettbewerb soll »einen Konkurrenzersatz bilden« (E. Schneider, Die DDR . . ., S. 74); er ist bloß ein »Trick der sowjetischen Propagandaleute« (Der Spiegel, Nr. 10/1976). Weil im Sozialismus »Mangel an Innovation, an Erfindungsgeist« herrscht, wird er ersatzweise »durch die Neuererbewegung geweckt« (H. Portisch, Die deutsche Konfrontation, S. 161). »Der Markt als Regulator fehlt . . . Der wichtigste Kostenfaktor, der Preis der Arbeitskraft, wird nicht frei ausgehandelt, sondern von oben festgelegt.« (Der Spiegel v. 17. 1. 1977) Entsprechend muß man auch in der sozialistischen Vollbeschäftigung einen schlechten Ersatz für das freie »Spiel des Marktes« (F. A. v. Hayek, in: FAZ v. 11. 6. 1977) erblicken. Als »langwierig« kommt es dem »Spiegel« (Nr. 41/1974) vor, daß in der DDR Preiserhöhungen begründet, verteidigt und genehmigt werden müssen; als »umständlich«, daß die Volkswirtschaftsplanung im Wechselspiel von zentraler Plankommission und Belegschaften der Betriebe zustande kommt (ebenda). Die Fixierung auf die eigenen Verhältnisse geht so weit, daß selbst noch die in der DDR übliche Jahresendprämie in den Augen von K. Blank einen »Ersatz für (die) Weihnachtsgratifikation« in der Bundesrepublik darstellt (Beiträge . . ., S. 250). Auf einen Nenner bringt es H. H. Götz: »Planwirtschaft ist ›Ersatzwirtschaft‹« (FAZ v. 3. 9. 1976) — Sozialismus ist mithin Ersatz-Kapitalismus.

Wenn unsere Studie einen charakteristischen, weit verbreiteten Zug der bundesdeutschen DDR-Forschung offengelegt hat, dann sicher den Mangel an sachlicher Immanenz ihrer Analysen und Interpretationen. Bevor es überhaupt zu einem integralen Verständnis der zu untersuchenden Gesellschaftsordnung in ihrem besonderen Systemzusammenhang kommt, besiegeln von außen herangetragene Wertkriterien gleichsam das Sachurteil. Zu kritisieren ist daran nicht die Tatsache des Wertens und Bewertens als solche, sondern der Umstand, daß die betreffenden Normen als Blockierung gegen gründliche Problemformulierung und Untersuchung wirken, sich also intransigent gegenüber dem Untersuchungsobjekt und seiner Realität verhalten. Diese unzureichende begriffliche Auslotung des Gegenstands — auch das gehört zu den Haupteindrücken, die sich aus unseren Erörterungen ergeben — steht in enger Wechselbeziehung mit dem gesellschaftstheoretischen Grundansatz der bürgerlichen DDR-Forschung, der im Kern dem Totalitarismusdenken verschrieben ist. Diesem Denken ist eigentümlich, daß es den politischen Aspekt des sozialistischen Gesellschaftsganzen isoliert und verselbständigt und ihn dergestalt zum Objekt einer Beurteilung unter systemfremden Prämissen macht. Die Industriegesellschaftstheorie als hinzukommende Komponente im Grundansatz der Sozialismusforschung kann dieses eklektische Herangehen nicht nur nicht korrigieren, sondern schreibt es noch zusätzlich fest: Denn indem den Basisprozessen der Gesellschaft die Systemspezifik abgesprochen wird, erscheint diese Spezifik ausschließlich aus einem eigenwilligen politischen Manipulationsanspruch her zu rühren — eine Betrachtungsweise, auf die die Marxsche Charakterisierung zutrifft: »Statt der wirklichen Verhältnisse wird ihr der bloße Wille zum Triebrad der Revolution.«[887] Von hier bis zur Qualifizierung jenes »Willens« als »totalitär« ist es dann nur ein Schritt; ihn bewirkt eine Parteilichkeit, die die pluralistischen Erscheinungsformen bürgerlicher Herrschaftssysteme historisch und moralisch absolut setzt.

Wir gehen keineswegs davon aus, daß die dringend notwendige Gewinnung größerer wissenschaftlicher Unvoreingenommenheit in der Sozialismusforschung eo ipso gleichbedeutend mit einem Übergehen auf die Positionen des Marxismus zu sein hat. Tatsächlich gelangen — wenn

---

887 K. Marx, Enthüllungen über den Kommunistenprozeß zu Köln, in: MEW, Bd. 8, Berlin 1960, S. 412.

auch noch selten — manche nichtmarxistischen Forscher zu erheblichen Vorbehalten gegenüber dem herrschenden Bild vom Sozialismus und den Methoden seiner Erzeugung. Erwähnenswert ist etwa die diesbezügliche Kritik des Amerikaners J. F. Hough.[888] Konkret mit dem Problem der politischen Massenbeteiligung in der Sowjetunion beschäftigt, kommt Hough zu dem Schluß, daß dieser breiten Teilnahme am politischen Prozeß bei ernsthafter Betrachtung keinesfalls in der vorschnellen Art und Weise der gängigen Kommunismusforschung reale demokratische Bedeutung abgesprochen werden könne. Statt der Frage: »Woher wissen wir eigentlich, daß die Bürgerbeteiligung in öffentlichen politischen Diskussionen nicht bestimmend für die Gestaltung der grundlegenden sowjetischen Politik ist?«[889] konsequent nachzugehen, begnüge sich die herrschende Forschung mit suggestiven Hinweisen auf gewisse Grenzen möglicher Einflußnahme (etwa die Grenze der Systemerhaltung selbst) und auf gewisse Nebeneffekte der Partizipation (etwa die Förderung der Identifikation der Bürger mit dem System). Dies, so Hough, sei jedoch keine akzeptable Antwort, zumal derartige Kriterien, auf »westliche« Gesellschaften angewandt, auch von deren Demokratie-Anspruch nichts übrig ließen, mithin in nicht-reversibler Form angewandt würden. Nachdem Hough zudem noch aufgezeigt hat, daß sich die Sowjetunion bei einem empirischen Vergleich mit den USA in der Frage der politischen Partizipation — gelinde gesagt — nicht gerade schlecht stellt, kommt er zu dem beachtenswerten Fazit: »Möglich, daß Häufigkeit und Bedeutung des Einflusses (der Bevölkerung, O. C.) auf Entscheidungen in der Sowjetunion geringer sind als im Westen. Aber Tatsache ist: Wir wissen es nicht wirklich. Wir (und dieses ›wir‹ schließt alle Sozialwissenschaftler ein, nicht nur Sowjetunion-Spezialisten) haben tatsächlich sehr wenig über die methodologische Frage nachgedacht, wie man feststellen kann, ob die Bürger eines Landes mehr Einfluß haben als die eines anderen. Im Fall der Sowjetunion wurden wir schlicht von unseren ideologischen Annahmen bezüglich der Folgen pluralistischer Wahlen (bzw. ihres Fehlens) geleitet. Faktisch haben wir uns von unserer Leitvorstellung der ›verwalteten Gesellschaft‹ (directed society) dazu verführen lassen, Erscheinungen, die dem Leitbild nicht entsprechen — wie etwa den Bürgereinfluß (citizen input) —, womöglich gar nicht zu ›sehen‹, oder jedoch solche Erscheinungen völlig anders zu interpretieren, als wir es im Westen tun würden.«[890]

888 J. F. Hough, Political Partizipation in the Soviet Union, 1976.
889 Ebenda, S. 15 (Übers. von mir, O. C.).
890 Ebenda, S. 19. Um eine gleichfalls recht selbstkritische Studie aus den Reihen der amerikanischen Kommunismusforschung handelt es sich bei A. Dallin, Bias and Blunders in American Studies on the USSR, in: Slavic Review, September 1973, S. 560 ff.

Soweit die Diagnose von F. J. Hough. Wie weit demgegenüber die bundesdeutsche DDR-Forschung insgesamt zurückbleibt im selbstkritischen Durchdenken ihrer Prämissen und Methoden, signalisiert die Tatsache, daß einer ihrer Repräsentanten expressis verbis für die bewußte Bewahrung eines Restes von Irrationalität in der Forschung eintreten kann; wie anders soll man folgende Worte von H. Rudolph begreifen: »Gewiß ist es gerade im Falle der DDR notwendig, zwischen unseren politischen Wunschvorstellungen und politisch-sozialen Zusammenhängen sorgfältig zu trennen. Aber gerade im Hinblick auf das andere Deutschland wäre es auch eine fatale Illusion, anzunehmen, dies ließe sich einfach und ohne Rest vornehmen, ohne sich am Ende um den Gegenstand selbst zu bringen.«[891]

Um den Gegenstand gebracht hat sich die DDR-Forschung doch wohl gerade immer durch ihr Festhalten an einem (jeweils für nicht weiter aufgebbar gehaltenen) »Rest« von Wunschdenken. Im Kern bestand und besteht dieses Wunschdenken in der Vorstellung von der letztlichen »Unmöglichkeit« einer anderen als der westdeutschen, einer sozialistischen Gesellschaftsordnung; in dem Glauben, daß dieses Experiment zum Scheitern verurteilt sei, da es die Gesellschaft nur künstlich »von dem Wege fortreißt, den sie ›natürlicherweise‹ gehen würde, da alle natürlichen Wege von dem utopischen Ziel wegführen.«[892] Es ist dieser gleichsam umgestülpte, bürgerliche Utopismus, der — im speziellen deutschen Fall noch flankiert von nationalen Argumenten — die DDR-Forschung dazu trieb und treibt, ihr Objekt als von einem unheilbaren »Grundwiderspruch«[893], dem Widerspruch zwischen moderner Industriegesellschaftlichkeit und totalitärer Überformung, befallen zu interpretieren und die konkreten Erscheinungen gemäß diesem Postulat sei es von vornherein zu selektieren, sei es umzufärben.

Das Wunschdenken hinterläßt seine Spuren nicht nur in der inneren logischen Struktur der DDR-Forschung, etwa in Form von Unbewiesenem, Widersprüchlichem; es tritt auch in manifester Form an die Oberfläche: als Fehlprognose. Und an solchen Fehlprognosen ist die Geschichte der DDR-Forschung, ebenso wie der bürgerlichen Kommunismusforschung insgesamt, nicht arm. Das eigentlich Befremdliche daran ist die starke Kontinuität derartiger Negativleistungen, das heißt: die mangelnde Bereitschaft der Kommunismusforschung, aus dem Fehlschlagen einer Spekulation gründliche Konsequenzen bezüglich der ei-

891 H. Rudolph, Die DDR nach der Mauer. Aufsätze von Peter C. Ludz, in: FAZ v. 1. 2. 1978.
892 R. Löwenthal, Entwicklung kontra Utopie. Das kommunistische Dilemma, S. 72.
893 P. C. Ludz, Die gesellschaftspolitische Situation in der DDR, S. 23.

genen theoretischen Grundlagen zu ziehen. Wir haben dieses Beharrungsmoment weiter oben besonders deutlich am Beispiel der Doktrin von der ideologischen Erosion (»Entideologisierung«) kennengelernt, welche sich, einer fixen Idee gleich, über alle praktisch-empirischen Anfechtungen hinweg bis in die aktuelle Kommunismusforschung hinein behauptet hat.

Das genannte Beispiel fügt sich ein in eine Kette kontinuierlicher Krisenprognosen bzw. Krisenbescheinigungen bezüglich des sozialistischen Gesellschaftssystems. Man findet sie in unterschiedlichen Verbindlichkeitsgraden formuliert. Um unmittelbar erwiesene Fehlprognosen handelt es sich bei Aussagen wie: »Diese sogenannte DDR ... wird das Jahr 1950 kaum er-, geschweige denn überleben«[894]; »das kommunistische System ... vermag nicht mit der erforderlichen Geschwindigkeit die Produktion zu steigern«[895]; »Die durch den Tod oder das Ausfallen von Nikita S. Chruschtschow ausgelöste Krise wird schwerer sein als die beiden vorausgegangenen ... es ist nicht ausgeschlossen, daß in den Straßen von Moskau für kurze Zeit die Gewalt herrscht«[896]; »Dem zunächst zu erwartenden Aufschwung (der DDR-Wirtschaft, O. C.) wird von Mitte der siebziger Jahre an eine Stagnation folgen«.[897] Aber auch wo in Lagebeurteilungen verbindliche Voraussagen von Ereignissen gemieden werden — und dies ist gerade in jüngerer Zeit die Regel —, handelt es sich vielfach dennoch um latente Fehlprognosen. Die unentwegte Diagnostizierung verschiedenster Krisen in der DDR, die sich wie ein roter Faden durch die Geschichte der DDR-Forschung zieht, disqualifiziert sich — angesichts der realen langfristigen Entwicklung der DDR, die sich als weitaus stabiler erweist, als es jene Krisenbeschwörungen, beim Wort genommen, eigentlich zuließen — von selbst. Zudem führen sich die unablässigen Trendmeldungen über die innere Verfassung der DDR auch dadurch ad absurdum, daß sie bei Rückverfolgung in die Vergangenheit streng genommen implizieren, die DDR sei ausgerechnet in ihren frühesten Zeiten am stabilsten, am wenigsten von Spannungen und Konflikten heimgesucht gewesen. Denn die Trendaussage z. B.: »die Unzufriedenheit der Bevölkerung wächst ständig«[898] besagt umgekehrt, früher habe weniger Unzufriedenheit geherrscht; die Behauptung: »Die Vertrauenslücke wird größer«[899] setzt voraus, daß früher zwischen SED

894 Ruhrnachrichten, Herbst 1949, zit. nach H. Heitzer, Andere über uns, Berlin 1969, S. 66.
895 R. Löwenthal, Die Hölle auf Erden, (1957), S. 7.
896 R. V. Burks, in: Der Monat, Heft 174, März 1963, S. 28.
897 P. C. Ludz, Die Zukunft der DDR, in: Die Zeit v. 10. 10. 1969.
898 Der Spiegel v. 13. 3. 1978.
899 Süddeutsche Zeitung v. 24. 5. 1977.

und Bevölkerung relatives Vertrauen bestanden habe; wenn sich heute »die sowjetische Wirtschaft immer ungenierter in der DDR bedient«[900], so muß man daraus schließen, daß sie in der Vergangenheit Hemmungen davor gehabt habe; wenn das DIW-Institut in der heutigen DDR die Beobachtung macht, »es werde zunehmend am Bedarf vorbeiproduziert«[901], dann heißt dies doch der früheren DDR-Wirtschaft zubilligen, einigermaßen bedarfsgerecht produziert zu haben. Es entsteht also unfreiwillig das Bild einer vormals vergleichsweise heilen DDR-Welt, damit jedoch zugleich ein eklatanter Widerspruch zu den eigenen älteren Einschätzungen der DDR-Forschung, die einem solchen Bild nie Raum gelassen hatten.

Die aus historischem Wunschdenken hervorgehende permanente Überzeichnung und Dramatisierung der Lage in der DDR[902] erzwingt in Abständen immer wieder die Rückkehr zu nüchterneren Betrachtungen. Dies geschieht teils in expliziter, sozusagen selbstkritischer Form[903]; meist jedoch erfolgt die Korrektur unterderhand, als stillschweigendes Zurückschrauben der alten Aussagen auf ein Niveau, von dem aus dann von neuem mit der Ankündigung künftiger Systemkrisen begonnen werden kann. Wenn P. C. Ludz beispielsweise 1974 schrieb: »Auch für die DDR wird ... eine Krise des Selbstverständnisses heraufkommen ... Erste Anzeichen einer solchen Krise ... sind bereits zu beobachten«[904], so war dem — für die meisten Leser nicht konstatierbar — längst eine Zurücknahme früherer Thesen vorausgegangen: 1965 etwa sah Ludz ganz Osteuropa bereits in einer »tiefen geistigen und existenziellen Krise«[905]; diese »tiefe Krise« hatte sich also in der Folgezeit zunächst einmal wieder sublimiert zu bloßen »ersten Anzeichen«.[906] Es fragt sich, was hier übrig bleibt von dem, was Ludz ausdrücklich als das »Ziel« seiner Analysen bezeichnet: »die Prognose, deren Sicherheitsgrad angebbar ist.«[907]

900 Der Spiegel Nr. 10/1977.
901 Laut FAZ v. 26. 2. 1976.
902 »Nach Havemanns Einschätzung haben Partei und Regierung bei 95 Prozent der Bevölkerung alles Ansehen verloren.« (FAZ v. 23. 1. 1978) »Die Kräfteverhältnisse in der SED-Führung sind labiler denn je — alles scheint möglich.« (Der Spiegel v. 13. 3. 1978) Vgl. auch die atmosphärischen Schilderungen bei P. C. Ludz, Die Neuordnung der Führungsspitze ..., bes. 117 f.
903 Z. B.: »Die Hiobsbotschaften von einer explosiven Stimmung in der DDR, von Machtkämpfen oder gar von sowjetischen Interventionsdrohungen sind — gelinde gesagt — überzogen.« (Die Zeit v. 27. 1. 1978).
904 P. C. Ludz, Deutschlands doppelte Zukunft, S. 83.
905 P. C. Ludz, Der politische Aspekt der Entfremdung, S. 4.
906 Wiederum einige Jahre zuvor hatte Ludz den Eindruck, daß es im ideologischen Leben der DDR »jeder Zeit zu offenem Widerstand kommen« könne (Revisionistische Konzeptionen von 1956/57 in der ›DDR‹, in: Moderne Welt 4/1960—1961, S. 353).
907 P. C. Ludz, Situation, Möglichkeiten und Aufgaben der DDR-Forschung..., S. 160.

Die bürgerliche Kommunismusforschung scheint sich tendenziell in einem zwanghaften Kreislauf zu bewegen, in welchem sie auf das Ausbleiben der prognostizierten krisenhaften Entwicklungen nur mit der noch verstärkten Produktion neuer Krisenprognosen zu reagieren vermag.[908] So trifft auf sie eine Bemerkung von H. Rudolph — die dieser auf den Marxismus bezogen wissen wollte — mit unverhoffter Genauigkeit zu: »In einem geradezu manisch gehandhabten Prozeß des Zurechtdenkens von Geschichte und Gesellschaft pendelt sich diese Bewegung gegenüber allen Verunsicherungen durch die Praxis immer wieder auf sich selbst ein.«[909]

Das wissenschaftliche Dilemma bürgerlicher Kommunismusforschung, wie es in der Frage ihrer Prognosefähigkeit nur besonders eklatant hervortritt, sollte an sich bereits jeden Zweifel darüber beseitigen, daß es mehr als gerechtfertigt ist, nach einer theoretischen Alternative Ausschau zu halten. Nichtsdestotrotz geschieht es, daß die marxistisch orientierte Sozialismusforschung in der Bundesrepublik von ihren Gegnern vehement in die Rolle desjenigen gedrängt zu werden versucht wird, der die Berechtigung seines Tuns, ja überhaupt seine Existenzberechtigung, erst einmal nachzuweisen habe. Die Absurdität dieser Situation erhellt allein schon aus einer Gegenüberstellung von herrschender und marxistischer DDR-Forschung in der Frage der prognostischen Leistung: Während die erstere, wie gezeigt, mit der Grundtendenz ihrer Voraussagen stets Fehlschläge erlitt und erleidet, konnte einer solchen Studie wie dem von Marburger Autoren vorgelegten Systemvergleich BRD—DDR[910] trotz aller Polemik ihrer Kritiker doch faktisch keine einzige derartige Fehlleistung vorgeworfen und nachgewiesen werden.

Im übrigen ist für die Polemik gegen die hiesige marxistisch orientierte DDR-Forschung kennzeichnend, daß sie jeweils sehr rasch, ohne angemessene Erwägung der Argumente, Ableitungen und empirischen Beweise, im Vorwurf der Apologetik endet und gipfelt. Das bedeutet je-

---

908 Wie die FAZ feststellt, erscheinen in letzter Zeit sogar »mehr und mehr Darlegungen, die vom unabweisbaren Ende der Sowjetherrschaft handeln«. (FAZ v. 24. 2. 1978 im Zusammenhang einer Besprechung von E. Todd, Vor dem Sturz. Das Ende der Sowjetherrschaft, Westberlin 1977.) In der DDR-Forschung und DDR-bezogenen Publizistik legt man sich auf apodiktische Zusammenbruchsprognosen heute nur selten fest. Immerhin schreibt jedoch z. B. W. Obst: »Nur wer völlig realitätsfremd ist, kann dem ›DDR‹-Sozialismus nach 1980 noch eine ungetrübte Zukunft einräumen. Das innerdeutsche Wohlstandsgefälle läuft auf einen kritischen Punkt zu . . .« (Die Welt v. 25. 1. 1978). H. Rudolph hingegen hält Abstand von klar umrissenen und falsifizierbaren Krisenprognosen und erklärt statt dessen kurzerhand die DDR zur Krise an sich: er spricht von der »alten, chronischen Krise, die die Existenz der DDR ausmacht« (FAZ v. 22. 3. 1978).

909 H. Rudolph, Die Gesellschaft der DDR . . ., S. 79.

910 H. Jung / F. Deppe / K. H. Tjaden / G. Fülbert et al. BRD—DDR. Vergleich der Gesellschaftssysteme, Köln 1971.

doch letztlich, daß sie die analytischen *Ergebnisse,* und nicht die Methoden ihrer Erlangung, zum Anklagepunkt erhebt.[911] Dies ist etwa der Fall bei K. Sontheimer und W. Bleek, die es per se für kritikwürdig halten, daß in der bundesdeutschen marxistischen DDR-Forschung »Thesen und Interpretationen der ... Wisenschaft und Publizistik der DDR« für zutreffend gehalten werden.[912]

Die gegenüber der marxistischen DDR-Forschung unablässig erhobene Beschuldigung, schlicht die »Selbstinterpretation der DDR« zu repetieren[913], das »Selbstverständnis der dortigen Führung« abzuschildern[914] usw., macht sich die Sache zu leicht. Sie mißt diese Strömung vordergründig an der Elle des in der Bundesrepublik herrschenden »gesunden Volksempfindens«[915] und schlägt damit einen Bogen um die grundlegenden Fragen einer wissenschaftlichen Sozialismusanalyse: Was leistet der Begriff der Industriegesellschaft? Was die Totalitarismustheorie? Haben sie die Erkenntnis über die sozialistischen Länder befruchtet? Welche wissenschaftlichen Perspektiven eröffnet ein materialistischer Begriff vom Sozialismus/Kommunismus als ökonomischer Gesellschaftsformation?

Zu zeigen, wie dringend sich diese Fragen stellen — dazu sollte hier ein Beitrag geliefert werden.

911 Wo auch die wissenschaftliche Methode dem Apologetik-Vorwurf unterworfen wird, kommt die Kritik kaum je ohne Unterstellungen aus. So kann etwa von J. Perels Vorwurf, die Marburger Systemvergleichstudie verkürze Sozialismus auf »Verstaatlichung der Produktionsmittel« (Kritische Justiz 4/1972, S. 434), keine Rede sein; die Studie wendet sich auch explizit gegen eine solche Verkürzung (vgl. u. a. S. 211).

912 K. Sontheimer / W. Bleek, Die DDR . . ., S. 19. Verbot von Denkergebnissen wird auch gefordert, wenn es über eine wissenschaftliche Arbeit heißt, sie »könnte . . ., so auch in der DDR geschrieben sein«, oder über einen Wissenschaftler, er lehne »sich weitgehend an die dortige Art des Philosophierens an.« (W. N. Luther, Vom Mißbrauch der Politischen Wissenschaft, in: Die politische Meinung, Juli/August 1976, S. 88).

913 J. Perels, a. a. O. (vgl. Anm. 911), S. 434.

914 A. Sywottek, in: Archiv für Sozialgeschichte, Bd. XII, 1972, S. 861.

915 Das »derzeit in der BRD herrschende Klima der Angst vor Berührung mit wirklichen oder vermeintlichen politischen ›Feinden‹« beklagt auch J. Glenn, Die BRD-Forschung in der DDR, in: DDR-Report 2/1976, S. 77. Glenn fährt fort: »Jede andere als glatt ablehnende Beschäftigung mit dem, was ›Sozialisten‹ oder ›Kommunisten‹ vorbringen, die ihre Aussagen ernst nimmt, wo sie auf Originalmaterial basieren und nachprüfbar sind, wird allzu leicht und leichtfertig als Propagierung ihres Standpunktes, als Unterwanderung in ihrem Auftrag denunziert.« (ebenda)

Ackermann, Manfred: Die Normalisierung der Beziehungen zwischen der DDR und den DDR-Forschern, in: Deutschland Archiv 6/1973, S. 589 ff.

Ahlberg, René: Die sozialistische Bürokratie. Die marxistische Kritik am etablierten Sozialismus, Stuttgart—Berlin—Köln—Mainz 1976

Alexejew, P. W./Iljin, A. J.: Das Prinzip der Parteilichkeit, Berlin 1975

Ammer, Thomas: Zu den Bemerkungen »›Verunsicherte‹ DDR-Forschung« von Detlef Herrmann, in: Deutschland Archiv 3/1976, S. 255 ff.

Badstübner, Rolf/Thomas, Siegfried: Restauration und Spaltung. Entstehung und Entwicklung der BRD 1945—1955, Köln 1975

Behr, Wolfgang: Bundesrepublik Deutschland — Deutsche Demokratische Republik. Grundkonflikte und Konvergenzerscheinungen, in: Aus Politik und Zeitgeschichte 36—37/1974, S. 3 ff.

Berger, Horst/Jetzschmann, Horst: Der soziologische Forschungsprozeß (Methodologische und methodische Aspekte), Berlin 1973

Bergner, Dieter/Mocek, Reinhard: Bürgerliche Gesellschaftstheorien. Studien zu den weltanschaulichen Grundlagen und ideologischen Funktionen bürgerlicher Gesellschaftsauffassungen, Berlin 1976

Bergsdorf, Wolfgang: Eine dritte Phase der DDR-Forschung?, in: Deutschland Archiv 3/1973, S. 591 ff.

Bericht der Bundesregierung und Materialien zum Bericht zur Lage der Nation 1971, 1972, 1974 (Hrsg.: Bundesministerium für innerdeutsche Beziehungen, Bonn)

Berka, Karel/Bönisch, Siegfried et al.: Die Wissenschaft von der Wissenschaft. Philosophische Probleme der Wissenschaftstheorie, Berlin 1968

Beyme, Klaus von: Ökonomie und Politik im Sozialismus. Ein Vergleich der Entwicklung in den sozialistischen Ländern, München—Zürich 1975

Blank, Karl: Beiträge zum innerdeutschen Gewerkschaftsdialog, Bonn-Bad Godesberg 1971

Bracher, Karl Dietrich: Der umstrittene Totalitarismus: Erfahrung und Aktualität, in: ders., Zeitgeschichtliche Kontroversen um Faschismus, Totalitarismus, Demokratie, München 1976, S. 33 ff.

Bracher, Karl Dietrich/Sauer, Wilhelm/Schulz, Gerhard: Die nationalsozialistische Machtergreifung, Köln—Opladen 1960

Bredow, Wilfried von: Die DDR als Forschungsobjekt, in: Deutschland Archiv 8/1973, S. 822 ff.

Brokmeier, Peter: Entwicklungsbedingungen der DDR-Gesellschaft, in: Kritische Justiz 4/1972, S. 331 ff.

Bruns, Wilhelm: Richtungen und Probleme der DDR-Forschung in der Bundesrepublik, in: Deutschland Archiv 6/1973, S. 594 ff.

Brzezinski, Zbigniew K.: Totalitarianism and Rationality, in: The American Political Science Review 50 (1956)

Brzezinski, Zbigniew K.: Entspannungspolitik im Schatten Prags, in: Grossner, C. et al. (Hrsg.), Das 198. Jahrzehnt. Eine Team-Prognose für 1970 bis 1980, Hamburg 1969, S. 33 ff.

Burks, R. V.: Neue Wege der Kommunismusforschung in Amerika, in: Osteuropa 6/1970, S. 399 ff.

Burrichter, Clemens: Fragen zu einer soziologischen Theorie der DDR-Gesellschaft, in: Deutschland Archiv 7/1969, S. 698 ff.

Burrichter, Clemens: Präliminarien zu einer Theorie internationaler Wissenschaftskooperation, in: Bericht aus Gesellschaft und Wissenschaft (agw) 9/1976, S. 1 ff.

Burrichter, Clemens/Förtsch, Eckart: DDR-Forschung im Systemwettstreit, in: Deutschland Archiv 10/1975, S. 1035 ff.

Burrichter, Clemens/Förtsch, Eckart: Orientierungshilfen für Detlef Herrmann, in: Deutschland Archiv 3/1976, S. 258 f.

Burrichter, Clemens/Förtsch, Eckart/Müller, Hans-Joachim: Die wissenschaftlich-technische Revolution — Kriterien und Konsequenzen, in: Deutschland Archiv 5/1976, S. 516 ff.

Conert, Hansgeorg/Eichwede, Wolfgang: Produktionsverhältnis und Arbeiterklasse in der UdSSR, Hannover 1976

Dietz, Raimund: Der Wertbegriff in der Politischen Ökonomie des sowjetischen Sozialismus (DDR) und die gesellschaftliche Struktur der Arbeit, in: Deutschland Archiv, Sonderheft 1974, S. 3 ff.

Domes, Alfred (Hrsg.): Ost-West-Polarität, Köln 1972

Domin, G./Lanfermann, H.-H. et al.: Bürgerliche Wissenschaftstheorie und ideologischer Klassenkampf. Eine Auseinandersetzung mit bürgerlichen Wissenschaftsauffassungen, Berlin 1973

Draht, Martin: Totalitarismus in der Volksdemokratie, Einleitung zu: Richert, Ernst, Macht ohne Mandat. Der Staatsapparat der sowjetischen Besatzungszone Deutschlands, Köln—Opladen 1958, 2. Aufl. 1963

Esser, J./Naschold, F./Väth, W. (Hrsg.): Gesellschaftsplanung in kapitalistischen und sozialistischen Systemen, Gütersloh 1972

Freiburg, Arnold: Organisatorische Möglichkeiten und Grenzen betrieblicher Mitbestimmung der werktätigen Jugend in der DDR, in: Deutschland Archiv, Sonderheft 1974, S. 41 ff.

Friedrich, Carl Joachim: Totalitäre Diktatur, Stuttgart 1957

Friedrich, Carl Joachim/Brzezinski, Zbigniew K.: Totalitarian Dictatorship and Autocracy, Cambridge 1956, 2. Aufl. 1965

Friedrich, Carl Joachim: Freiheit und Verantwortung. Zum Problem des demokratischen Totalitarismus, in: Hamburger Jahrbuch für Wirtschafts- und Gesellschaftspolitik 1959, S. 124 ff.

Friedrich, Carl Joachim: Die politische Wissenschaft, Freiburg—München 1961

Friedrich-Ebert-Stiftung (Hrsg.): Mitwirkung und Mitbestimmung. Die Rechte der Arbeitnehmer und ihrer Gewerkschaften in beiden deutschen Staaten, 2. Aufl. 1973

Gestigkeit, Werner: Die Totalitarismus-Legende. Das Ende der Weimarer Republik im offiziellen Geschichtsbild der BRD, in: Blätter für deutsche und internationale Politik 3/1977, S. 318 ff.

Goldthorpe, John H.: Theories of Industrial Society, in: European Journal of Sociology 12/1971, S. 263 ff.

Gradl, Johann Baptist: DDR-Forschung als eigene Aufgabe, in: Deutschland Archiv 5/1973, S. 485 ff.

Gransow, Volker: Kulturpolitik in der DDR, Berlin 1975

Greiffenhagen, Martin/Kühnl, Reinhard/Müller, J. B.: Totalitarismus. Zur Problematik eines Begriffs, München 1972

Grille, Dietrich: »DDR-Forschung« im Wandel?, in: Deutsche Studien 4/1968, S. 157 ff.

Grille, Dietrich: Literaturbericht zur »DDR-Forschung«, in: Politische Studien Heft 231, Januar/Februar 1977, S. 95 ff.

217

Groth, Alexander J.: The »Isms« in Totalitarianism, in: American Political Science Review 58, 4/1964, S. 888 ff.

Grundlagen der marxistisch-leninistischen Philosophie (Hrsg.: Akademie der Wissenschaften der UdSSR, Institut für Philosophie/Ministerium für Hoch- und Fachschulwesen der UdSSR), Frankfurt a. M. 1971

Habermas, Jürgen: Analytische Wissenschaftstheorie und Dialektik, in: Topitsch, Ernst (Hrsg.), Logik der Sozialwissenschaften, Köln—Berlin 1965

Hahn, Erich: Ideologie. Zur Auseinandersetzung zwischen marxistischer und bürgerlicher Ideologietheorie, Berlin 1969

Hahn, Erich: Historischer Materialismus und marxistische Soziologie, Berlin 1968

Hanke, Irma: Die politische Kultur, in: Rausch, Heinz/Stammen, Theo, DDR — Das politische, wirtschaftliche und soziale System, 2. Aufl. 1974

Hanke, Irma: Sozialistische Demokratie als Einheit von Politik, Ökonomie und Moral, in: Deutschland Archiv, Sonderheft 1974, S. 23 ff.

Hayes, Carlton J. H.: The Novelty of Totalitarianism in the History of Western Civilization, in: Symposium on the Totalitarian State. Proceedings of the American Philosophical Society 82 (1940)

Heimann, Horst: Demokratischer Sozialismus in Ost und West. Die Deutschland- und Ostpolitik: Anregungen zu einer konkreten Utopie, in: Aus Politik und Zeitgeschichte 36—37/1972

Hennig, Eike: Zur Theorie der Totalitarismustheorien, in: Neue politische Literatur 1/1976, S. 1 ff.

Herrmann, Detlef: »Verunsicherte« DDR-Forschung. Bemerkungen zu einem Aufsatz von C. Burrichter und E. Förtsch, in: Deutschland Archiv 1/1976, S. 27 ff.

Herrmann, Detlef: Mit der Stange im Nebel. Eine wertneutrale Betrachtung erfaßt die Wirklichkeit nicht, in: Die Zeit vom 12. 3. 1976

Herrmann, Detlef: Vom Nutzen des Antikommunismus. Anstelle einer polemischen Antwort, in: Deutschland Archiv 4/176, S. 372 f.

Hofmann, Werner: Vom Werturteil in der Gesellschaftslehre, in ders., Universität, Ideologie, Gesellschaft. Beiträge zur Wissenschaftssoziologie, Frankfurt a. M. 1968, S. 67 ff.

Hofmann, Werner: Was ist Stalinismus?, in ders., Stalinismus und Antikommunismus. Zur Soziologie des Ost-West-Konflikts, Frankfurt a. M., 2. Aufl. 1968, S. 11 ff.

Hofmann, Werner: Zur Soziologie des Antikommunismus, in: ebenda, S. 131 ff.

Holz, Hans-Heinz: Technik und gesellschaftliche Wertordnung, in: Blätter für deutsche und internationale Politik 2/1974, S. 175 ff.

Hough, Jerry F.: Political Participation in the Soviet Union, in: Soviet Studies, vol. XXVIII, Nr. 1 (Januar 1976), S. 3 ff.

Jahn, Egbert: Kommunismus — und was dann? Zur Bürokratisierung und Militarisierung des Systems der Nationalstaaten, Reinbek bei Hamburg 1974

Jänicke, Martin: Totalitäre Herrschaft. Anatomie eines politischen Begriffs, Berlin 1971

Jänicke, Martin: Krise und Entwicklung in der DDR — Der 17. Juni 1953 und seine Folgen, in: Elsenhans, Hartmut/Jänicke, Martin (Hrsg.), Innere Systemkrisen der Gegenwart, Reinbek bei Hamburg 1975, S. 148 ff.

Kaiser, Hans: Vom »Totalitarismus«- zum »Mobilisierungs«-Modell, in: Neue politische Literatur 18/1973, S. 141 ff.

Kautsky, John H.: Comparative Communism Versus Comparative Politics, in: Studies in Comparative Communism 1—2/1973, S. 135 ff.

Kellermeier, Jürgen: Die Lage der Nation, in: Deutschland Archiv 2/1971

Kennedy, John F.: The Strategy for Peace, New York 1960

218

Kielmansegg, Peter Graf: Krise der Totalitarismustheorie?, in: Zeitschrift für Politik 4/1974, S. 311 ff.

Koch, Ursula: Bürgerliche und sozialistische Forschungsmethoden? Zur Rezeption empirischer Sozialforschung in der DDR, Frankfurt—New York 1976

Köhler, Siegfried: Einige Gedanken zur Diskussion über die »verunsicherte DDR-Forschung:, in: Deutschland Archiv 5/1976, S. 475 f.

Korbinski, A.: U.S. Policy in East Europe, in: Current History 3/1965

Krebs, Christian: Arbeitsorganisation und Lebensbedingungen in der Landwirtschaft der DDR, in: Deutschland Archiv, Sonderheft 1974, S. 69 ff.

Krebs, Christian: Zur Situation und Aufgabenstellung der DDR-Forschung auf dem Agrarsektor, in: Deutschland Archiv 9/1973, S. 921 ff.

Lades, Hans: Prag und das Problem des Wandels kommunistischer Regime, in: Deutsche Studien 26/1969, S. 113 ff.

Leibholz, Das Phänomen des totalen Staates, in: ders., Strukturprobleme der modernen Demokratie, Karlsruhe 1958

Lippmann, Heinz: Der Grundvertrag und die DDR-Forschung, in: Deutschland Archiv 5/1973, S. 499 ff.

Löwenthal, Richard: Entwicklung kontra Utopie. Das kommunistische Dilemma, in: Der Monat, Heft 266, November 1970, S. 60 ff.

Löwenthal, Richard: Sozialismus und aktive Demokratie, Frankfurt a. M. 1974

Lozek, Gerhard: Genesis und Wirksamkeit der imperialistischen Totalitarismus-Doktrin, in: Zeitschrift für Geschichtswissenschaft 4/1966, S. 525 ff.

Ludz, Peter Christian: Totalitarismus oder Totalität? Zur Erforschung bolschewistischer Gesellschafts- und Herrschaftssysteme, in: Soziale Welt 2/1961, S. 129 ff.

ders.: Offene Fragen in der Totalitarismusforschung, in: Politische Vierteljahresschrift 4/1961, S. 319 ff.

ders.: Konflikttheoretische Ansätze im Historischen Materialismus, in: Kölner Zeitschrift für Soziologie und Sozialpsychologie 4/1961, S. 661 ff.

ders.: Religionskritik und utopische Revolution, in: Goldschmidt, Dietrich/Matthes, Joachim (Hrsg.), Probleme der Religionssoziologie (Kölner Zeitschrift für Soziologie und Sozialpsychologie, Sonderheft 6), Köln—Opladen 1962, S. 87 ff.; neu abgedr. in: P. C. Ludz, Ideologiebegriff und marxistische Theorie. Ansätze zu einer immanenten Kritik, Opladen 1976, S. 103 ff.

ders.: Zur Frage nach den Bedingungen der Möglichkeit einer kritischen Gesellschaftstheorie, in: Archiv für Rechts- und Sozialphilosophie 4/1963, S. 409 ff.

ders.: Entwurf einer soziologischen Theorie totalitär verfaßter Gesellschaft, in: ders. (Hrsg.), Studien und Materialien zur Soziologie der DDR, Köln—Opladen 1964 (Kölner Zeitschrift für Soziologie und Sozialpsychologie, Sonderheft 8), S. 11 ff.

ders.: Der politische Aspekt der Entfremdung, in: Osteuropäische Rundschau (Hinter dem Eisernen Vorhang) 5/1965, S. 3 ff.

ders.: Widerspruchsprinzip und Soziologie, in: Boettcher, Erik/Lieber, Hans-Joachim/Meissner, Boris (Hrsg.), Bilanz der Ära Chruschtschow, Stuttgart 1966, S. 307 ff.

ders.: Funktionsaufbau und Wandel der Sozialstruktur der SED-Führung, in: Politische Vierteljahreshefte 4/1966, S. 498 ff.

ders.: Parteielite im Wandel. Funktionsaufbau, Sozialstruktur und Ideologie der SED-Führung, Köln—Opladen 1968

ders.: Politische Aspekte der kybernetischen Systemtheorie in der DDR, in: Deutschland Archiv 1/1968, S. 1 ff.

ders.: Situation, Möglichkeiten und Aufgaben der DDR-Forschung in der Bundesrepublik, in: Die Neue Gesellschaft 2/1968, S. 153 ff.

ders.: Aktuelle oder strukturelle Schwächen der DDR-Forschung?, in: Deutschland Archiv 3/1968, S. 255 ff.

ders.: Artikel »Konvergenz, Konvergenztheorie«, in: Sowjetsystem und Demokratische Gesellschaft. Eine vergleichende Enzyklopädie, Freiburg—Basel—Wien 1969, Bd. III, S. 889 ff.

ders./Kuppe, Johannes: Literatur zum politischen und gesellschaftlichen System der DDR, in: Politische Vierteljahresschrift 2—3/1969, S. 335 ff.

ders.: DDR-Forschung und vergleichende Deutschlandforschung in den USA, in: Deutschland Archiv 2/1970, S. 113 ff.

ders.: Die soziologische Analyse der DDR-Gesellschaft, in: Wissenschaft und Gesellschaft in der DDR, München 1971, S. 11 ff.

ders.: Die Ideologie des »Sozialdemokratismus« aus der Sicht der Kommunisten (Rezension von »Die Ideologie des Sozialdemokratismus in der Gegenwart«, Berlin 1971), in: Die Neue Gesellschaft 5/1972, S. 358 ff.

ders.: Zur gesellschaftspolitischen Situation in der DDR, in: Merkel, K./Immler, H. (Hrsg.), DDR-Landwirtschaft in der Diskussion, Köln 1972, S. 23 ff.

ders.: Experten und kritische Intelligenz in der DDR, in: Feuchtwanger, Edgar J. (Hrsg.), Deutschland. Wandel und Bestand: Eine Bilanz nach hundert Jahren, München 1973, S. 210 ff. (bzw. Lizenzausg. Frankfurt a. M. 1976, S. 171 ff.)

ders.: Die Zukunft der DDR-Forschung, in: Deutschland Archiv 5/1973, S. 488 ff.

ders.: Deutschlands doppelte Zukunft. Bundesrepublik und DDR in der Welt von morgen. Ein politischer Essay, München 1974

ders.: Politische Ziele der SED und gesellschaftlicher Wandel in der DDR. Ein Rückblick, in: Deutschland Archiv 12/1974, S. 1262 ff.

ders.: Der IX. Parteitag der SED: Ein Rückblick, in: Deutschland Archiv, Sonderheft 1976, S. 3 ff.

ders.: Die Neuordnung der Führungsspitze der DDR. Beweggründe und Auswirkungen der Machtkonzentration bei Erich Honecker, in: Europa Archiv 4/1977, S. 113 ff.

Mehnert, Klaus: Ideologischer Krieg trotz Koexistenz — sagt Moskau, in: Osteuropa 1/1973, S. 1 ff.

Meissner, Boris: Totalitäre Herrschaft und sozialer Wandel in der Sowjetunion, in: Bruderer, G./Meissner, B. et al., Gesellschaftliche Entwicklungstendenzen in Osteuropa, Erlenbach—Zürich—Stuttgart 1969, S. 30 ff.

Moskwitschew, L. N.: »Entideologisierung« — Illusion und Wirklichkeit, Berlin 1973

Neugebauer, Gero: DDR-Forschung nur Büttel der Politik?, in: Deutschland Archiv 10/1973, S. 1036 ff.

Oldenburg, Fred: Vom Elend der DDR-Forschung, in: Deutschland Archiv 5/1976, S. 472 ff.

Orlow, Jurij: Über die Unmöglichkeit des nicht-totalitären Sozialismus, in: Politische Studien, Heft 228, Juli/August 1976, S. 363 ff.

Parenti, Michael: The Anti-Communist Impulse, New York 1969

Pfeiler, Wolfgang: Über den politischen Wert einer wissenschaftlichen DDR-Forschung, in: Deutschland Archiv 5/1973, S. 493 ff.

Picaper, Jean-Paul: Pluralisierung in der DDR-Forschung. Oder die Furcht vor dem Kronzeugen, in: Deutschland Archiv 6/1976, S. 587 ff.

Picaper, Jean-Paul: Schritt zur Realität. Neue Fragen für De-De-Errologen, in: Deutsche Zeitung vom 25. 6. 1976

Portisch, Hugo: Die deutsche Konfrontation, München—Wien 1974

Rausch, Heinz/Stammen, Theo (Hrsg.): DDR. Das politische, wirtschaftliche und soziale System, München 1974

Richert, Ernst: Revolutionäre und evolutionäre Tendenzen im DDR-Gesellschaftsprozeß. Ein Versuch über den Befund und sein Selbstverständnis, in: Deutschland Archiv, Sonderheft 1975, S. 19 ff.

Richter, Hans: »Kommunismusforschung« in den USA, in: Deutsche Außenpolitik 1/1973 und 4/1973

Ronneberger, Vergleichbarkeit östlicher und westlicher politischer Systeme, in: Domes, A. (Hrsg.), Ost-West-Polarität, Köln 1972, S. 13 ff.

Rose, Günther, Konvergenz der Systeme. Legende und Wirklichkeit, Köln 1970

Roth, Karl Heinz: Invasionsziel: DDR. Vom Kalten Krieg zur Neuen Ostpolitik, Hamburg 1971

Rudolph, Hermann: Die Gesellschaft der DDR — eine deutsche Möglichkeit? Anmerkungen zum Leben im anderen Deutschland, München 1972

Schapiro, Leonard B.: Artikel »Totalitarismus«, in: Sowjetsystem und Demokratische Gesellschaft, Bd. 6, Freiburg—Basel—Wien 1972, S. 465 ff.

Schäfer, Gert: Demokratie und Totalitarismus, in: Kress, Gisela/Senghaas, Dieter (Hrsg.), Politikwissenschaft. Eine Einführung in ihre Probleme, Frankfurt 1969, S. 105 ff.

Schneider, Eberhard: Die DDR. Geschichte, Politik, Wirtschaft, Gesellschaft, Stuttgart 1975

Schlangen, Walter: Theorie und Ideologie des Totalitarismus. Möglichkeiten und Grenzen einer liberalen Kritik politischer Herrschaft, Bonn 1972

Schoeck, Helmut: Die Illusion eines »demokratischen« Sozialismus. Gewachsene Gefahren für eine freie Gesellschaft, in: Die politische Meinung, Heft 165, März/April 1976, S. 19 ff.

Seidel, Bruno/Jenkner, Siegfried (Hrsg.): Wege der Totalitarismusforschung, Darmstadt 1968

Sontheimer, Kurt/Bleek, Wilhelm: Die DDR. Politik, Gesellschaft, Wirtschaft, Hamburg 1972, 4. erw. und neubearb. Aufl. 1975

Sorg, Richard: Ideologietheorien. Zum Verhältnis von gesellschaftlichem Bewußtsein und sozialer Realität, Köln 1976

Straßburger, Jürgen/Zimmermann, Hartmut: Parteilichkeit in der DDR-Forschung? Zu einem polemischen Beitrag von Detlef Herrmann, in: Deutschland Archiv 3/1976, S. 252 ff.

Straßburger, Jürgen/Zimmermann, Hartmut: Auf welche Weise und in welcher Absicht? Bemerkungen zu Jean-Paul Picaper, in: Deutschland Archiv 9/1976, S. 941 ff.

Talmon, J.: Die Ursprünge der totalitären Demokratie, Köln—Opladen 1961

Thomas, Rüdiger: Modell DDR. Die kalkulierte Emanzipation, München 1972

Topitsch, Ernst/Salamun, Kurt: Ideologie. Herrschaft des Vorurteils, München 1972

Voigt, Dieter/Grätz, Frank: DDR: Mitbestimmung oder Mitwirkung in den Betrieben?, in: Politische Studien, Heft 224 (1975), S. 591 ff.

Weber, Hermann: Die DDR-Forschung nach dem Grundvertrag, in: Deutschland Archiv 6/1973, S. 587 ff.

Weissbecker, Manfred: Entteufelung der braunen Barbarei. Zu einigen neueren Tendenzen in der Geschichtsschreibung der BRD über Faschismus und faschistische Führer, Frankfurt a. M. 1975

221

Wettig, Gerhard: Freiheit oder Unfreiheit im Äther. Auseinandersetzungen in der UNO und auf der KSZE, in: Aus Politik und Zeitgeschichte 23/1976, S. 3 ff.

Wolf, Konstanze: »Mitbestimmung« und »Mitgestaltung« in der DDR, in: Politische Studien, Heft 231, Januar/Februar 1977, S. 29 ff.

Wotschak, Winfried: DDR-Forschung unter Anpassungszwang, in: Sozialistische Politik 30, Oktober 1974, S. 25 ff.

Wyniger, Willy: Demokratie und Plan in der DDR. Probleme der Bewältigung der wissenschaftlich-technischen Revolution, Köln 1971

Zimmermann, Hartmut: Probleme der Analyse bolschewistischer Gesellschaftssysteme, in: Gewerkschaftliche Monatshefte 4/1961, S. 193 ff.

Zimmermann, Hartmut: Zu einigen innenpolitischen Aspekten der DDR-Forschung, in: Deutschland Archiv 7/1973, S. 713 ff.

Systemvergleich

Peter Brokmeier / Rainer Rilling (Hrsg.)
Beiträge zur Sozialismusanalyse I
Kleine Bibliothek, Band 123
308 Seiten, DM 14,80
Die gegenwärtige Krise in den kapitalistischen Ländern fördert in immer breiteren Bevölkerungskreisen die Suche nach gesellschaftlichen Alternativen. Zugleich verstärken sich Versuche, mit unterschiedlichen Theorien und Ideologien den sozialistischen Gegenwartsgesellschaften alternativen Charakter abzusprechen. Von dieser Situation geht der Sammelband aus.
Mit Beiträgen von Olaf Cless, Peter Brokmeier, Volker Gransow, Jürgen Harrer, Florence Hervé, Gert Meyer, Rainer Rilling, Christoph Ziegenrücker.

BRD—DDR
Vergleich der Gesellschaftssysteme
Mit Beiträgen von H. Jung, F. Deppe, K. H. Tjaden, G. Fülberth, R. Kühnl, P. Römer, E. Wulff, K. Steinhaus u. a.
5. Auflage
Kleine Bibliothek, Band 13
442 Seiten, DM 12,80

Willy Wyniger
Demokratie und Plan in der DDR
Probleme der Bewältigung der wissenschaftlich-technischen Revolution
Sammlung Junge Wissenschaft
140 Seiten, DM 14,80

Mensch — Wissenschaft — Technik
Versuch einer marxistischen Analyse der wissenschaftlich-technischen Revolution
Herausgegeben von Manfred Buhr und Günter Kröber
Kleine Bibliothek, Band 98
345 Seiten, DM 14,80

Pahl-Rugenstein